내 남자 사용법

ACT LIKE A LADY, THINK LIKE A MAN

내 남자 사용법

ACT LIKE A LADY, THINK LIKE A MAN

남자처럼 생각하고
여자처럼 행동하라!

스티브 하비 지음
서유라 옮김

BOOK
AGIT

내 남자 사용법
ACT LIKE A LADY, THINK LIKE A MAN

초판 1쇄 발행 · 2020년 4월 10일

지은이 · 스티브 하비
옮긴이 · 서유라
펴낸이 · 윤석진
총괄영업 · 김승헌
외주 책임편집 · 한지현
외주 디자인 · 유어텍스트

펴낸곳 · 도서출판 작은우주 | 주소 · 서울특별시 마포구 월드컵북로4길 77, 3층 389호
출판등록일 · 2014년 7월 15일(제25100-2104-000042호)
전화 · 070-7377-3823 | 팩스 · 0303-3445-0808 | 이메일 · book-agit@naver.com

정가 13,800원 | ISBN 979-11-87310-37-2

| 북아지트는 작은우주의 성인단행본 브랜드입니다. |

남자와 연애할 때
알아야 할 모든 것

나는 20년 넘게 사람들을 웃기는 직업으로 먹고 살았다. 그러는 동안 관객, 가족, 친구, 인간관계 등 다양한 이야기가 코미디 소재로 사용되었지만, 그중에서도 가장 확실한 밑천은 역시 사랑과 연애, 섹스에 대한 이야기였다. 내 코미디는 현실을 기반으로 만들어졌고, 살면서 직접 보고 겪으며 배운 지혜가 가득 담겨 있었다. 사람들은 내가 던진 농담에서 자기 자신의 상황을 떠올리며 공감했고, 특히 남녀 관계에 관한 이야기를 들을 때면 정곡을 찔린 기분이라고 말했다. 나는 사람들이 연애에 대해 얘기하고, 생각하고, 공부하고, 질문하는데 얼마나 많은 시간을 투자하는지, 그러면서도 연애를 제대로 이끌어 나가지 못해 얼마나 고민하는지 깨닫고 깜짝 놀랐다. 내가 세상에 태어나 확실히 배운 진리 중에는 다음과 같은 세 가지가 포함되어 있다. 첫째, 여자는 남자를 전혀 이해하지 못한다. 둘째, 여자에게 이해받지 못한다고 생각한 남자는 연애 관계에서 원하는 것만 얻고 발을 빼려 한다. 셋째, 나는 이러한 패턴을 뒤집을 수 있는 귀중한 정보를 가지고 있다.

내가 이 사실을 깨달은 것은 〈스티브 하비 모닝 쇼Steve Harvey Morning Show〉라는 라디오 프로그램을 진행하면서부터였다. 이 프로그램이 로스앤젤레스 지역 방송으로 전파를 타던 무렵, 우리는 여성 청취자들의 전화를 받아 연애 상담을 해 주는 '스티브에게 물어 봐' 코너를 운영했다. 질문의 주제는 무엇이든 상관없었다. 만약 이 코너가 큰 호응을 얻지 못하더라도 청취자들의 사연을 통해 코미디 소재 정도는 찾을 수 있을 것 같았고, 실제로 처음 얼마 동안은 소재 발굴이 이 코너의 주된 운영 목적이었다. 하지만 얼마 지나지 않아 나는 대부분 여성으로 이루어진 청취자들의 사연이 단순히 웃어넘길 이야기가 아니라는 사실을 깨달았다. 그들은 수십 가지의 문제를 끌어안고 어떻게든 해결해 보려 힘겹게 발버둥치는 사람들이었다. 연애, 믿음, 안정, 가족, 미래, 몸과 마음의 건강, 노화, 우정, 육아, 교육, 온갖 송사, 직장과 가정 사이의 균형 등이 그녀들을 괴롭히고 있었다. '스티브에게 물어봐' 코너는 매번 새로운 주제를 제시하고 청취자들에게서 질문을 받는 형식으로 운영되었다. 그중에서 가장 많은 비중을 차지한 질문은 (당신이 이미 예상했듯이) 연애에 대한 궁금증이었다.

여성들은 대책 없이 빠져 버린 연애 관계에서 헤어 나오는 방법을 간절히, 정말 간절히 원했다. 초창기의 '스티브에게 물어봐'부터 나중에 생긴 '스트로베리 레터'에 이르기까지 여러 가지 질문 코너를 진행하면서, 나는 여성들이 추구하는 연애가 '동등한 교환 관계'라는 사실을 알게 되었다. 그녀들은 자신이 준 사랑에 대한 보답을 원했다. 자신이 남자에게 제공한 로맨틱한 하루의 대가로 비슷한 수준의 로맨스를 얻길 원했고, 자신이 표현한 감정과 비슷한 수준의 감정을 돌려받길 원했으며, 그동안 바친 헌신과 존중이 헛되지 않도록 상대방에게 가치 있는 존재로 대접받길 원했다. 문제는 우리 프로그램을 듣는 여성들 중 상당수가 원하는 만큼의 보답을 받지 못했고, 그 결과 연애에 대한 부서진 환상과 함께 실망과 상실감을 느낀다는 데 있었다.

매일 아침 방송 종료와 동시에 마이크와 조명이 꺼지면, 나는 웃음과 농담에서 한 걸음 물러서서 그날 들은 질문들을 곱씹었다. 그럴 때면 당혹스러운 기분이 밀려왔다. 우리 프로그램에 전화를 걸어오는 여성들은 남자친구나 연인, 남편, 친구, 아버지, 오빠, 동생, 직장 동료를 포함하여 수없이 많은 남자들을 겪어보았는데도 불구하고 여전히 남성에게서 원하는 만큼의 사랑을 받는 법을 몰라 괴로워하고 있었다. 그녀들은 사랑을 필요로 했고, 충분히 받을 만한 가치가 있었다. 나는 남자들의 눈에 훤히 보이는 그 방법이 여자들의 눈에는 보이지 않는다는 결론을 내렸다. 이해하기 위해 얼마나 노력하고 있는지는 모르겠지만, 여자들은 남자를 전혀 알지 못했다.

그 순간부터 나는 가벼운 농담 따먹기를 그만두고 청취자들의 질문에 진지하게 귀를 기울이기 시작했다. 그리고 대답을 통해 남자에 대한 진실을, 내가 '진정한 남자가 되자'는 한 가지 목표를 좇아 50년 넘게 달려오면서 얻은 바로 그 진실을 전하기 위해 노력했다. 동시에 나는 주변에 있는 남성들과 지속적으로 이야기를 나누었다. 그중에는 운동선수도 있었고 TV나 영화에 출연하는 배우도 있었고 보험 중개인이나 은행 직원도 있었다. 트럭 운전수, 야구팀 코치, 교회 목사나 집사, 보이스카우트 지도자, 상점 지배인, 전과자, 재소자, 심지어 사기꾼까지 만나 보았다. 그 결과 한 가지 분명한 사실이 눈에 들어왔다. 모든 남자는 매우 단순하며, 기본적으로 생각의 방향이 비슷했다.

프로그램에 들어온 질문들을 남성의 관점이라는 렌즈를 통해 분석한 뒤 남성의 입장에서 해석해 주면, 여성 청취자들은 그제야 자신이 연애 관계에 끌어들인 각종 복잡 미묘한 뉘앙스가 아무 소용도 없었던 이유를 알게 되었다. 나는 남성이 여성과 같은 방식으로 반응하길 바라서는 안 되는 이유를 열심히 전달했다. 그 결과 우리 방송을 듣는 여성들은 사태를 명확히 파악하고 남성의 영역에서 움직이며 남성의 언어와 수단을 이용하는 방법을 알게 되었고, 결국 그토록 바라던 것을 손에 넣을 수 있었다.

〈스티브 하비 모닝 쇼〉의 '스티브에게 물어봐' 코너가 큰 인기를 얻으면서, 내게 연애 지침서를 써 달라고 요청하는 남녀 팬들이 늘어나기 시작했다. 그들이 원하는 것은 여성에게 안정적이고 헌신적인 연애 관계를 만들고 유지하는 방법을 알려주는 동시에 남성에게는 그러한 관계를 인정하고 기꺼이 받아들일 준비를 시켜줄 책이었다. 솔직히 말하자면, 처음에는 연애 지침서를 내는 것이 의미 있는 작업이라는 생각이 들지 않았다. 매일 아침 수백만 명의 청취자들에게 내 생각을 들려주고 있는데 굳이 무슨 얘기를 더 하란 말인가? 그보다, 내 책을 진지하게 읽어줄 사람이 있긴 있을까? 툭 까놓고 말해서 내가 무슨 작가도 아닌데.

하지만 시간이 지나면서 내가 지금까지 연애를 하며 겪었던 경험들이 떠오르기 시작했다. 나는 남성 친구들과 여성 동료 및 관계자들을 대상으로 비공식적인 설문 조사를 진행하며 그들과 많은 이야기를 나누었고, 그 과정에서 연애라는 경험이 우리에게, 특히 나 자신에게 어떤 영향을 미쳤는지 진지하게 생각해 보았다. 아버지는 어땠을까? 우리 아버지는 어머니와 64년간 결혼생활을 했고, 아내를 무엇과도 바꿀 수 없는 소중한 존재로 여겼다. 어머니를 소중한 존재로 여기는 것은 나 또한 마찬가지였다. 그녀는 내 인생에 가장 큰 영향을 미친 인물 중 한 명이었다. 내게 어머니만큼 소중한 존재가 있다면 아내와 아이들 정도일 것이다. 사실 딸들의 존재와 그 아이들의 미래에 대한 걱정이야말로 나를 지금 이 자리에 올려준 원동력이라고 할 수 있었다. 내 딸들도 언젠가는 자라서 대부분의 여성과 마찬가지로 남편과 아이들, 집, 행복한 삶, 진정한 사랑을 꿈꾸게 될 것이다. 나는 그 아이들이 남자들의 게임에 말려들어 잘못된 길로 빠지지 않기를 간절히 바랐다. 남자란 신이 자신을 위해 만들어놓은 자리를 찾기 전까지 이기적이고 탐욕스러운 게임을 계속하는 생물이니까. 나는 어머니와 아내, 두 딸, 그리고 아침마다 내 방송을 듣는 수백만 명의 여성들을 보며 그들을 이끌어주는 목소리가 필요하다는 것을 느꼈다. 누군가는 그들에게 불행을 피하는 방법을 알려주고, 그들이 진정으로 원하는 것을 찾을 수 있도록 도와주어야 했다. 어느 순간 나야말로 울타리를 넘나들며 진실을 전해줄 수 있는 사람이라는 생각이 들었다. "제가 비밀을 알려 드리지요. 남자는 연애 상대가 자신의 본질을 이해해 주길 바라는 동시에 절대 알리고 싶어 하지 않는 존재입니다. 본질을 들키는 순간 게임에서 지게 될 테니까요."

『내 남자 사용법』는 기본적으로 이런 내용을 담은 전략서이다. 혹시 몇 년 전 뉴잉글랜드 패트리어츠New England Patriots 팀이 미국 프로 풋볼NFL 역사상 가장 충격적인 부정행위 스캔들을 일으켰던 사건을 기억하는가? 당시 미국 풋볼 연맹의 조사관들은 뉴잉글랜드 패트리어츠 팀이 상대팀의 연습 장면을 몰래 녹화하고 선수들의 입모양을 분석하여 전술을 미리 확인했다는 사실을 밝혀냈다. 사실 라이벌을 누르고 유리한 고지를 선점하는 데 이만한 계획은 없었을 것이다. 상대방의 전략을 완벽히 알고 있는 상태에서 경기에 임할 수 있었을 테니까. 이렇게 불공정한 상태에서 경기를 치른 뉴잉글랜드 패트리어츠는 결국 승리를 거머쥐었다.

이것이 바로 내가 이 책의 독자들에게 가져다주고 싶은 결과이다. 나는 안정적인 연애를 간절히 원하지만 도저히 손에 넣을 수 없는 여성들에게, 이미 연애를 하고 있지만 관계를 개선시키기 위해 애를 쓰고 있는 여성들에게, 지금까지 배운 남성에 대한 상식을 전부 내다 버리라고 조언하고 싶다. 온갖 근거 없는 소문과 미신, 어머니나 여자 친구들이 들려준 이야기, 잡지며 TV 프로그램에서 떠들어대는 정보 따위는 전부 무시하고, 이 책에 숨어 있는 진짜 남자의 본질을 받아들어야 한다. 당신이 남자의 전술이나 사고방식을 모른 채 다른 여자들에게서 들은 말만 믿고 행동하는 것이야말로 남자들이 진정으로 바라는 것이기 때문이다. 『내 남자 사용법』는 이러한 상황을 뒤바꿔줄 것이다. 지금 연애 중인 남자친구와 한 단계 깊은 사이로 발전하고 싶다면 이 책을 읽어라. 미래를 약속한 연인에게서 프러포즈를 받고 싶다면 역시 이 책을 읽어라. 남편과의 유대감을 돈독히 하고 한때 거머쥐고 있었던 통제권을 다시 찾아오고 싶다면 이 책을 읽어라. 남자의 뜻대로 휘둘리는 데 신물이 난다면 이 책을 무기로 삼아 원하던 것을 손에 넣어라. 이 간단하고 직설적인 전략서에 담긴 원리와 규칙, 정보를 활용하여 남자의 게임 방식을 예측하고 끊임없이 들어오는 공격과 수비에 적절히 대응하라. 나를 믿어도 좋다. 다른 모든 연애 지침서에 담긴 내용은 이미 한물갔거나 현실에서 효과를 발휘하지 못한다. 솔직히 말해서, 당신이 한 남자에게 아무리 헌신해도, 그에게 아무리 착한 여자로 인정받아도, 남자를 구성하고 움직이고 자극하는 것이 무엇인지 모르고 남자가 사랑하는 방식을 이해하지 못하는 한 당신은 남자의 기만적인 게임에 말려들어 상처를 입을 수밖에 없다.

하지만 이 책과 함께라면 당신은 남자의 마음을 알고 그의 행동을 이해하며 그토록 바라왔던 꿈과 계획이 실현되는 방향으로 움직일 수 있을 것이다. 무엇보다 당신은 평생 동안 함께하며 당신에게 헌신할 남자와 잠깐 즐기다 떠나버릴 남자를 구별하게 될 수 있을 것이다.

이것이 바로 남자답게 생각하고 여자답게 행동해야 할 이유이다.

목차

PART 1

이해할 수 없지만
이해해야 하는 것

Act Like a Lady Think Lika a Man

무엇이 남자를
움직이는가

남자는 단순하다. 이보다 확실한 진리는 없다. 일단 이 문장을 머리에 넣고 나면 이 책에서 배울 모든 내용이 쏙쏙 이해될 것이다. 진리를 마음에 새겼다면, 이제 반드시 알아야 할 사실 몇 가지를 짚고 넘어가자. 남자의 행동은 타이틀과 직업, 수입에 따라 결정된다. 그가 사장이든 사기꾼이든 혹은 둘 다이든, 한 남자의 모든 움직임에는 그가 뭐라고 불리는지(타이틀), 어떻게 그 타이틀을 얻었는지(직업), 그 결과 어떤 보상을 받는지(수입)가 투영되어 있다. 이 세 가지 요소는 남자의 DNA를 이루는 기본적인 구성성분이자 남자가 숙명적인 목표를 이루기 위해 채워야 할 필수 조건이다. 이 조건을 모두 정복하지 못하는 한 당신의 연인이나 약혼자, 남편은 너무 바빠서 당신에게 제대로 집중할 수가 없다.

생각해 보라. 사내아이가 세상에 나온 순간 그를 둘러싼 모든 사람들이 가장 먼저 하는 일은 진정한 남자가 되기 위해 무엇을 해야 하는지 알려주는 것이다. 남자는 강해야 한다. 싸우고 올라타며 넘어져도 울지 않고 누구에게도 괴롭힘 당해서는 안 된다. 남자는 성실해야 한다. 어릴 때는 집안일을 돕고 차에서 장바구니를 내리고 쓰레기를 버리고 눈을 치우고 잔디를 깎다가 어른이 된 후에는 제대로 된 직장을 구해야 한다. 남자는 든든해야 한다. 어머니와 어린 동생들을 보살피고 집과 가족의 재산을 보호할 줄 알아야 한다. 그리고 무엇보다, 남자는 가족의 명예를 높여야 한다. 열심히 노력하여 무언가를 성취하고, 그 결과 누구를 만나도 자신이 누구인지, 무슨 일을 하는지, 얼마나 버는지 굳이 설명할 필요가 없는 사람이 되어야 한다. 이 모든 가르침은 오직 '남자다움'이라는 한 가지 목표를 달성하기 위한 준비 과정이다.

남자다움을 향한 집념은 어른이 되었다고 해서 사그라지지 않는다. 오히려 더욱 불타오른다. 목표를 이뤘다고 확신하기 전까지 그의 관심의 초점은 언제나, 언제까지나, 자신이 누구이며 무슨 일을 해서 얼마나 버는지에 맞춰져 있다. 그가 목표를 향해 나아가는 동안 여성은 오직 그의 삶 군데군데 벌어진 틈새로만 들어갈 수 있다. 세 가지 조건을 모두 충족하기 전까지 남자는 한 여자에게 정착하거나 아이를 낳거나 가정을 이룬다는 생각을 하지 못한다. 바라던 모든 것을 손에 넣어야 한다는 뜻은 아니지만, 적어도 목표로 향하는 궤도에 올라 있어야 한다.

내게는 이 진리가 꼭 들어맞았다. 나는 20대 초반 포드자동차에서 해고당했을 때 겪었던 실망과 좌절, 불행을 영원히 잊지 못할 것이다. 대학을 그만둔 마당에 직업까지 잃은 내겐 가족은 고사하고 자기 한 몸을 책임질 능력도 없었다. 미래에 무슨 일을 할지, 어느 정도 되는 수입을 올릴지, 사람들에게 뭐라고 불릴지 무엇 하나 확신할 수 없었다. '대졸자'나 '포드자동차 감독관'이라는 타이틀은 사라져 버렸고 직업이 없다는 것은 가족들에게 줄 수입이 전혀 없다는 뜻이었으며 앞으로 무슨 일을 해서 돈을 벌지 감조차 잡히지 않았다. 내가 설자리를 찾기까지는 시간이 꽤 걸렸다. 나는 다양한 일에 뛰어들었다. 카펫 클리닝 사업을 운영했고 때로는 카펫을 직접 판매하기도 했으며 암웨이 제품과 딕 그레고리 바하마 다이어트, 에이엘더블유ALW 보험, 커먼웰스 보험 등 온갖 것들을 팔았다. 자리를 잡기 위해 미친 듯이 일에 매달리던 내 머릿속에서 진지하게 교제하고 정착할 누군가를 찾아야 한다는 생각은 우선순위의 맨 끝에 위치했다.

그러던 어느 날, 내가 가끔 농담을 적어 건네곤 했던 여성이 지역 코미디 클럽에서 열리는 '아마추어의 밤' 경연에 지원해 보라고 조언했다. 나는 내가 꽤 재미있다는 사실을 알고 있었고, 실제로 성공을 노리는 유망한 지역 코미디언들에게 개그 소재를 제공해 주면서 푼돈이나마 벌고 있었지만 직접 코미디를 선보이는 방법에 대해서는 아는 바가 하나도 없었다. 그러나 그 여성은 이런 내게서 무언가를 발견했고, 직접 무대에 서 보라고 조언해준 것이다.

그래서 나는 도전했다. 그리고 멋지게 성공했다. 사람들을 웃긴

대가로 50달러를 손에 넣은 것이다(요즘 기준으로 보면 그리 큰 금액이 아닐지도 모르겠지만, 당시 빈털터리였던 내게는 그 돈이 마치 5,000달러처럼 느껴졌다). 게다가 경연의 우승자로서 다음 번 아마추어의 밤에 오프닝 무대를 서주면 50달러를 추가로 지급하겠다는 약속까지 받았다. 다음 날, 나는 인쇄소에 찾아가서 상금으로 받은 돈 중 15달러를 주고 명함을 만들었다. 명함에는 전화번호와 함께 '스티브 하비, 코미디언'이라는 문구를 새겼다. 평범하고 엉성한 디자인에 글자에도 장식 하나 없었지만, 그 명함은 내가 스티브 하비라는 사람이며(타이틀) 재능 있는 코미디언(직업)이라는 사실을 보여 주었다. 앞으로 얼마나 되는 수입을 올릴지는 두고 볼 일이었지만 나는 적어도 "나는 누구인가?", "무슨 일을 하는가?"에 대한 답을 찾았다.

남자가 꿈을 포기한다면, 다시 말해 타이틀과 직업과 수입이라는 목표를 더 이상 추구하지 않게 된다면, 그는 죽은 것이나 다름없다. 그 이후의 삶은 살아도 산 것이 아니다. 하지만 꿈의 퍼즐이 맞춰지고 결실이 눈에 보이기 시작한 순간, 그에게는 활력과 열정과 생기를 불어넣는 새로운 삶의 숨결이 찾아온다. 코미디언이 된 바로 그 순간부터 나는 최고가 될 준비를 마친 채 무대에 올랐다.

아무리 피곤해도, 어떤 돌발 상황이 생겨도, 나는 지금까지 단 한 번도 약속시간에 늦거나 무대를 놓치지 않았다. 이유는 간단하다. 아침에 눈을 뜨면 내 꿈이 나를 기다리고 있고, 나는 매일같이 그 꿈에 색을 입혀 현실로 만들어 나간다. 라디오 방송 〈스티브 하비 모닝 쇼 Steve Harvey Morning Show〉나 스탠딩 코미디 〈스티브 하비 라이브 Steve Harvey

Live〉, 그 외에 온갖 TV 프로그램에 출연할 때도 마찬가지다. 내 타이틀은 확실하다. 나는 스티브 하비다. 내 직업 또한 의심의 여지가 없다. 나는 코미디언이다. 그리고 나는 지금껏 자기 자신과 가족을 위해 필요하다고 생각해왔던 만큼의 수입을 올리고 있다.

덕분에 지금 나는 가족에게 온전히 집중할 수 있다. 대리석 느낌이 나도록 칠한 벽과 금속으로 마감한 천장, 가죽 소파, 정원 밖으로 보이는 강아지와 자동차, 아이들의 대학 등록에 필요한 모든 비용을 지불했으며 모든 것을 완벽하게 갖추었다. 나는 우리 가족에게 내가 주고 싶었던 것들을 줄 수 있으며 내가 자라면서 받았던 것과 같은 보호를 제공할 수 있다. 내가 우리 가족들의 눈에 남자다운 가장으로 비친다는 사실은 의문의 여지가 없다. 이런 생각은 내가 밤마다 가벼운 마음으로 잠자리에 들 수 있게 해 준다.

이것이 모든 남자를 움직이는 동력이다. NBA에서 가장 잘 나가는 농구선수도, 미네소타 지방 최고의 유소년 축구팀 코치도, 포춘 500대 기업의 수장도, 지역 제과점 체인의 관리자도, 거대 마약 카르텔의 수장도, 부랑자 조직의 우두머리도 마찬가지다. 남자라는 생물의 DNA에는 가족을 부양하고 보호해야 한다는 신념이 새겨져 있으며, 그들의 모든 행동은 이 신념을 현실로 만들 수 있다고 확신하는 방향으로 나아간다. 살 집을 마련할 능력을 갖춘 남자는 바깥세상으로부터 가족을 지킬 수 있다고 생각한다. 자녀에게 새 운동화를 사줄 수 있는 남자는 든든하고 가벼운 마음으로 아이를 학교에 보내도 되겠다는 자신감을 느낀다. 식료품점에서 고기를 계산할 수 있는 남자는 가족을 먹여 살릴 수 있다는 확신을 얻는다. 이것이 바로 모든 남자의 꿈이다. 단 한 가지만 모자라도 그는 자신이 진정한 남자가 되지 못했다고 느낀다.

여기에 더해, 남자는 자신이 최고라는 느낌을 원한다. 자기 분야에서 가장 뛰어난 사람이자 결정권을 쥔 사람이 되고 싶어 하는 것이다. 모든 일을 자기 뜻대로 결정할 수는 없다 해도, 적어도 한 분야에서만큼은 이견의 여지가 없는 일인자가 되는 것이 바로 남자의 목표이다. 우리 남자들은 뽐낼 권리를 원하며, "내가 최고야"라고 당당히 말할 수 있는 권위를 갈망한다. 남자에게는 이보다 더 중요한 것이 없다. 일단 최고의 자리에 오른 뒤에는 일인자로서 어떤 전리품을 얻었는지 만천하에 드러내야 한다. 그리고 자신이 과시하는 모습을 여성들이 지켜봐주길 바란다. 이런 보상 하나 없다면 무엇을 위해 최고가 된단 말인가?

이런 사실을 알게 되면 남자들을 움직이는 동기가 무엇인지 눈에 들어올 것이다. 그가 어째서 집에 돌아오지 않는지, 어째서 그 많은 시간을 일에 쏟아 부으며 돈에 그렇게까지 집착하는지는 알 것 같지 않은가? 남자들의 세계에서는 서로가 서로를 평가하고, 그 기준은 바로 타이틀과 직업과 수입이다. 여기서 어떤 평가를 받느냐에 따라 그의 기분은 판이하게 달라진다. 당신의 남자가 아직 목표를 이루지 못했거나 목표로 향하는 궤도에 오르지 못했다면, 그가 집에 들어올 때마다 시시각각 달라지는 감정 기복을 보이는 것은 바로 그 때문이다. 당신은 이제 그가 늘 쫓기듯 일에 매달리는 이유를 조금 더 잘 이해할 수 있을 것이다. 그를 움직이는 동력은 의심할 여지 없이 앞서 말한 세 가지 기준이다.

남자가 '나는 누구인가?', '무슨 일을 하는가?', '그 일을 통해 얼마나 버는가?'라는 세 가지 질문에 스스로 대답할 수 없는 한, 그는 절대로 당신이 원하는 모습의 연인이 되어줄 수 없다. 다시 말해, 당신은 결코 꿈꿔왔던 연애를 할 수 없다. 무슨 일을 해서 돈을 벌지, 어떻게 해서 더 높은 자리로 올라갈지, 당신에게 어울리는 사람이 되기 위해 어떤 일을 해야 할지 고민하느라 머릿속이 꽉 찬 남자에게는 당신 곁에 앉아 대화를 나누거나 가족이 된 미래를 함께 그릴 여유가 없다.

내 경험상, 여자들은 대부분 이러한 현실을 받아들이지 못한다. 그녀들은 진정으로 사랑하는 사이라면 함께 꿈을 이루어나가야 한다고 생각한다. 여자에게도 경제적 안정은 중요한 문제이지만, 그보다는 두 사람의 관계를 단단히 묶는 과정이 훨씬 중요하다. 연인이 현재 가진 능력은 별로 중요한 요소가 아니다. 이런 사고방식은 정말로 고결하지만 안타깝게도 남자들의 생각과는 일치하지 않는다. 남자는 성취를 원하고, 그가 목표에 다다르지 않은 한 지금 당장 그가 원하는 성취의 대상은 당신이 아닐 수도 있다. 미안하지만 신은 우리 남자들에게 한 번에 두 가지 대상에 집중할 수 있는 능력을 주지 않으셨다.

여기서 확실히 짚고 넘어갈 부분이 있다면, 내 말을 당신의 남자가 큰 재산을 손에 넣어야만 당신을 돌아본다는 뜻으로 해석해서는 안 된다는 것이다. 꿈이 형체를 갖추고, 타이틀의 윤곽이 잡히고, 미래에라도 자신을 원하는 곳으로 이끌어줄 자리를 손에 넣으면 남자는 자신이 곧 돈을 벌게 될 거라는 사실을 직감한다. 그리고 목표를 향한 길목에 서 있다는 사실을 깨달은 순간 그는 비로소 조금씩 긴장을 풀기 시작한다. 그 전까지는 그가 꿈에 집중하고 명확한 비전을 갖고 계획을 실행할 수 있도록 응원하는 것이 진짜 그를 돕는 길이다. 만약 당신의 존재가 연인의 장기적인 계획에 포함되어 있다면 그가 목표를 이룰 수 있도록 있는 힘껏 도와라. 원하던 성공을 이룬 순간 그는 훨씬 더 멋지고 행복한 연인이 될 테고, 당신 또한 그만큼의 행복을 누릴 것이다.

남자의 사랑은
여자의 사랑과 다르다

이 세상에 여성의 사랑과 비교할 수 있는 감정은 없다. 사랑에 빠진 여자는 헌신하고 인내하며 상대방을 돌봐주고 관용을 베푼다. 그보다 달콤하고 순수하며 조건 없는 관계는 지구상에 존재하지 않는다. 연인을 위해서라면 물 위를 달리고 바위산도 뚫을 수 있는 것이 바로 여성의 사랑이다. 시간과 비용이 아무리 많이 들어도 상관없으며, 정작 그 연인이 아무리 못되게 굴고 이해할 수 없는 행동을 한다 해도 달라지는 것은 없다. 여자는 마음을 준 남자에게 세상 모든 단어가 바닥날 때까지 사랑을 속삭이고 빠져나갈 길 없는 암흑의 구렁텅이에서도 용기를 주며 상대가 아플 때면 두 팔로 안아 주고 기쁠 때면 자신의 일보다 더 기뻐한다. 한 남자가 한 여자의 사랑을 얻는다면(그에게 그만한 사랑을 받을 자격이 있는지는 차치하고) 그는 사랑에 빠진 여자가 어떤 상황에서도 자신을 빛내 주고 지켜 주며 의미 없는 말을 내뱉을 때조차 눈을 반짝이며 경청하는 경험을 할 수 있을 것이다. 그가 무슨 짓을 해도, 그녀의 친구들이 아무리 두 사람의 관계를 뜯어말리려도, 그녀는 그가 자신의 정성을 당연하게 여기는 것도 개의치 않으며 모든 것을 갖다 바치고도 부족한 마음을 느낀다.

여성의 사랑은 이처럼 시간과 논리와 현실을 초월하는 감정이다.

여성들은 연인에게 이런 사랑을 바치며, 그 보답으로 비슷한 수준의 사랑을 받길 원한다. 길 가던 여성을 아무나 잡고 남자에게 어떤 사랑을 받고 싶은지 물어보면 대개 이런 대답이 돌아올 것이다. "저는 제 연인이 겸손하고 지적이고 재미있고 낭만적이고 섬세하면서 상냥한 사람이었으면 좋겠어요. 가장 중요한 건 항상 제 편이 되어주어야 한다는 거죠. 제 눈을 바라보며 아름답다고 칭찬해주고, 제가 반드시 필요한 존재라고 말해주어야 해요. 상처받으면 눈물을 보이기도 하고, 가족들 앞에 저를 당당히 소개시켜 주며, 아이와 동물을 사랑하고, 결혼한 후에는 제게 묻지 않고 스스로 설거지를 하거나 아이 기저귀를 갈아주는 모습을 보였으면 좋겠어요. 여기에 근육질의 몸과 경제력까지 가지고 있으면 바랄게 없겠죠. 늘 흠 없이 반짝이는 고급 구두를 신으면 더 좋고요." 아멘.

흠, 나는 남자에게서 이런 사랑(이렇게까지 완벽한 사랑)을 바라는 것이 전혀 현실적이지 않다고 조언해주고 싶다. 이런 바람은 문자 그대로 불가능하다. 무슨 일이 있어도 일어나지 않는다. 남자의 사랑과 여자의 사랑은 달라도 한참 다르기 때문이다.

내 조언을 남자가 사랑을 할 줄 모른다는 의미로 받아들이지 않길 바란다. 나는 남자와 여자의 사랑이 '다르다'고 말하는 것이다. 남자의 사랑은 보다 단순하고 직관적이며 좀 더 손에 넣기 어렵다. 조금 더 구체적으로 설명하자면 이렇다. 남자는 사랑에 빠졌다 해도 연인에게 30분에 한 번씩 전화해서 애정을 표현하지 않는다. 그가 5시에 전화해서 사랑을 속삭였다면 5시 30분에 다시 전화해서 그 사이에 그녀를 향한 마음이 얼마나 더 커졌는지 고백하는 일은 없을 것이다. 아픈 연인의 곁을 내내 지키며 그녀가 따뜻한 차를 홀짝이는 동안 차가운 물수건을 이마에 대주며 머리칼을 쓰다듬는 모습도 기대하기 어렵다.

하지만 그가 연인을 사랑하지 않는 것은 아니다.

많은 여자들은 실제로 남자에게 이런 사랑을 주고, 그만큼 되돌려 받길 원한다.

만약 당신이 남자의 사랑법을 정확히 이해한다면, 당신은 지금 곁에 있는 남자가 당신에게 모든 것을 바치고도 남을 거라는 사실을 알게 될 것이다. 남자가 당신을 사랑하는지 아닌지 확인할 수 있는 간단한 방법이 있다. 사랑에 빠진 남자는 반드시 다음과 같은 세 가지 행동을 한다.

당신이 자신의 연인이라고 당당히 선언한다.

만약 당신의 남자가 당신을 진심으로 사랑한다면, 그는 주변 사람들에게 이렇게 말하고 다닐 것이다. "이 사람이 내 여자야.", "내가 사랑하는 사람이야.", "내 아이의 엄마가 될 사람이야", "우리 자기 예쁘지?" 다시 말해, 당신은 연인의 주변 사람들 사이에서 공식적인 호칭을 갖게 된다. 단순히 "이쪽은 내 친구야.", "얘는 ○○○(당신의 이름)라고 해."와 같은 문구로 소개하는 사람이 아니게 되는 것이다. 이것은 당신의 존재가 그의 마음 속 가장 중요한 부분에 가리 잡았다는 뜻이다. 여자를 진심으로 사랑하게 된 남자는 그녀에게 호칭을 부여한다. 당신에게 호칭을 붙이고 모두에게 선언한다는 것은 그가 당신을 곁에 두었다는 사실을 자랑스러워 한다는 뜻이며, 당신과 함께할 미래를 꿈꾼다는 증거이기도 하다. 그는 당신과 장기적이고 안정적인 관계를 맺을 계획이고, 당신의 존재를 알림으로써 자신의 마음이 진심이라는 사실을 증명하려고 하는 것이다. 어쩌면 그는 당신과의 사이를 한 단계 더 발전시킬 생각일지도 모른다.

당신이 자신의 여자라고 밝힌 남자는 그 이상 구구절절한 설명을 할 필요가 없다. 당신은 그의 여자고, 그 사실 하나면 충분하니까. 그는 당신을 넘봐서는 안 된다는 사실을 모두에게 알렸다. 이제 아름답고 섹시한 당신을 마음에 품고 있던 다른 남자들은 그 모든 게임과 속임수, 계획을 접어두고 다른 싱글 여성이 나타날 때까지 기다려야 한다. 당신의 연인이 "이 사람은 내 여자야. 그러니 수작 부릴 생각은 꿈도 꾸지 마."라고 당당히 선언했기 때문이다. 이것은 전 세계 모든 남자들이 공통적으로 알아듣는 신호이자 일종의 '출입 금지 경고'이다.

　반면 그가 남들 앞에서 당신을 친구라고 소개하거나 이름으로만 부른다면, 딱 거기까지가 그의 마음에 자리 잡은 당신의 의미이다. 그는 당신을 그 이상 특별한 사람으로 생각하고 있지 않다. 마음 속 깊은 곳에서는 당신도 알고 있을 것이다. 내가 이 이야기를 여성 친구에게 들려주었을 때, 그녀는 한바탕 웃음을 터뜨리더니 자신도 비슷한 사례를 목격한 적 있다고 말했다. 그녀는 12년 동안 크리스마스 시즌이 되면 가족과 가까운 지인들을 초대하여 디너파티를 열고 있었다. 참석자 중에는 매년 얼굴을 비치는 한 남성이 있었는데, 그는 매번 다른 여성 파트너를 데려와 옆에 끼고 휴가니 사업이니 하는 이야기를 떠들어 댔다(새 파트너의 얼굴을 늘 먼젓번보다 한층 예뻤다). 매년 파트너와 이야기 소재가 바뀌는 와중에 변하지 않는 사실이 딱 하나 있었다면, 그녀들 중 누구도 연인이나 여자 친구라는 호칭으로 주변 사람들에게 소개되지 않았다는 것이었다. 그는 언제나 망설임 없이 자기 파트너를 이름으로 불렀다. 그리고 잠시 후에는 술을 마시거나 오랜만에 본 친구들과 이야기를 나누느라 파트너의 존재를 까맣게 잊어버렸고, 그녀가 아는 사람 한 명 없는 파티장에서 지나치게 화려한 드레스를 입고 어떻게든 어울리려 애쓰는 장면을 못 본 척했다. 그 장소에 있는 사람들은 이 파티가 끝나는 순간 두 사람이 함께 있는 모습을 다시는 보지 못할 거라는 사실을 잘 알고 있었다.

　하지만 바로 몇 년 전에 열린 크리스마스 파티에서 그는 완전히 달라진 모습을 보였다. 파티 내내 파트너의 곁에 딱 달라붙어서 체셔

고양이처럼 실실 웃으며 만나는 사람마다 그녀를 '연인'이라고 소개한 것이다. 그 순간 참석자들은 그에게 일어난 변화를 눈치 챘다. 단순히 호칭만 바뀐 것이 아니라, 그 호칭과 함께 나타난 태도 자체가 지금까지와는 완전히 달랐다. 그는 시종 파트너의 손을 꼭 잡고 다녔으며 대화를 나눌 때는 그녀의 눈을 바라보았고 사업상 알고 지내는 지인부터 아주 친한 친구들까지 만나는 사람마다 자랑스레 그녀를 소개했다. 이따금씩 바텐더에게 달려가 그녀를 위해 칵테일을 가져오고 그녀와 함께 춤을 추는 그의 모습에서는 이 밤이 끝나지 않기를 바라는 간절한 마음이 묻어났다. 파티가 마무리를 향해 갈 때쯤, 다른 참석자들은 다이애나 로스Diana Ross가 콘서트장에서 의상을 갈아입듯이 여자를 휙휙 갈아치우던 저 바람둥이가 다음 해에도 지금 손을 꼭 잡고 있는 여성과 함께 나타날 거라는 사실을 알 수 있었다.

충분히 예상할 수 있는 일이지만, 두 사람은 이듬해 파티에 함께 등장했고 그 여성은 '약혼녀'라는 새로운 호칭으로 또 한 번 소개되었다. 그녀의 존재가 그의 미래 계획에 포함되어 있다는 사실은 의심할 여지가 없었다.

만약 당신이 어떤 남자와 3개월 이상 데이트를 했는데 그의 어머니를 만나거나 함께 교회에 가거나 가족 혹은 친구들의 모임에 초대받은 적이 한 번도 없다면, 사업이나 사교 관계로 알고 지내는 사람들 앞에서 쭉 이름으로만 소개되었다면, 당신은 그의 장기 계획에 포함되어 있지 않은 것이다. 그는 당신을 미래의 반려자로 생각하고 있지 않다. 하지만 그가 당신에게 공개적으로 호칭을 부여한 순간, 다시 말해 그가 사람들 앞에서 당신이 자신에게 의미 있는 존재라는 사실을 알린 순간, 그 대상이 친구이든 여동생이든 직장 상사이든 간에 그는 당신과의 관계를 확실히 선언한 것이다. 그의 말에는 당신을 향한 마음과 함께 그 자리에 함께한 사람들이 알아야 할 정보가 담겨 있다. 이러한 '선언'이 핵심이다. 남자가 당신에 대한 권리를 선언한 순간부터 당신은 그의 마음이 진심이라는 사실을 믿어도 좋다.

당신에게 모든 것을 제공한다.

남자가 당신을 자기 여자로 선언하고 당신이 그 선언을 받아들였다면, 이제 그는 당신에게 고깃덩어리를 가져다주기 시작할 것이다. 좀 더 이해하기 쉽게 말하자면, 남자는 사랑하는 여자와 아이들에게 필요한 것을 제공해 주기 위해 돈을 벌어서 집으로 가져다줄 것이다. 그것이 바로 남자의 역할이자 목표이기 때문이다. 이 사회는 가족을 지키고 (살아서든 죽어서든) 사랑하는 사람들을 먹여 살리는 것이 남자의 의무라고 천 년 동안 가르쳐 왔다. 이러한 '제공자Provider'의 역할은 남자다움의 핵심 요소 중 하나이다. 우리 남자들에게 달리 중요한 것은 없다(솔직히 말하자면 아주 없는 것은 아니다. 적긴 해도 중요한 것들이 있긴 있다. 예를 들어, 남자들은 타고난 재능을 중요시한다. 이것은 돈 문제가 아니다. 경제적 능력 또한 중요하다. 흠, 이것은 돈 문제이다.) 만약 어떤 남자가 어떤 의미에서든 사랑하는 사람을 부양할 능력을 갖추지 못했다면, 연인의 존재는 그의 자존감을 바닥까지 떨어뜨리는 마이너스 요소에 지나지 않는다. 남자는 사랑하는 여자와 아이들에게 더 많은 것을 제공할 수 있게 될수록 자신감을 얻고 살아있다는 기분을 느낀다. 너무 단순해 보이는가? 하지만 이것이 진실이다.

남자는 제공자로서 각종 비용을 지불한다. 집세부터 공과금, 자동차 할부금, 식비, 자녀 등록금, 그 외에 온갖 청구서를 처리하는 것은 남자의 몫이다. 노는 데 낭비하고 남은 돈만 내놓는다거나 자신이 더 큰 몫을 챙긴 뒤 여자에게 일부만 가져다주는 이기적인 행동은 결코 하지 않는다. 남자는 사랑하는 여자가 쓸데없는 소비를 하지 않는다는 사실을 믿어 의심치 않으며, 그녀가 생계를 위해 돈을 달라고 부탁하는 상황을 애초에 만들지 않으려고 노력한다. 그는 돈을 벌어서 집에 가져다줬을 때 받는 칭찬과 아이들에게 교복과 장난감을 사줬을 때 받는 키스와 전기와 가스가 부족함 없이 들어오게 해준 대가로 받는 가족들의 감사를 느끼며 남자로서의 자신감을 얻는다. 진정한 남자라면 자신을 위한 소비보다 가족을 부양하는 소비에 한참 높은 우선순위를 매긴다. 새 골프채나 값비싼 구두나 고급 스포츠카를 샀을 때 느껴질 만족감은 사랑하는 여자에게 감사를 받았을 때 느껴질 으쓱한 기분에 비하면 아무것도 아니다. 같은 맥락에서, 남자가 하는 모든 행동의 목적은 결국 사랑하는 여자가 필요로 하는 것을 제공할 능력을 갖추는 것이다.

여성들이 어릴 때부터 경제적으로 자립해야 한다고 교육받는 요즘 같은 세상에 남자에게 경제적인 부양을 기대하라니, 이런 내 말을 받아들이지 못하는 독자들도 많을 것이다. 만약 당신이 데이트 비용을 절반씩 분담해야 한다고 배우며 자랐다면, 식사 자리에서 지갑을 꺼내는 것이 당연하고 남자에게 그 어떤 금전적 지원도 바라서는 안 된다는 말을 귀에 못이 박히게 들으며 자랐다면, 내 단순한 조언에 거부감부터 느끼는 것이 당연하다. 하지만 남자를 움직이는 동력이 무엇이었는지 떠올려 보라. 진정한 남자는 자신이 사랑하는 사람들을 돌보고 그들에게 의식주를 제공하는 데서 만족을 느끼며, 그 역할을 제대로 수행하지 못할 때면 스스로 제대로 된 남자가 아니라고 여긴다. 좀 더 정확히 말하자면 그는 자신이 '당신의 남자'가 아니라고 여긴다. 어차피 당신이 아니더라도 언젠가는 누군가의 딸을 위해 제공자의 역할을 수행할 테니까.

물론 모든 남자가 자신의 책임을 기꺼이 받아들이는 것은 아니며, 개중에는 이기적이거나 무지하거나 무능력하거나 이 세 가지 악조건을 모두 갖춘 사람들도 많다. 하지만 충분한 잠재력을 가지고 있으면서도 교육을 제대로 받지 못했거나 자원이 부족하다는 이유로 당장 넉넉한 통장 잔고를 갖지 못한 경우도 있다. 만약 남자가 어떤 이유에서든 제공사로서의 역할을 다하지 못한다면 그는 자신이 제대로 된 인간이 아니라는 자책에 사로잡히고, 자칫 잘못하면 이러한 괴로움을 잊기 위해 알코올이나 약물이라는 극단적 선택에 빠질 수도 있다. 사랑하는 사람을 부양하지 못하는 남자들은 인간으로서 보일 수 있는 가장 나약한 모습을 보인다. 일부는 돈을 벌기 위해 범죄를 저지르고(하지만 그 종착역은 결국 교도소뿐이다) 일부는 마약에 손을 대며(이들의 종착역은 음침한 뒷골목뿐이다) 일부는 현실을 외면한다(수많은 여성들이 혼자 아이를 키우며 가난과 싸우는 현실을 보면 이 또한 해결책이 아니라는 사실을 알 수 있다). 하지만 옳지 못한 행동이나 스스로 후회할 만한 행동을 하는 남자들을 붙잡고 물어본다 해도 그들 중 대부분은 사랑하는 사람을 먹여 살릴 능력을 원할 뿐이라고 호소할 것이다.

물론 가진 돈을 여성과 나누고 싶어 하지 않는 남자들도 있다. 그들은 이성에게 돈을 갖다 주는 행동이 유명한 랩 가사나 힙합 잡지에 종종 등장하는 표현과 같이 '이용당하는Being played' 것과 다를 바 없다고 느낀다. 심지어 일부 남자들은 어떤 식으로든 금전적 지원을 요청하는 여성들을 뭉뚱그려 '꽃뱀Gold Digger'이라는 낙인을 찍고 비난하기도 한다. 오늘날 꽃뱀이라는 족쇄는 뉴욕식 피자를 둘러싼 두툼한 도우만큼이나 물샐 틈 없이 여자들을 옥죄고 있다. 남자의 머릿속에 상대방이 자신을 이용하려 한다는 피해의식이 한 번 자리 잡고 나면, 저녁식사나 술 한 잔을 포함해 아무리 사소한 대접을 받은 여자도 무조건 꽃뱀으로 치부해 버리고 만다.

하지만 숙녀 여러분, 사실 이 '꽃뱀'이라는 표현은 여자에게 경제적 주도권을 뺏기고 싶지 않은 남자들이 만들어 낸 덫이다. 그들은 이 단어를 사용함으로써 남자의 가장 기본적이고 본능적인 책임이자 남자라면 누구나 받아들여야 할 의무조차 수행하지 않은 채 여자에게서 원하는 것만을 얻어가려 한다. 꽃뱀이란 결국 현실을 회피하려는 남자들이 만든 표현이다. 한때는 정당하게 사용되는 단어였지만(오직 돈만 보고 남자를 만나는 여자라면 이런 비난을 받아도 싸지 않은가) 시간이 갈

수록 의미가 점점 왜곡되더니, 오늘날에는 남자가 정당한 의무를 다하길 바랐을 뿐인 여자들조차 싸잡아 몰아세우는 단어가 되었다. 기억하라. 당신이 그와 데이트할 시간을 내준 대가로 그에게 저녁식사 계산이나 영화표, 클럽 입장료 등을 기대하는 것은 당연한 권리이다. '내 식사비는 내가 계산했으니까, 내가 그에게 기댈 마음이 없다는 사실을 알아주겠지?'와 같은 어리석은 생각은 제발 그만두어라. 다음 장에서 마저 설명하겠지만, 남자는(물론 진정한 남자에 한해서지만) 사랑하는 여자가 기댈 수 있는 사람이 되길 바란다. 그리고 그를 돕는 가장 쉬운 방법은 그가 당신에게 무언가를 제공할 수 있도록 해주는 것이다. 이것은 매우 공평한 조건이다.

남자가 당신을 진정으로 사랑한다면, 그는 가진 돈을 마지막 1센트까지 털어서 당신이 있는 집으로 가져다줄 것이다. 일주일 동안 번 돈을 도박으로 날려버리고 돌아와서 이렇게 말하는 일은 절대 없다. "여기 100달러야. 이번 주에는 이것밖에 못 벌었어." 진정한 남자는 급료를 가지고 곧장 집으로 향한다. 그리고 가족들에게 필요한 비용을 모두 지불하고도 남을 만큼 여유가 생겼을 때 비로소 자신이 즐기는 데 돈을 쓴다. 이것이 남자들의 세계다. 이것이 우리의 삶이다.

사랑하는 사람을 보살피는 데도 여러 가지 방법이 있다. 예를 들어, 만약 당신의 남자가 재정적으로 파산 상태에 이르렀다 해도 그는 어떤 식으로든 당신을 먹여 살리기 위해 노력할 것이다. 식료품이 떨어졌는데 장을 볼 돈이 없다면, 그는 단돈 몇 달러라도 당신 손에 쥐어줄 수 있을 때까지 냉장고와 선반을 탈탈 털어서라도 당장 먹을 것을 마련할 것이다. 다시 말해서 그는 절대 당신이 굶도록 내버려두지 않을 것이다. 길거리에서 당신 차가 고장 났는데 수리를 맡길 돈이 없다면, 그는 일단 고장 난 차를 갓길로 옮기고 친구 차를 빌려 당신을 직장까지 데려다 주면서 수리비를 마련할 방법을 생각할 것이다. 당신이 벽에 그림을 걸고 싶어 하거나 싱크대가 넘쳐 당황하거나 차고 문을 달지 못해 쩔쩔 매고 있다면 당신을 사랑하는 남자는 사다리 20칸을 타고 올라가 그림을 걸어 주고 넘친 물을 퍼내면서 싱크대 배관을 조립해 주고 몇 시간동안 설명서를 파고든 끝에 차고 문을 달아 줄 것이다. 경제적으로든 다른 어떤 식으로든 사랑하는 사람을 보살펴야 한다는 책임감은 남자의 유전자에 새겨진 본능이다. 그가 당신을 사랑한다면, 이 모든 도움을 기꺼이 무제한으로 제공할 것이다.

당신을 위험으로부터 보호한다.

당신에게 공격적인 말, 행동, 제안을 하거나 당신을 위협하겠다는 생각을 한 번이라도 품었던 사람이라면 당신의 남자에게 목숨을 잃을 각오를 해야 할 것이다. 당신을 무례하게 대한 사람이 대가를 치르도록 하기 위해서라면 그는 무슨 짓이든 저지를 수 있다. 이것이 남자의 본능이다. 지구상에서 '남성'이라고 정의된 생물이라면 누구나 같은 행동을 할 것이다. 그의 가족을 모욕한 자는 누구든 그 대가를 치러야 하며, 최소한 심각한 싸움을 피할 수 없을 것이다. 이러한 본능은 지극히 선천적이며, 사내아이가 태어나 처음으로 만난 가족인 어머니와의 관계를 겪으며 발현되고 자각된다. 아직 조건 없는 사랑이 무엇인지도 모를 어린 나이일 때부터 남자아이들은 두 가지 상황을 절대 받아들이지 못한다. 첫째, 그는 자신의 어머니가 실수를 저지를 수 있다는 사실을 인정하지 않는다. 둘째, 그는 누군가 자신의 어머니를 두고 나쁜 말이나 행동을 하는 것을 그냥 넘기지 못한다. 어머니를 지켜야 한다는 책임감은 그가 자궁 속의 태아일 때부터 지니고 있던 본능적인 감정이다. 누군가 어머니에게 위협적인 말이나 행동을 하게 내버려 둬서는 안 되며, 만약 누가 그런 짓을 한다면 그 녀석에게 버릇을 단단히 가르쳐 주어야 한다. 나 또한 어렸을 때부터 비슷한 가르침을 받고 자랐다. 내가 여덟 살쯤 되었을 때, 어머니와 단 둘이 버스를 타고 시내로 외출할 일이 있었다. 우리 아버지는 방 안에서 어머니가 옷을 갖춰 입길 기다리고 있던 내게 다가와서 이렇게 말했다. "넌 지금 엄마랑 시내에 나가는 거야. 네가 엄마를 지켜 드려야 한다." 이것이 바로 우리 집의 첫 번째 가훈이었다. '어머니나 여동생들을 내버려둔 채 혼자 집에 돌아오지 마라.' 어머니를 포함한 여사 가속늘을 챙겨야 한다는 가훈은 집을 나가거나 스스로를 해치는 행동을 해서는 안 된다는 가훈보다 더 높은 위치에 있었다. 지금 와서 생각해 보면 당시에 누군가 우리 어머니를 위협했다 하더라도 내가 할 수 있는 일은 없었을 것이다. 나는 어머니의 보살핌을 받으며 버스를 타던 꼬마 아이에 불과했으니까. 하지만 어머니와 함께 버스를 타고 상점가를 돌아다니던 내내, 나는 작은 가슴을 있는 힘껏 내밀고 가족을 지키기 위해 최선을 다했다.

바로 그것이 남자로서 내 의무였기 때문이다.

'선언'과 '제공'을 하기로 마음먹은 사람을 지키는 것이야말로 모든 남자의 의무이자 기쁨이다. 어떤 남자가 당신의 안전을 걱정한다고 말했다면 그가 당신을 자신의 여자로 생각하고 있다는 뜻이고, 자신의 여자를 지키기 위해서라면 그는 무슨 짓이든 할 것이다. 당신이 수금원과 말다툼을 하는 것을 들었다면, 그는 당장 달려와 이렇게 말할 것이다. "무슨 일이야? 내가 처리할 테니 맡겨 둬." 당신의 전 애인이 자꾸 전화를 걸거나 귀찮게 추근거린다는 사실을 알았다면 그는 당장 상대를 만나러 갈 것이다. 아이가 엄마 선에서 통제할 수 없을 정도로 말썽을 부릴 때에도 그는 직접 나서서 상황을 해결하려 할 것이다. 요약하자면 진짜 남자는 '보호자Protector'의 역할이 자신의 의무라는 사실을 잘 알고 있으며, 가족을 지키고 이끄는 모습을 보이기 위해 최선을 다한다. 제대로 된 남자라면 누구나 자신의 것을 보호하려고 한다. 이것은 남자의 자존심이 달린 문제이다.

이러한 보호자의 역할이야말로 여자가 남자에게 가장 바라는 모습 중 하나가 아닐까? 여성들은 어릴 때부터 가족을 위해 전장에 나가고 자신을 모든 위험으로부터 지켜줄, 인생에서 가장 중요한 남성을 만나길 꿈꾸며 자란다. 내가 볼 때 여자들은 사랑하는 사람을 지키려는 남자의 본능을 잘 알고 있다. 여자가 위협이나 공격을 받았을 때 자신의 남자에게 도움을 청하는 것은 그가(아버지든, 오빠든, 삼촌이든, 남편이든, 혹은 연인이든) 그녀의 명예를 지키기 위해서라면 가진 힘을 모두 동원하리라는 사실을 알고 있기 때문이다. 그 결과 상대방이 다치거나 그 어떤 비극적인 결말이 일어나더라도, 그에게는 사랑하는 여자를 보호하는 것이 훨씬 중요하다. 당신이 직장에서 불쾌한 일을 당해도 당신의 남자에게 쉽게 털어놓지 못하는 것 또한 같은 이유에서일 것이다. 그가 그 사실을 알게 된다면 당장 회사로 찾아와 상대방과 담판을 지으려 할 테고, 그런 행동은 결국 당신에게도 그다지 좋지 못한 결과를 가져올 테니까.

내가 어렸을 때 우리 집에 보험료 수금원이 찾아와 어머니에게 대금 지급을 요구한 적이 있었다. 마침 가진 현금이 없었던 어머니는 필요한 돈을 지불하지 못했고, 직장에 나가 있던 아버지는 그 수금원이 어머니에게 "다음번에 왔을 때는 돈을 제대로 준비해 놓는 게 좋을 거야. 돈이 없으면 뭐 다른 거라도 내놓던가." 라고 말하는 것을 듣지 못했다. 나중에 우리 남매 중 한 명에게 그 이야기를 들은 아버지는 어머니에게 다가가 그 남자가 정확히, 뭐라고, 말했는지 물었다. 어머니는 한참 동안 우물쭈물하며 망설이다가 결국 그때 나눈 대화를 사실대로 털어놓았다. 어머니가 망설인 이유는 이 얘기가 분명히 남편의 분노를 자극할 거라는 사실을 알고 있었기 때문이었다. 어머니에게서 원하는 정보를 모두 들은 아버지는 내게 와서 그 수금원이 찾아오는 시간을 물었다. 그자가 우리 집에 다시 찾아왔을 때, 이번에는 어머니 대신 아버지가 그를 기다리고 있었다. 나는 그날 본 광경을 평생 잊지 못할 것이다. 그 수금원은 차에서 두 발로 내리지도 못했다. 우리 남매가 창밖으로 내다보고 있는 동안 아버지는 그를 차에서 끌어낸 뒤 멱살을 움켜잡고 이렇게 말했다. "다시 한 번만 내 아내에게 모욕적인 말을 했다간 정말 죽여 버릴 줄 알아." 이 이야기는 다소 극단적이지만, 진짜 남자가 사랑하는 사람을 지키기 위해 어떤 행동을 하는지 정확히 보여 준다.

물론 누군가를 지키기 위해 반드시 물리적 힘이나 폭력을 써야 하는 것은 아니다. 당신을 진심으로 아끼고 사랑하는 남자라면 조언을 해주거나 위험한 일을 대신 해주는 등의 방식으로 언제나 당신을 보호할 것이다. 예를 들어, 만일 당신이 밤늦은 시간에 차를 운전해서 주차하거나 강아지를 산책시키는 것이 위험하다고 판단한다면, 당신의 남자는 기꺼이 나서서 운전이나 강아지 산책을 대신 해줄 것이다. 함께 길을 걷는 도중에 당신 곁으로 위험해 보이는 인물이 접근해 온다면, 당신의 남자는 당신과 위치를 바꾸어 혹시 모를 공격에 대비할 것이다. 그리고 만약 그자가 당신에게 손가락 하나라도 대려 한다면 즉시 행동에 들어갈 것이다.

내 아내 마저리는 얼마 전에 하와이의 마우이 섬으로 떠난 단체 낚시 여행에서 내가 그녀를 '보호하려고' 했던 순간을 떠올리며 아직도 웃음을 터뜨린다. 아내는 공인 자격증까지 가진 숙련된 스쿠버다이버다. 반면, 나는 그녀만큼 스쿠버다이빙에 능숙하지 못하다. 파도가 거센 태평양 한 가운데를 헤엄치던 도중 나는 갑자기 아내가 위험에 처했다는 느낌을 받았다. 아내는 모든 장비를 걸치고 깊은 물속으로 잠수해 들어간 상태였고, 그 상황에서 내가 아내를 구하기 위해 할 수 있는 일은 없었다. 나는 당장 배 위로 올라가 떨리는 손으로 담배에 불을 붙이며 안전 요원에게 그녀를 구출해야 한다고 설명했다. 그리고 스쿠버다이빙을 전혀 할 줄 모르는 경호원에게 일단 스노클링 마스크를 쓰고 수면 아래를 계속 지켜봐달라고 부탁한 뒤, 매니저부터 선장까지 갑판 위에 있던 모든 사람들을 향해 만약 아내가 35분 내에 돌아오지 않으면 전원이 장비를 착용하고 물속으로 들어가 수색을 시작해야 한다고 말했다. 우리 여행을 이끌던 책임자는 부드러운 목소리로 대답했다. "하비 씨, 한 사람을 구하자고 모두가 물속에 들어갈 수는 없어요." 하지만 그 말은 내게 아무런 도움이 되지 않았다. "들어가야 해요." 나는 전보다 조금 더 격앙된 목소리로 말했다. "만약 모두가 아내를 찾으러 가지 않는다면, 내가 이 배에 탄 사람들을 다 죽여 버릴 거요. 어차피 내 아내를 태우지 않고는 어디로도 못 가요. 이 배가 아내 없는 상태로 출발했다간 내가 모두를 물속으로 던져버릴 테니까."

스쿠버다이빙을 즐기던 내 아내는 수면 위에서 심상치 않은 일이 벌어진다는 사실을 느끼기라도 했는지 예정된 시간보다 일찍 모습을 나타냈다. 그녀는 내 불같은 성격을 잘 알았다. 아내가 더 깊은 곳으로 잠수하는 대신 물 위로 올라오는 선택을 한 것은 구하러 갈 수도 없는 바다 속에서 자신이 사고라도 당할까봐 내가 얼마나 전전긍긍하는지 잘 알고 있었기 때문이었다. 상황을 지켜본 그녀는 지금이 잠수를 즐기기보다 갑판 위에 앉아있어야 할 때라는 사실을 즉시 파악했고, 내게 다가와 아무런 일도 일어나지 않았다고 말하며 안심시켰다. 마저리는 모험심이 강한 여자였지만 자신의 안전을 걱정하는

나 때문에 다이빙부터 패러세일링까지 많은 취미를 포기했다. 그녀가 익스트림 스포츠를 즐기러 나갈 때면 나는 꿈에 그리던 내 여자가 낙하산을 메고 비행기에서 뛰어내렸다가 건물 벽에 부딪히는 장면이나 다이빙을 했다가 산소탱크가 고장 나 위험에 처하는 장면을 상상하며 늘 불안에 떨었다. 내가 구하러 갈 수도 없는 곳에서 그녀가 목숨을 잃기라도 한다면? 안 돼. 절대 안 돼. 그건 있을 수 없는 일이야. 최소한 사지 멀쩡한 상태로 집에 돌아와 정말 즐거운 경험이었다고 뽐낼 수 있는 활동을 취미로 삼아야 한다는 것이 내 지론이었다. 아내는 내 신념에 맞서는 대신 이렇게 말해 주었다. "걱정해줘서 고마워, 여보."

나는 진심으로 그녀를 걱정하고, 따라서 내 모든 DNA는 그녀를 지키고 보살피며 그녀가 내 여자임을 선언해야 한다고 외친다. 우리 아버지와 할아버지와 증조할아버지 또한 같은 방식으로 사랑을 표현했다. 피부가 검다는 이유만으로 사랑하는 사람을 지킬 수도, 보살필 수도, 심지어 공개할 수도 없었던 암울한 시대에조차 우리 조상들은 이러한 본능을 잃지 않았다. 그러나 최근 우리 남자들은 이 세 가지 본능을 충족시킬 기회를 점점 빼앗기고 있다. 어쩌면 혼자서 아이를 키우는 여성들이 많아졌기 때문일 수도 있고, 아들에게 진정한 남자가 되는 법을 가르칠 만한 아버지들이 줄어들었기 때문일 수도 있다. 나는 진정한 여자에게는 남자의 장점을 최대로 이끌어 낼 능력이 있다고 확신한다. 어쩌면 남자가 자신의 능력을 최대로 발휘하기 위해 필요한 단 한 가지 조건은 어머니 외에 진정한 여자를 딱 한 명 더 만나는 것일지도 모른다. 사랑하는 남자의 잠재력을 이끌어내고 싶다면 모든 남자의 본능을 충족시키는 요구를 해 주어야 한다. 라디오 방송을 포함하여 일 때문에 매일같이 만나는 여성 동료나 친구들은 요즘 괜찮은 남자가 얼마나 없는지, 남자들이 얼마나 자신의 역할에 소홀한지에 대해 끊임없이 불평한다. 하지만 나는 그 의견에 반론을 제시하고 싶다. 남자들이 자신의 역할을 다하지 않는 것은 아무도, 특히 여성들이, 그 일을 요구하지 않기 때문이다.

숙녀 여러분, 이제는 사랑에 대한 여성들만의 정의를 내려놓고 남성의 사랑법이 여성과 다르다는 사실을 인정할 때이다. 남자의 사랑은 P로 시작하는 세 가지 단어인 선언 Profess과, 제공 Provide, 보호 Protect로만 정의될 수 있다. 당신의 연인이 회사 파티에 입고 나갈 드레스를 함께 골라주지 않는다고 해서 실망할 필요 없다. 만약 그가 진정한 남자라면, 그는 기꺼이 당신을 파티장까지 에스코트한 뒤 손을 잡고 걸어 들어가 그 자리에 있는 모든 사람에게 당신이 자기 여자라는 사실을 알릴(선언할) 것이다. 아픈 당신을 꼭 껴안고 손등을 쓰다듬어 주지 않는다 해도, 그는 진단서를 꼼꼼히 읽고 수프를 데우며 당신의 회복에 필요한 모든 것을 준비할(제공할) 것이다. 기저귀를 갈거나 설거지를 하거나 목욕을 마치고 나온 당신의 발을 닦아 주는 대신, 그는 당신에게 조금이라도 위협을 가하는 요소들에 맞서 당신을 지킬(보호할) 것이다. 이 조언을 반드시 마음에 새겨라.

만약 이 세 가지 정의를 만족하는 남자가 당신 앞에 나타났다면,
그가 당신에게 모든 것을 걸었다고 믿어도 좋다.

응원과 의리,
그리고 섹스

여자란 참으로 복잡한 생물이다. 여자들은 온갖 것을 원한다. 남자가 자신이 원하는 것을 가져다주길 바라면서도 무엇을 원하는지 혹은 무엇이 필요한지 제대로 설명해 주지 않고, 심지어 5분 전에 원했던 것과 지금 원하는 것이 전혀 다른 경우도 많다. 나는 언제나 농담처럼 '여자가 진짜 만족하려면 나이든 남자, 못생긴 남자, 짐승 같은 원주민, 게이를 동시에 만나는 수밖에 없다'고 말하고 다닌다. 만약에 그 넷의 모습을 동시에 갖춘 남자가 있다면 얘기가 좀 달라지겠지만. 나이든 남자는 연금을 가져다주며 당신과 함께 집에 눌러 앉아 서로 기대고 토닥이는 편안한 분위기를 제공할 것이다. 그는 당신에게 섹스를 요구하지도 않는다. 어쨌거나 그곳이 더 이상 서지 않으니까. 당신은 나이든 연인에게서 경제적 안정을 기대할 수 있다. 못생긴 남자는 당신에게 헌신할 것이다. 당신이 원하기만 하면 학교에서 돌아온 아이의 숙제를 봐주고 식료품점에 달려가서 장을 봐오며 주말에는 세차를 하고 당신의 고양이를 기꺼이 돌볼 것이다. 그가 이 모든 정성을 쏟는 이유는 당신을 놓치면 두 번 다시 이렇게 아름다운 여성을 만나지 못할 것이기 때문이다. 당신은 귀찮은 일을 대신 해주는 못생긴 연인 덕분에 '나만의 시간'을 가질 수 있다. 짐승 같은 원주민, 오, 그의 존재는 반드시 필요하다. 그에게 무엇을 얻을 수 있는지는 분명하다. 그는 커다랗고 그다지 똑똑하지 않으며 지적인 대화상대로는 적합하지 않다. 하지만 당신은 눈썹부터 발가락 끝까지 근육으로 똘똘 뭉친 그가 곧 당신의 척추가 부러지도록 안아주리라는 사실을 잘 알고 있다. 그게 바로 당신이 그에게서 원하는 바고, 그는 그 바람을 충분히 만족시켜 줄 것이다. 당신은 이 짐승 덕분에 격렬하고 황홀한 섹스를 할 수 있다. 마지막으로 게이는 함께 쇼핑을 하면서 당신의 이야기를 들어줄 것이다. 그는 나이든 남자가 당신에게 어떤 선물을 주었는지, 못생긴 남자가 당신을 위해 얼마나 헌신하는지, 짐승 같은 원주민이 지난 주말에 어떤 테크닉을 선보였는지 듣고 싶어 안달하며 열심히 맞장구를 쳐 준다. 당신은 게이의 존재를 통해 대화 욕구를 충족시킬 수 있다(웃음).

네 명의 남자는 당신의 모든 욕구를 충족시켜 줄 테고, 아마도 당신에게 행복을 가져다줄 것이다. 내가 '아마도'라는 표현을 쓴 이유는 원하던 것들을 모두 손에 넣었다고 해서 반드시 행복이 보장되지는 않기 때문이다. 남자들은 여자의 기분과 관점이 일정하지 않고 행복을 위해 꼭 필요한 구체적인 요소들도 수시로 변화하며 그 감정 기복에 맞춰주려 아무리 노력해도 대개는 실패한다는 사실을 잘 알고 있다.

반면, 남자는 지극히 단순한 생물이다. 남자를 행복하게 해 주기란 그렇게 어렵지 않다. 좀 더 구체적으로 말하면, 딱 세 가지 요소가 갖춰지면 남자는 즉시 행복한 기분을 느낀다. 응원과 의리 그리고 섹스. 이게 전부다. 나는 남자의 행복이 이렇게까지 단순하다고 확실히 말할 수 있다. 이 세 가지 요소를 향한 남자의 욕망은 절대 사라지거나 줄어들지 않으며, 반대로 결코 강해지거나 복잡해지지도 않는다. 일단 응원과 의리는 여성이 거의 선천적으로 갖고 태어난 능력이다. 여성들의 세계에서는 '보살핌'이라는 용어를 더 많이 쓰는 것 같지만. 만약 당신이 어떤 남자를 보살펴주고 싶을 만큼 사랑한다면 그와 육체적으로 친밀한 관계를 갖는 것도 이상한 일이 아니다. 따라서 이세 가지 요소는 남자의 행복을 위해 반드시 필요한 조건이자 여성에게도 자연스러운 사랑의 과정이라고 말할 수 있다. 지금부터는 응원과 의리, 섹스에 대해 좀 더 자세히 들여다볼 것이다.

남자가 원하는 것 #1: 당신의 응원

남자는 누군가 자신을 왕처럼 받들어 주는 느낌을 원한다. 자신이 진짜 왕이 아니라는 사실은 중요하지 않다. 여자들이 꼭 알아주었으면 하는 사실 중 하나는, 남자가 집 현관을 나서는 순간 온 세상이 그를 쓰러뜨리려 벼르고 있다는 것이다. 피부가 하얗든 검든 노랗든 줄무늬가 있든, 모든 남자는 매일 아침 전투태세를 단단히 갖춘 채 집을 나선다. 어쩌면 당신의 남자는 하루아침에 해고 통보를 받을지도 모른다. 눈 깜빡할 사이에 인생이 바뀌는 것이다. 승진과 더 나은 연봉을 위해 그의 자리를 노리는 부하직원들은 업무에 제대로 협조하지도 않으면서 호시탐탐 그를 쓰러뜨릴 기회를 엿본다. 직장을 향해 차를 모는 순간에도 그의 머릿속은 일에 대한 걱정과 자신이 통제할 수 없는 상황이 닥칠지도 모른다는 불안감, 누군가 자신이 이뤄놓은 것들을 빼앗아 갈지도 모른다는 두려움으로 가득 차 있다. 다시 말해, 남자는 끊임없이 주위를 살피고 다른 남자들의 의도를 가늠하며 자신과 자신의 것들을 지키기 위해 발버둥치며 살아간다(그중에는 당신도 포함되어 있을 것이다).

　그들은 적어도 집에서만큼은 모든 전투 장비를 내려놓고 긴장을 풀길 원한다. 그리고 당신의 이런 말 한마디는 그의 모든 긴장을 녹여줄 것이다. "자기야, 오늘 하루 어땠어? 우리를 위해 그렇게 애써줘서 늘 고마워. 우리 가족은 당신이 필요하고, 당신 덕분에 이렇게 행복하게 지낼 수 있어." 정말이다. 정말로 이거면 충분하다. 사랑하는 여자의 응원은 남자에게 왕이 된 기분을 선사한다. 왕이 되기 위해서 꼭 왕처럼 굴어야 하는 것은 아니다. 나를 믿어도 좋다. 당신이 남자를 특별하게 대접해 줄수록 그는 당신에게 더 많은 것을 제공하기 위해 더 열심히 노력할 것이다. 지극히 간단하고 단순한 원리다. 우리

어머니는 응원이 남자에게 미치는 영향을 누구보다 잘 알던 분이었다. 매주 일요일 아침, 아버지는 교회에 가기 전 내 머리를 손질하고 로션을 바른 뒤 깨끗한 정장과 구두를 신겨서 어머니가 기다리고 있는 거실로 내보냈다. 어머니는 그런 내 모습을 볼 때마다 이렇게 외쳤다. "세상에, 우리 아들 머리 잘랐구나! 너무 깔끔하고 멋져!", "우리 아들 좀 봐, 너무 잘생겨서 교회에 가면 사람들이 다 쳐다보겠는걸!" 나는 머리를 다듬고 깨끗한 신발을 신으면 어머니를 기쁘게 할 수 있다는 사실을 알았고, 그렇게 응원 세례를 받은 뒤에는 어깨에 힘을 주고 머리를 꼿꼿이 세운 채 집을 나설 수 있었다. 사랑하는 사람에게 멋지다는 얘기를 듣고 자랑스럽다는 칭찬을 들은 덕분이었다. 나란히 걷는 아버지의 어깨는 나만큼이나 당당히 펴져 있었다. 매주 일요일 아침마다 어머니에게 키스와 감사를 받는 아버지 또한 자신이 뭐든지 해낼 수 있다는 자신감으로 가득한 상태였다.

이러한 응원이야말로 남자가 여자에게 바라는 것이다. 그는 자신의 여자가 "여보, 나와 아이들이 당신에게 얼마나 감사하고 있는지 당신은 모를 거야." 라고 말해 주길 원한다. 이 간단한 말 한 마디는 그가 당신을 포함한 가족들에게 더 좋은 가장이 되어야겠다는 생각을 하게 만든다. 그는 직장에서 더 성실히 일하고 당신에게 꼬박꼬박 월급을 가져다주며 일요일 저녁이면 고기를 굽고 두말없이 빨래를 개킬 것이다. 남자는 더 많은 보상이 주어질수록 더 열심히 일하는 생물이다. 여기서 말하는 보상이란 돈 몇 푼이 아니라 진심에서 우러나온 응원 한마디이다. 고마워, 자기. 당신에게 감사해. 이런 말이 남자에게 얼마나 큰 영향을 미치는지 당신은 알지 못한다. 하지만 남자는 격려 몇 마디에 더 많은 것을 이루고 싶어진다. 여자들은 남자가 무뚝뚝하다거나 다정한 스킨십에 소홀하다는 이유로 격려를 받는 데도 별 관심이 없을 거라고 생각한다. 하지만 사실은 전혀 다르다. 사랑하는 여자에게 "당신은 정말 멋지고 대단한 사람이야."라는 말을 들으면 그보다 더 멋지고 대단한 사람이 되어야겠다고 마음먹는 것이 바로 남자이다.

남자가 원하는 것 #2: 당신의 의리

우선, 남자의 사랑이 여자의 사랑과 완전히 다르다는 사실을 이해해주길 바란다. 여자의 사랑은 감성적이고 자애로우며 따뜻하다. 달콤하고 친절하며 상대의 모든 단점을 감싸준다. 날카로운 칼날을 들이댄다 해도 사랑에 빠진 여자의 마음을 둘로 나눌 수는 없을 것이다. 여자는 사랑하는 사람에게 온 마음을 바친다. 그녀에게는 그가 전부고, 그가 아니면 안 된다. 이것이 바로 여자의 사랑이다.

반면 남자에게 사랑은 의리와 같은 말이다. 남자는 사랑하는 여자가 자신과의 의리를 지키며 무슨 일이 있어도 자신을 따라 주길 바란다. 자신이 직장을 잃어서 더 이상 월급을 가져다줄 수 없게 되어도 그녀가 기꺼이 자신의 곁을 지키며, 주변 친구들에게 떳떳이 자신의 존재를 알리길 원한다. "이 사람이 내 남자야. 나는 무슨 일이 있어도 이 사람과 함께할 거야." 이드리스 엘바Idris Elba나 덴젤 워싱턴Denzel Washington, 어셔Usher가 머리끝부터 발끝까지 비싼 정장을 차려입고 후광을 내뿜으며 등장한들 무슨 상관이겠는가? 사랑하는 여자가 꼭 잡은 손에 조금 더 힘을 주고 진심을 다해 "저런 사람들이 아무리 잘생기고 돈이 많다 해도 난 관심 없어. 내게 남자란 오직 당신뿐이야."라고 말해준다면 그것으로 충분하다(속으로는 그 말이 진심이길 간절히 빌고 있겠지만).

이러한 의리야말로 남자가 원하는 사랑이다. 남자에게는 의리와 사랑이 정확히 같은 의미를 지닌다. 여자는 아름다운 사랑을 꿈꾸지만 남자가 원하는 사랑은 그렇게 반짝이지 않는다. 하지만 형태가 다르다고 해도 사랑은 사랑이다. 그리고 남자의 사랑은 놀라울 만큼 강하다. 자신의 여자가 의리를 지키리라는 사실을 확신할 수만 있다면, 남자는 그녀를 위해 콘크리트 벽이라도 부술 수 있으며 그녀를 두고는 어디에도 가지 않는다.

남자가 원하는 것 #3: 당신과의 섹스

생각할 필요도 없는 문제다. 남자에게는, 섹스가, 필요하다. 남자는 섹스를 사랑한다. 이 세상에 우리가 섹스만큼 강력하게, 끊임없이 원하는 것은 없으며 못하면 죽을 것 같은 기분을 느끼는 것도 달리 없다. 집을 빼앗기고 직장을 빼앗기고 1969년식 쉐보레 임팔라를 빼앗기고 마지막 한 켤레 남은 악어 가죽구두를 빼앗기는 한이 있어도 섹스만큼은 절대(정말로 무슨 일이 있어도) 빼앗길 수 없다. 섹스를 원하는 마음 앞에서는 다른 어떤 욕구도 생각나지 않는다. 남자는 자신 곁을 지키며 응원해주는 여자와 육체적으로 연결된 기분을 느끼길 원하며, 가장 좋은 방법은 그녀와 사랑을 나누는 것이다. 대화를 나누고 포옹을 하고 손을 잡고 꼭 달라붙어 감정을 공유하는 것은 여자들의 사랑법이다. 남자가 그런 일들을 함께 해주는 것은 사랑하는 여자가 그런 시간을 소중하게 여긴다는 사실을 알기 때문이다. 부디 이해해주길 바란다. 남자는 섹스를 하면서 친밀함을 느낀다. 남자에게 섹스는 플러그를 꼽고 에너지를 충전하는 시간이다. 나는 살면서 섹스가 필요 없다고 말하는 남성을 한 명도 보지 못했다. 사랑에 섹스가 반드시 필요하냐고 물었을 때 아니라고 대답하는 남자가 있다면 그는 거짓말쟁이다. 물론 그렇게 대답하는 남자를 만날 수도 없겠지만. 세상에 진짜 그런 남자가 존재한다면 그는 스미소니언박물관에 전시해두어도 좋을 만큼 희귀한 인종이다. 하지만 그를 제외한 나머지 남자들은 공기만큼이나 절실히 섹스를 필요로 한다.

당신이 한 달 이상 그와의 관계를 거절한다면, 그는 다른 어디에선가 그 욕구를 충족시킬 것이다(물론 당신이 그의 아이를 임신 중일 때는 예외이다). 이렇게 생각하면 쉽다. 갱단은 기본적으로 서로에 대한 응원과 의리를 바탕으로 조직된다. 따라서 남자들이 갱단을 조직한 순간 응원과 의리는 즉시 충족된다. 이제 그들이 필요로 하는 것은 섹스뿐이고, 이것이 바로 갱단이 여성 조직원을 받아들이기 시작하는 이유이다. 오토바이 동호회든, 컨트리 클럽이든, 프리메이슨이든, 엘크(Elk, 미국의 자선 단체-옮긴이)든, 남학교의 사교 모임이든, 남자들의 세계는 무조건 이 세 가지 요소를 바탕으로 형성된다. 그들이 일주일 중 단 하루라도 응원과 의리와 섹스를 추구하지 않는 날은 없다. 당신이 알파 피 알파나 카파 알파 파이, 오메가 프사이 피(Alpha Phi Alpha, Kappa Alpha Psi, Omega Psi Phi, 각각 코넬대학교와 인디애나대학교, 하워드대학교의 남학생 사교 클럽 이름이다-옮긴이) 같은 클럽에 가입해놓고 6주 동안 충성 서약을 하지 않았다고 치자. 겉으로는 동료인척 해놓고 그 집단에 지지와 의리를 바치겠다는 맹세를 하지 않은 것이다. 하루도 아니고 몇 주 동안이나 클럽의 충성심과 정체성을 무시한 당신의 정체를 알았을 때, 당신을 동료라고 생각했던 다른 남학생들이 어떻게 돌변할 거라고 생각하는 가? 당신이 크립에 가입해 놓고 블러드의 본거지에 발을 들인다면 어떤 일이 벌어질 것 같은가?(크립Crip과 블러드Blood는 라이벌 관계에 있는 미국의 악명 높은 갱단이다-옮긴이) 궁금하다면 멤버로 가입되어있지 않은 지역 컨트리클럽에 불쑥 얼굴을 내밀어 보라. 지지와 의리야말로 남자를 이루는 기본적인 구성성분이라는 사실을 잘 알게 될 것이다.

더불어, 남자들은 섹스 없이 살 수 없다. 당신이 1주일 동안 휴가를 떠났다면, 그리고 당신의 연인이 당신을 정말 사랑한다면, 그는 그 1주일 동안 섹스를 하고 싶다는 욕구를 참아낼 것이다. 물론 당신을 진심으로 사랑하지 않는다면 즉시 다른 여자와 즐거운 시간을 보내 겠지만. 하지만 당신을 향한 그의 사랑이 진심이라 해도 당신이 그와의 섹스를 거부하거나 횟수를 제한하거나 첫 데이트라면 결코 하지 않았을 행동들을 한다면, 그는 자신을 받아 줄 다른 여자를 찾아 떠나 버릴 것이다. 나는 지금 진실을 말하고 있다. 당신의 남자가 당신을 사랑한다면, 그는 "이 여자가 내 여자야." 라고 선언할 것이다. 하지만 그 와중에도 그의 주변에는 그가 절실히 원하고 필요로 하는 것을, 다시 말해 섹스를 기꺼이 제공해 줄 다른 여자들이 줄을 서 있다.

내 의도를 오해하지 않았으면 좋겠다. 나는 남자가 짐승이라고 말하는 것이 아니다. 우리 남자들도 상황이 언제나 한결같을 수 없다는 것 정도는 알고 있다. 산부인과 의사가 임신한 아내와 6주 정도 관계를 삼가라고 조언하거나, 여자 친구가 생리 주기에 들어서거나, 호르몬 변화 때문에 당장 섹스를 하고 싶지 않은 기분일 때도 있다는 사실 정도는 남자들도 잘 안다. 나는 다만 남자가 언제까지나 참을 수는 없다는 사실을 전하는 것이다. 섹스를 거부하는 것은 여자의 자유이다. 하지만 남자가 아내와 가족을 아무리 사랑해도, 가장으로서의 의무를 아무리 중시해도, 평소 같으면 번 돈을 모조리 집에 가져다주고 아내에게 따로 용돈까지 챙겨줄 만한 성실한 사람이라도, 여자가 섹스를 놓고 그를 괴롭히기 시작한다면 얘기는 달라질 것이다.

당신은 아픈 아이를 재우느라 밤을 새고, 새벽같이 일어나 아이를 등교시킨 뒤 러시아워를 뚫고 출근길에 오를 것이다. 하루 종일 제대로 식사할 틈도 없이 바삐 일하며 동료들과 씨름하고 나면 다시 지옥 같은 퇴근길이 당신을 기다리고, 집에 돌아와서는 다시 육아에 뛰어들어야 한다. 저녁 식사 준비며 아이들의 숙제 검사며 빨래를 끝내도 아직 할 일은 산더미처럼 쌓여 있다. 이 마당에 남편이 다가와서 유부녀 친구들끼리 소위 '어깨 두드리기Tapping Shoulder'라고 부르는 신호를 보낸다면, 아무리 노력해도 긍정적인 반응을 보이기 힘들다. "내가 무슨 얘기 하는지 알지?" 한 여성 친구는 당신에게 이렇게 말했다. "모든 일을 마치고 겨우 침대에 쓰러져 좋아하는 TV쇼를 대충 보다가 반쯤 기절했는데, 남편이 다가와서 어깨를 두드리는 거야. '그걸' 하자는 거지. 그럴 때면 얼마나 짜증이 나는지!"

하지만 그녀는 '어깨 두드리기'에 지친 사람이 자기 혼자가 아니라는 사실을 알지 못했다. 그녀의 남편 또한 하루 종일, 아내와 같은 강도로 열심히 일했다. 그는 자신이 아내와 똑같은 종류는 아니더라도 퇴근 후까지 집안일을 돌봤고, 아내가 침대에 누워서 TV쇼를 보는 것과 마찬가지로 자신에게도 하루의 긴장을 풀 시간이 필요하다고 생각했다. 그는 섹스를 원했지만 아내는 그런 그를 밀어내기 바빴다. 어느 순간부터, 그녀가 TV를 보면서 긴장을 푸는 동안 그녀의 남편은 집 밖에서 긴장을 풀기 시작했다. 다른 여자를 만나면서.

물론 이런 사정이 그의 행동을 정당화할 수는 없다. 하지만 적어도 나는 그가 옳지 못한 결과에 다다르게 된 과정을 이해할 수 있다. 만약 그들 부부가 배우자의 외도라는 비극적 결말을 맞이하기 전에 내게 상황을 알렸다면, 나는 최선을 다해 현명한 조언을 제공했을 것이다. 우리는 사랑하는 사람을 좀 더 이해해야 한다. 종일 힘들게 일한 여자가 자신과 함께하는 저녁 시간을 조금이라도 덜 지친 상태로 맞이하게 하고 싶다면, 남자는 한 걸음 나서서 그녀가 기댈 수 있는 벽이 되어 주어야 한다. 그녀가 요리를 하면 자진해서 설거지를 하고, 그녀가 아이들의 옷을 챙기는 동안 옆에서 숙제를 도와주고, 아이들이 잠자리에 들면 우선 침대 밖에서 로맨틱한 분위기를 잡는 것이다. 하루 동안 수고했다고 다독이거나 따뜻한 목욕을 준비해 주거나 와인 한잔을 건네는 등 어떤 식으로든 섹스가 단순히 욕구를 풀기 위한 수단이 아니라 사랑을 나누는 행위라는 마음을 전해야 한다. 남자의 사랑을 느낀 여자는 그에게 화답할 것이다. 짜증 섞인 의무감에서가 아니라, 그가 이렇게까지 자신을 원한다는 사실에 아찔한 설렘을 느끼면서.

그러나 아내와 섹스하기 위해 매일 밤 와인을 준비하는 남편은 존재하지 않는다. 이 정도는 충분히 이해할 수 있는 일이다. 남자에게는 때로 무드를 잡거나 여자에게 잘 보여야 한다는 압박감 없이 바로 그녀와 섹스를 하고 싶을 때가 있다. 이것이 지구상의 모든 남자가 바라는 것이다.

요약하자면, 우리 남자들은 사랑하는 여자가 응원과 의리, 섹스를 제공해 주길 원한다. 여자들은 남자를 위해 옷을 고르고 매일 밤 저녁식사를 준비하고 그가 가장 좋아하는 땅콩버터가 떨어지지 않도록 주의를 기울이는 방식으로 자신의 애정을 증명하려 한다. 하지만 힘든 하루를 보내고 집에 돌아온 남자가 그녀에게 바라는 것은 오직 세 가지 뿐이다. 당신이 지쳐 돌아온 남자에게 이 세 가지 선물을 준다면, 그는 당신을 위해 기꺼이 다시 전쟁터에 나갈 것이다. 하지만 당신이 세 가지를 제공하지 않는다면, 장담하건데 그는 다른 곳에서 위안을 얻을 것이다. 응원과 의리와 섹스가 없다면 남자는 살지 못한다. 이걸 석 달 동안이나 참으라는 것은 말도 안 된다.

내 말이 기분 좋게 들리지는 않겠지만, 주변에 있는 남자를 아무나 붙잡고 이 내용이 진실이냐고 물으면 즉시 그렇다는 대답을 들을 수 있을 것이다. 응원과 의리와 섹스만 제대로 공급한다면, 당신은 원하는 것을 무엇이든 해주는 남자를 손에 넣게 될 것이다. 아주 단순하고 간단한 원칙이다.

"얘기 좀 해"
(어서 도망가)

"우리 얘기 좀 해."

남자들은 이 말에서 위협을 느낀다. 특히 입을 연 사람이 여성이고 듣는 사람이 본인일 때는 이보다 더 무서운 말이 없다. 여자가 이런 말을 꺼냈을 때 남자 입장에서 생각할 수 있는 가능성은 딱 두 가지 뿐이다. 첫째, 본인이 무언가 잘못을 저질렀다. 둘째, 여자가 정말 순수하게 얘기를 하고 싶은 기분이다. 이건 잘못을 저질렀을 때보다 더 무섭다. 남자들은 스스로 완벽하지 않다는 사실을 인정하며, 잘못했을 때는 질책을 달게 받아야 한다는 사실 또한 잘 알고 있다. 그렇다고 해서 자신이 얼마나 큰 죄를 지었는지에 대해 한 시간 동안 분노에 찬 일장 연설을 듣는 것이 달가울 리는 없다. 그리고 그보다 더 힘든 것은 그녀 옆에 다소곳이 앉아 마치 여자 친구라도 되는 양 대화를 나눠야 하는 순간이다. 이건 정말 생각만 해도 끔찍하다. 알코올 중독 치료 모임이나 정신과 의사의 상담실이 아닌 한 소파에 얌전히 앉아서 커피를 홀짝이거나 이따금씩 손수건으로 눈가를 훔치며 속내를 이야기하는 것은 정말이지 남자들의 생리에 맞지 않는다. 남자가 대화를 나눌 때는, 특히 상대방의 말을 경청할 때는 분명한 목적이 있을 때뿐이다.

남자는 결코 말로 감정을 쏟아내지 않는다.

우리는 문제를 일으킨 원인을 찾아내 해결하길 원한다.

남자들 또한 이러한 태도가 여자의 화를 부채질한다는 사실을 알고 있다. 여자들은 대화를 나누고 함께 해결책을 찾아줄 사람, 다시 말해 자신의 말에 귀를 기울여줄 사람을 원한다. 우리 솔직해지자. 이것이 바로 여자에게 여자 친구가 필요한 이유 아닌가. 여자 친구들은 당신이 고민을 털어놓을 때마다 기꺼이 위로를 베푼다. 당연하다는 듯 고개를 끄덕이며 "정말 잘 했어.", "네 말이 맞아." 따위의 맞장구를 치고, 당신의 이야기에 전적으로 공감하며 자신이 겪은 비슷한 경험을 공유할 것이다. 곧이어 역사상 이와 유사한 일을 겪은 전 세계 여성들의 이야기가 줄줄이 화제에 오르고, 그렇게 한 시간 가량 대화를 나눈 당신과 친구는 비록 아무런 해결책도 찾지 못했지만 기분만큼은 한결 가벼워진 상태로 소파에서 일어날 것이다. 아래 제시된 예시A를 살펴보자.

예시A

당신	"얘, 오늘 회사에 출근하자마자 타냐가 주방을 지나서 걸어오더니, 그 밥맛이 나랑 똑같은 셔츠를 입고 왔다고 알려주는 거야."
여자 친구	"그 옷은 이제 못 입겠네. 무슨 셔츠인데?"
당신	"그 파란색 셔츠 있지? 오렌지색 꽃무늬 그려진 거. 지난번 시내에 나갔을 때 같이 샀잖아. 그 때가 세일 중이었던가?"
여자 친구	"네가 가게 구석에 있는 매대에서 찾아낸 29.99달러짜리 셔츠? 당연히 기억나지. 나도 그날 쇼핑하다가 다른 가게에서 구두 샀었잖아."
당신	"맞아! 바로 그 옷 말이야. 내가 몇 주 전에 회사에 입고 갔었는데 걔가 예쁘다고 칭찬했었거든? 그러더니 바로 달려가서 똑같은 걸 산 다음에 보란 듯이 입고 온 거 아냐. 이게 말이 돼? 내가 어떤 기분인지 알겠지?"
여자 친구	"세상에, 걔 제정신이야? 진짜 최악이다. 어떻게 그렇게 뻔뻔하게……."

당연한 일이지만, 두 사람은 이후 몇 시간 동안 주제와 전혀 상관없는 이야기로 건너뛰고 또 건너뛰면서 대화를 이어갈 것이다. 다른 여성이 당신과 같은 날 같은 셔츠를 입고 출근했다는 사실은 어느새 뇌리에서 잊혀간다.

만약 당신이 남자에게 같은 얘기를 했다면, 그는 해결책을 내놓는 방식으로 접근할 것이다. 아래 제시된 예시B를 살펴보자.

예시B

당신　　　"자기야, 오늘 회사에 출근하자마자 타냐가 주방을 지나서 걸어오더니, 그 밥맛이 나랑 똑같은 셔츠를 입고 왔다고 알려 주는 거야."

남자 친구　그래? 그럼 앞으로 그 셔츠 입지 마.

　대화는 여기서 끝난다. 더 이상 이러쿵저러쿵 할 필요가 없다. 이 예시뿐만 아니라 이와 비슷한 많은 상황에서 남자들은 더 이상 대화를 진행시킬 필요를 느끼지 못한다. 당신과 같은 회사에서 일하는 여자가 똑같은 옷을 입고 출근했다는 사실을 알았을 때 당신 기분이 어땠는지 우리가 어떻게 알겠는가. 설사 안다고 쳐도, 그 문제는 이미 해결 되었다. 당신은 이미 퇴근했고, 더 이상 똑같은 옷을 입은 여자가 당신의 신경을 건드릴 일은 없으니까. 앞으로 그 옷을 회사에 입고 가지 않는다면 동일한 문제를 다시 겪을 필요도 없다. 자, 문제가 해결 되었으니 대화는 여기까지 하자.

　이 모든 예시는 남자가 대화에 소질이 없다는 사실을 보여준다. 남자는 대화보다 해결책에 관심을 둔다. 세상에 태어난 순간부터 우리는 무언가를 보호하고, 선언하고, 제공해야 한다고 배운다. 해결책도 없는 상태에서 상대의 말을 경청하고 공감하며 이해하는 것은 남자가 자라며 배워 온 방식이 아니다. 사내아이에게 마음껏 울어도 된다고, 지금 어떤 기분인지 표현해 보라고 격려해 주는 사람은 아무도 없었다. 의미 없는 말을 늘어놓는 것은 '남자답지 못하기' 때문이다.

자전거를 배우다가 넘어져서 무릎을 긁힐 때면 주변 어른들은 당장 일어나서 울음을 뚝 그치라고 다그친다. "남자가 이 정도 갖고 울면 쓰나." 누군가의 목소리가 들려온다. 아무도 아이에게 넘어졌을 때 어떤 기분을 느꼈냐고, 자전거를 타는 것이 두렵지는 않냐고 묻지 않는다. 아이는 두려움을 극복하고 자전거에 다시 올라타서 넘어지지 않는 방법을 찾는 것이 최선이라는 사실을 본능적으로 깨닫는다.

이렇게 말 대신 행동으로 보이라고 배우며 자란 사내아이가 어른이 되어 연애를 한다고 해서 갑자기 여자와 나란히 앉아 경청하고 공감하는 대화를 할 수 있을 것 같은가? 나는 이것이 지나친 기대라고 확실히 말할 수 있다. 여자들은 머릿속에 들어있는 온갖 감정과 생각을 풀어놓다가 남자가 대화의 흐름을 따라가지 못하면 화를 낸다. 그리고 당장 여자 친구들에게 달려가 "그이가 대화를 피해." 혹은 "그이는 나와 툭 터놓고 얘기를 하려 들지 않아." 라고 하소연한다. 하지만 툭 터놓은 대화는 남자의 전공 분야가 아니다. 우리는 자라는 내내 보호하고 선언하고 제공하는 것이 남자의 의무이자 올바르게 사랑을 표현하는 방식이라고 배웠다. 해결책을 제시하는 것은 명백히 '제공'의 영역에 포함된다. 당연한 얘기지만, 제공은 단순히 돈을 가져다주는 것보다 훨씬 넓은 의미를 지닌다. 문제를 해결하고 모두를 행복하게 만드는 방법을 찾는 것 또한 제공자의 역할이다. 지각 있는 남자라면 어머니가 행복해야 가족이 행복하다는 진리를 알고 있다. 사랑하는 여자를 행복하게 해 주면 커다란 보상이 뒤따른다는 사실도 알고 있다. 따라서 우리는 해결책을 제공하려 노력한다.

당신이 해결 가능한 문제를 들고 씨름할 때 외면하는 남자는 당신의 남자가 아니다. 당신을 진심으로 사랑하지 않는다는 뜻이다. 문제가 생겼다면, 일단 스스로 해결하려고 노력하는 모습을 보여라. 그리고 남자가 다가오면 이렇게 말하는 것이다. "자기야, 부엌 인테리어가 너무 마음에 안 들어. 벽지 색깔은 촌스럽고 선반 마감은 엉성한데다 스토브는 제대로 작동하지도 않아. 부엌이 이 모양이니 요리할 마음도 안 생기는 거 있지." 당신에게 푹 빠진 남자라면 한 치의 망설임도 없이 이렇게 말할 것이다. "벽지가 무슨 색이었으면 좋겠는데?" 그에게 핑크색이라는 대답을 주었다면, 다음 주 토요일이 되기 전에 어떤 과정을 거쳐 부엌 전체가 핑크빛으로 변하는지 지켜보아라. 그는 당신이 부엌 인테리어 때문에 얼마나 스트레스를 받는지 알게 될 것이다. 당신이 벽지와 선반과 스토브를 마음에 들어 하지 않는다는 사실을 이해하고, 부엌에 들어갈 때마다 불만 가득한 표정을 짓는 모습을 볼 것이다. 이런 상태로는 제대로 스테이크를 굽거나 감자를 삶을 수 없다며 전화로 배달 음식을 주문하는 당신의 목소리를 들을 것이다. 매일같이 배달음식을 먹는 것은 남자에게도 고통스러운 일이다. 상황을 해결해야겠다고 생각한 그는 당장 철물점을 찾는다. 당장 부엌 전체를 리모델링할 돈은 없다 해도, 철물점에서 필요한 부품을 사는 정도는 할 수 있다. 편리한 새 손잡이를 고르고, 선반 마감이 엉성하다는 당신의 불만을 잠재워줄 사포를 잔뜩 구입한다. 당신을 사랑하는 남자의 머릿속에는 어서 부엌 인테리어를 바꿔 당신을 기쁘게 해주고 싶다는 생각밖에 없다. 그는 당신을 위해 자신의 손으로 변화시킨 부엌에서 당신이 미소 지으며 요리하는 모습을, 자신을 테이블 상석에 앉힌 뒤 맛좋은 음식을 가져다주는 모습을 상상하며 뿌듯해한다. (오해하지 않길 바란다. 남자들은 기본적으로 사랑하는 여자가 행복하길 원하지만, 노력에 보상을 기대하는 것 또한 자연스러운 일이다. 보상을 바라는 마음 정도는 존중해 주면 좋겠다.)

물론 남자가 제시한 해결책이 언제나 여자의 마음에 쏙 들지는 않는다. 남자들은 스스로가장 논리적이라고 생각한 방법을 택하지만, 그들이 사랑하는 여자는 필연적으로 감성적인 대응을 하기 때문이다. 이와 같은 논리와 감성의 괴리는 종종 남자의 목표 달성을 심각하게 방해한다. 남자들은 여자의 대응이 이성적인 판단보다 그 날, 그 순간의 기분에 너무 크게 좌우된다고 생각한다. 여기 꼭 들어맞는 예시가 있다. 사랑을 나누면서 연인의 가슴을 애무하던 남자는 이런 말을 듣는다. "지금 뭐 하는 거야? 그런 거 싫단 말이야." 그는 혼란에 빠진다. 바로 어제 정확히 같은 부위를 같은 강도로 애무했을 때는 그녀가 황홀감에 젖은 신음소리를 내질렀기 때문이다. 여성 여러분, 만약 여러분이 남성의 특정 부위를 애무했을 때 좋은 반응을 얻었다면, 그는 내일도 모레도 같은 부위에서 같은 쾌감을 느낄 것이다. 하지만 여자들은 꼭 그렇지가 않다. 여자가 원하는 것과 좋아하는 것은 매일, 매순간 달라진다. 이 패턴에서 논리적 연관성을 찾지 못한 남자들은 당황할 수밖에 없다. 여자를 즐겁게 해주려는 남자의 시도는 들어맞을 때도 있고 들어맞지 않을 때도 있다. 이렇다 보니 연애 경험이 많지 않은 남자들은 상대의 기분을 완전히 잘못 짚어 엄청난 실수를 저지르기도 한다. 예를 들어, 여자가 씩씩거리며 방 안으로 들어왔다고 치자. 어리고 미숙한 그녀의 연인이 무슨 일이냐고 물었을 때, 그녀는 이렇게 말한다. "아무 일도 없어." 여기서 이 바보 같은 남자가 "그래? 알았어."라고 대답해 버린다면 어떤 일이 일어날까? 이제 그에게는 여자 친구의 분노를 있는 대로 뒤집어쓸 일만 남았다. "지금 내가 씩씩대면서 들어오는 걸 뻔해 봐놓고 그냥 모른 척하는 거야? 어떻게 그럴 수가 있어!" 아아, 이 남자는 아직도 배울 게 한참 남았다.

하지만 사랑하는 여자의 기분이 좋지 않다는 사실을 파악할 수 있을 정도로 성숙한 남자라면 '아무 일도 없다'는 대답이 몇 번이나 돌아와도 그녀가 마음을 열고 진심을 털어놓을 때까지 끊임없이 질문을 던질 것이다. 물론 이 뾰족한 분위기에서 하루빨리 해방되고 싶은 그의 마음속 깊은 곳에는 제발 아무 일도 없다는 그녀의 말이 사실이길, 만약 무슨 일이 있더라도 본인이 해결해줄 수 있는 문제이길 간절히 바라는 본심이 자리 잡고 있다. 여자의 말을 들어줄 만큼 들어줬다고 생각한 후에도, 그는 상대방의 기분이 풀렸다고 확신할 때까지 계속해서 더 많은 얘기를 유도할 것이다. "그래. 그런 일이 있었구나." 정도로 문제에서 손을 떼려 했다가는 어떤 일이 벌어질지 잘 알고 있기 때문이다. 그는 여자가 하고 싶은 말을 다 쏟아냈다고 생각한 순간 즉시 해결책을 찾기 시작할 것이다.

물론 남자와 2분 이상 지속되는 대화를 나누기가 불가능하다는 뜻은 아니다. 남자들도 때로는 여자와 보다 길게 대화하는 시간이 필요하다는 사실을 알고 있으며, 상대방이 자신의 생각이나 마음을 숨김없이 털어놓길 원한다는 사실도 알고 있다. 아무런 해결책이 없다 해도 그저 사랑하는 남자의 품에 기대 다정한 손길을 받길 원하는 여자의 마음도 충분히 이해할 수 있다. 남자에게 이러한 바람을 들어줄 능력이 없는 것은 아니다. 쉽지는 않아도, 어쨌든 할 수는 있다. 우리 남자들 또한 이따금씩 여자의 곁에 앉아 그녀의 이야기를 듣고 감정에 공감하며 긴 대화를 나누는 것이 필요한 동시에 피할 수 없는 일이라는 사실을 이해한다. 하지만 남자와 이런 시간을 가질 기회는 흔치 않을 것이다. 길고 세세한 대화는 여자 친구들과 나누어라. 남자들은 문제의 요점을 듣고 해결해 주는 역할을 원한다. 중요한 것은 균형이다. 남자와 여자는 서로가 어떤 소통 방식을 원하는지 이해하고, 관계를 원만하게 유지하기 위해 가끔씩이라도 상대방이 원하는 형태의 대화를 제공하려고 노력해야 한다. 남자들은 이따금씩 가만히 앉아 여자의 말을 경청해야 할 때가 있다는 사실을 받아들여야 한다. 여자들 또한 해결책도 없는 문제를 놓고 긴 대화를 나눌 시간에 타이틀과 직업과 수입에 집중하고 싶은 남자의 본능을 존중해 주는 것이 장기적인 관계의 필수 조건이라는 사실을 이해해야 한다.

여자들이 "우리 얘기 좀 해."로 시작하는 대화를 그만둔다면 길고 안정적인 연애 관계를 유지하기가 훨씬 수월해질 것이다. 이 말을 들은 순간, 남자는 방어 본능을 최대치로 끌어올린 상태에서 식은땀을 흘리며 지난 몇 주간의 기억을 헤집기 시작한다. 그리고 자신이 언제, 어디서, 무엇을 잘못했으며 이런 상황을 다시 만들지 않기 위해서는 어떤 해결책을 내놓아야 할지 필사적으로 머리를 굴린다.

　　단순히 마음을 털어놓을 상대가 필요할 뿐이라면, 차라리 이런 식으로 대화를 시도해 보자. "자기야, 별 일은 아닌데, 그냥 지금 내 얘기를 들어줄 사람이 있으면 좋겠어." 이것은 훌륭한 서두이다. 이 말을 들은 남자는 피고인석에서 내려와 긴장과 해결책 꾸러미를 내려놓은 채 편안한 마음으로 상대방의 말에 귀를 기울일 수 있다.

PART2

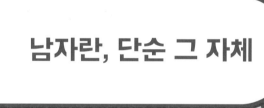

남자란, 단순 그 자체

Act Like a Lady Think Lika a Man

남자는 우선순위대로
움직인다

• 그의 첫 번째 우선순위는 당신과의 섹스 •

디트로이트 지역에서 〈스티브 하비 모닝 쇼〉 생방송을 준비하던 중에 한 여성이 출연자들에게 인사를 건네러 무대 위로 올라왔다. 그녀는 아름다운 갈색 피부에 새하얀 치아, 날씬한 몸매, 세련된 옷차림을 갖춘 매력적인 여성이었다. 모든 사람들의 시선을 끌며 등장한 그녀가 입을 연 순간, 나는 외모와 상반되게 성숙한 목소리를 듣고 깜짝 놀랐다. 그녀는 나이를 묻는 질문에 올해 만 42세가 되었다고 대답했다. 세상에, 나는 그녀가 많아야 서른쯤 되었을 거라고 생각했다. 이어서 나는 그녀에게 혹시 자녀를 몇이나 두었냐고 물었다. "다섯이요." 대답하는 그녀의 얼굴에는 미소가 가득했다. "세 명은 제가 낳은 아이들이고, 두 명은 입양했어요."

지금 생각해 봐도 그녀는 지나칠 정도로 완벽했다. 40이 넘은 나이에 배 아파 낳은 세 명의 자녀를 키우는 것도 모자라 가슴으로 낳은 아이 둘을 더 돌보고, 그 와중에 나이보다 열 살 이상 어려보이는 외모까지 가졌다니, 이건 거의 사기 아닌가? 확실히 말해 두지만, 나는 이미 행복한 결혼생활('행복한'이란 단어를 강조하고 싶다)을 하고 있던 남자로서, 그녀의 나이나 자녀에 대한 이야기를 듣고 순수한 놀라움 외에 아무런 감정도 느끼지 않았다. 물론 내가 그보다 몇 년 전에 그녀를 만났더라면 우리는 조금 다른 주제로 이야기를 나누었을지도 모른다. 무엇보다 내가 아이들이나 직장생활, 결혼생활 등의 대화 주제를 꺼내는 일은 결코 없었을 것이다.

하지만 녹화가 진행되는 내내 그녀의 곁에 딱 달라붙어 있던 남자는 나와 상황이 조금 다른 것 같았다. 그는 누가 봐도 그녀에게 흑심을 품고 있었다. 몸은 시종일관 그녀 쪽으로 기울어진 상태였고, 귀는 그녀의 말 한마디 한마디를 새겨듣고 있었다. 오, 그의 눈에는 방송을 진행하는 나와 게스트, 방청객을 포함한 수백 명의 다른 사람들이 보이지도 않는 듯했다. 나는 그의 마음을 정확히 꿰뚫어보았지만, 정작 그녀는 상대의 의도를 전혀 눈치 채지 못한 것 같았다.

나는 광고시간을 틈타 두 사람이 있는 곳으로 다가갔다. 그리고 그녀를 향해 물었다. "이 남자분이 뭘 요구하던가요?" 그녀는 깔깔 웃더니 무슨 뜻인지 모르겠다는 표정으로 대답했다. "아무것도 요구하지 않았어요. 우린 그냥 잠깐 얘기만 나눴어요." 그녀의 옆에 있던 남자는 한마디도 하지 않았다. 내 질문이 어떤 의미인지 알고 있었으니까. 나는 방송이 쭉 진행되고 몇 번의 광고시간이 더 지나가는 동안 그의 행동이 점점 노골적으로 변하는 것을 지켜보았고, 결국 다시 한 번 그녀를 찾아가 그가 단순한 대화 이상의 것을 원한다는 사실을 알려 주기로 마음먹었다.

"그는 당신에게서 뭔가를 원하고 있어요. 제가 그 증거를 보여드리죠."

우리 주변에 있던 다른 여성들은 호기심에 눈을 빛내며 나를 재촉했다. "이렇게 해 봅시다." 내가 말했다. "지금 당장 저 남성분 쪽으로 얼굴을 돌리고 눈을 똑바로 쳐다보세요. 자, 이제 당신에게 자녀가 몇 명 있는지 얘기해 봐요."

평온하던 그의 얼굴은 그녀의 입에서 "다섯이요."라는 대답이 나온 순간 흔들리기 시작했다. 그는 겁에 질린 말처럼 뒷걸음질쳤고, 손을 들어 입을 가렸음에도 불구하고 충격으로 일그러진 표정을 감추지 못했다. 입술 사이로 "으으." 하는 신음소리가 새어 나왔.

그는 눈 깜짝할 사이에 우리 앞에서 사라졌다. 다음 휴식시간이 시작되었을 때, 그는 원래 있던 장소에서 15미터쯤 떨어진 곳에서 다른 여성과 대화를 나누고 있었다. 내 예상대로, 그가 방금 전 그 여성에게서 원했던 것은 다섯 아이가 끼어 들어서는 안 될 무언가였다. 그는 좋은 직업을 갖고 있었고, 얼핏 봐도 똑똑한 사람이라는 인상을 풍겼다. 예전에 내 앞에서 재산이 꽤 된다는 자랑도 한 적이 있었다. 하지만 그 재산을 다섯 명의 자녀에게 물려줄 마음은 없었던 모양이다. 아름다운 여성에게 추근거리는 동안 그의 머릿속에는 미래에 대한 약속 따위 없이 이 여자와 당장 침대에 쓰러지고 싶다는 생각뿐이었을 것이다.

우리 대화를 들은 〈스티브 하비 모닝 쇼〉의 공동 진행자는 배를 잡고 웃더니 도대체 어떻게 그의 마음을 알아챘냐고 내게 물었다. 답은 간단하다. 남자가 여자에게 접근할 때는 반드시 목적이 있기 마련이다. 그 목적이란 당신과 자는 것이거나, 당신과 자기 위해 어떤 대가를 치러야 할지 알아내는 것이다.

다소 일반화된 경향이 없지 않지만, 이것은 내가 경험으로 확인한 진실이다. 여자는 대화 자체를 즐기며, 특별한 목적 없이도 대화를 나눌 수 있다. 하지만 남자가 순수하게 대화만을 위해 대화를 나누는 경우는 거의 없다. 우리에게는 그럴 시간이 없다. 남자는 단순한 생물이다. 마음에 드는 것을 발견하면 그쪽으로 간다. 만약 남자가 당신에게 아무것도 바라지 않는다면, 그는 결코 당신에게 다가가지 않을 것이다. 지금부터 내가 하는 말에 밑줄을 치고 마음에 새겨라. 당신에게 다가온 남자는 언제나 반드시 목적을 가지고 있다. 여자에게 다가가는 남자의 목적은 둘 중에 하나다. 첫째, 그는 그녀에게 섹스할 마음이 있는지 확인하고 싶다. 둘째, 그녀에게 그럴 마음이 있다면, 그는 실제로 그녀와 섹스하기 위해 어떤 대가를 지불해야 할지 확인하고 싶다.

이것이 남자가 클럽에 가는 이유이다.

이것이 남자가 교회에 와서 그 많은 빈자리를 두고 굳이 당신 곁에 앉는 이유이다.

저쪽에 있던 남자가 당신에게 인사를 건네며 걸어온다면, 당신은 그 의도를 어떻게 해석하겠는가? 그는 당신의 안부가 궁금해서 다가오는 것이 아니며, 당신의 취미나 관심사가 궁금해서 다가오는 것도 아니다. 여자들은 친해지고 싶은 상대에게 이런 식으로 다가간다. 하지만 남자들은 그렇게 복잡한 생각을 하지 못한다. 그가 이쪽으로 접근한다는 것은 갖고 싶은 것을 발견했고, 찾아와서 손에 넣겠다는 생각을 하고 있을 때뿐이다. 당신의 직업이나 성격은 그의 관심 밖에 있다. 당신이 어떤 친구를 사귀는지, 예수님에 대해 어떤 생각을 가지고 있는지 또한 그에게는 중요한 문제가 아니다. 그는 당신과 자고 싶을 뿐이다. 그리고 그 목적을 이루기 위해 얼마만큼의 투자를 해야 할지 확인하고 싶을 뿐이다.

'투자Invest'라는 말이 꼭 금전적인 대가를 지불한다는 뜻은 아니다. 여기서 말하는 투자란 여성이 원하는 것과 필요로 하는 것을 제공한다는 의미에 더 가깝다. 그는 당신의 '가격Price'이 감당할 수 있는 수준인지, 대금을 신용거래로도 지불할 수 있는지, 가능하다면 오늘밤 안에 물건을 받을 수 있는지 알고 싶어 한다. 당신이 아무런 조건도 제시하지 않는다면 당신에게는 공짜라는 가격표가 붙는다. 그는 거의 아무런 노력을 들이지 않고도 오늘밤 당신과 함께 침대에 들 수 있다는 사실을 깨달을 것이다. 반면 당신이 조건을 정확히 제시한다면, 다시 말해 시간과 존중, 헌신을 투자하지 않고는 당신을 얻을 수 없단 사실을 분명히 밝힌다면, 그는 당신이 비싼 여자라는 사실을 깨닫고 원하는 것을 얻기 위해 노력할 것이다. 개중에는 이러한 대가가 너무 비싸다고 생각하는 남자들도 있다. 이런 부류의 남자들은 잠깐의 쾌

락만을 원하며 상대방에게 시간과 존중과 헌신을 쏟는 것에는 관심이 없다. 가격을 들은 즉시 계산을 시작하는 남자도 있다. '흠, 일주일에 두세 번 만나러 간다 치면, 일단 갤런 당 5달러인 기름 값을 생각해야겠지. 만약 이 여자랑 잔다면 앞으로도 시시콜콜 전화를 걸고 온갖 것들을 요구하겠지? 흠, 난 그런 건 감당 못 해.' 하지만 당신이 부른 가격을 감당할 수 있다고 여기는 남자도 분명히 있다.

이것은 여자 입장에서 굉장히 유용한 정보이다. 이제 당신은 접근해오는 남자 중에서 쓰레기를 즉시 걸러내고, 괜찮아 보이는 남자에게는 명확한 조건을 제시하며, 그가 당신이 부르는 가격을 기꺼이 지불하려고 하는지 여부를 판단할 수 있게 되었다. 비밀을 손에 넣었다면 이제는 그 비밀을 활용하여 영리하게 행동할 차례다. 다가오는 모든 남자에게 목적이 있다는 사실을 알지 못한다면 조건을 명확하게 제시할 수 없고, 당신이 먼저 만남의 기본 규칙을 세우지 않는다면 자연스레 그의 규칙대로 움직일 수밖에 없다. 당신이 자주 전화하고 약속 시간에 늦지 않으며 대화에 충실하고 당신을 위해 자동차 문을 열어줄 남자를 원한다는 뜻을 분명히 밝히지 않는다면, 그는 당신에게 전화를 걸지 않고 약속 시간에도 신경을 쓰지 않으며 당신을 위해 조수석 문을 열어주지도 않을 것이다. 당신이 7시까지 와 달라고 부탁해도 그가 늘 8시가 되어서야 모습을 드러내는 것은 두 가지 이유 때문이다. 첫째, 당신은 남자에게 언제나 목적이 있다는 사실을 알지 못했고, 둘째, 영리하게 행동하지 못했다.

우리 딸이 이른바 '남자 친구'를 가족 식사 자리에 데려왔을 때, 그 아이의 외할아버지는 이 사실을 정확히 꿰뚫어 보았다. 딸아이의 외할아버지, 즉 우리 장인어른은 굉장히 똑똑한 분이자 내가 이 세상에서 존경하는 몇 안 되는 사람 중 한 명이다. 그 분의 입에서 나오는 말은 대부분의 경우 상황의 핵심을 꿰뚫으며 내게 생각할 거리를 던져준다. 딸이 남자 친구를 데려온 그 날도 마찬가지였다. 장인어른은 그 남자를 앞에 앉혀 놓고 평온한 목소리로 물었다. "그래서, 우리 손녀딸을 만나는 목적이 뭔가?"

서른 살쯤 된 그 청년은 짧게 대답했다. "그게 무슨 뜻이죠?"

"질문 그대로네. 자네의 목적이 뭔가?"

"그런 거 없습니다." 그가 말했다.

"그 말이 사실이라면, 왜 우리 집까지 찾아왔나?"

"저는 단지 손녀 따님을 조금 더 알아가려고 하는 것뿐입니다." 청년이 주장했다.

"나는 목적이 뭐냐고 물었네. 왜 딴소리를 하는 겐가?" 장인어른이 그의 주장을 즉시 받아쳤다.

마침내 청년은 의심 많고 건장한, 게임의 법칙을 정확히 알고 있는 두 명의 무뚝뚝한 흑인 남자 앞에서 고집을 꺾고 결정적인 대답을 내놓았다.

"저희는 그냥 서로 즐기는 관계에요."

그를 가만히 바라보던 장인어른은 이윽고 그 정도면 충분한 대답이라고 생각했는지 바로 문제의 핵심으로 넘어갔다.

"좋아. 자네 말이 무슨 뜻인지 알겠네. 우리 손녀에게도 알려 주

세. 자네가 그 아이와 '그냥 즐기려' 하고 있다는 걸 말이야. 자네의 진심을 들었을 때 그 아이가 어떤 반응을 할지 한 번 보자고."

몇 분 후, 자신과 '그냥 즐기려' 했다는 그 남자의 목적을 들은 딸은 거의 제정신이 아니었다. 그녀는 아빠나 할아버지와 나눈 수없는 대화를 통해 남자가 여자와의 관계를 '잠시 즐기는 관계'와 '장기적으로 정착할 관계' 딱 두 종류로 나눈다는 사실을 알고 있었다. 한 여자와 두 가지 관계를 동시에 맺는다는 건 불가능했고, 그 남자는 우리 딸이 원했던 것과 명백히 다른 목적을 품고 있었다.

다행히도 그 애는 접근해 오는 남자의 목적을 정확히 파악해 줄 아빠와 할아버지를 두었다. 물론 모든 여성의 아버지가 딸에게 남녀 관계의 진실을 이렇게까지 직접적으로 알려줄 수는 없을 것이다. 하지만 이제 당신은 남자가 온 얼굴에 미소를 지으며 다가와 당신에게 흠뻑 빠졌다는 듯이 행동할 때 영리하게 대처할 수 있다. 그의 마음 속에 온통 당신과 자고 싶다는 생각밖에 없다는 사실을 알게 되었으니까.

당신의 가격은 얼마인가?

당신이 솔직하게 가격을 제시하면 그 또한 자신에게 그 가격을 감당할 의사나 능력이 있는지 솔직하게 밝힐 것이다. 그 남자와의 관계를 결정하는 것은 그 다음 문제다.

즐기다 떠날 여자와
평생 함께할 여자

• 그와 결혼식장에 들어갈 여자는 따로 있다 •

나는 지인들 사이에서 낚시 마니아로 유명하다. 강둑이나 갑판에 앉아 드넓은 수면을 바라보며 낚싯대를 드리울 때면 마음에 안정이 찾아온다. 세상에 그보다 더 평화로운 순간은 없을 것이다. 하지만 일단 낚싯줄 끝에 고기가 걸리면 순식간에 아드레날린이 솟구치며 짜릿한 전율이 느껴진다. 낚시를 해 보지 않은 사람들은 바늘 끝에 걸린 고기가 달아나지 않도록 손끝에 온 신경을 집중하여 낚싯줄을 조절하고, 미끼를 삼킨 고기를 갑판 위로 끌어올렸을 때의 그 기분을 결코 이해할 수 없을 것이다.

하지만 진짜 힘든 순간은 그 뒤에 찾아온다. 갑판 위에서 펄떡이는 고기를 그대로 가져갈지 물속으로 되돌려 보낼지 결정해야 하기 때문이다. 낚싯대를 드리우고 고기를 유인하고 잡아 올리는 과정 외에도, 나는 잡은 고기의 상태를 가늠하고 어망에 넣을지 말지 결정하는 과정에 최선을 다한다. 나는 결코 아무 고기나 어망에 넣지 않는다. 내 마음을 움직일 정도의 특별함을 갖추고 있지 않은 한, 나는 잡은 고기를 미련 없이 놓아주고 다음 낚싯대를 드리운다.

남자가 낚시를 하는 데는 두 가지 목적이 있다. 첫 번째 이유는 낚시 자체를 즐기기 위해서이고, 두 번째 이유는 혹은 잡은 고기를 영양분으로 삼기 위해서이다. 그는 때로 잡을 수 있는 가장 큰 고기를 잡아서 기념사진을 찍고 친구들에게 실컷 자랑한 뒤 다시 물속으로 되돌려 보낸다. 하지만 어떤 때는 잡은 고기를 소중히 들고 집으로 돌아와 무게를 달고 뼈를 발라내고 옥수수가루를 뿌려 튀겨낸 뒤 감사한 마음으로 접시에 올린다. 내 생각에 잡은 고기를 대하는 이 두 가지 태도는 남자가 여자를 바라보는 마음가짐과 크게 다르지 않다.

남자는 사냥꾼의 천성을 타고나며, 여자를 자신의 사냥감으로 여긴다. 이러한 생각은 남녀 관계를 정의하는 용어들에도 분명히 나타난다. 남자는 신붓감을 선택하고 여자에게 데이트를 신청하며 그 여자와 정식으로 만나거나 결혼하고 싶을 때는 그녀의 아버지를 찾아가 허락을 받는다. 남자들이 성장하는 내내 여자를 잡아야 한다고 배우는 것은 사실이지만, 꼭 그런 배경이 없더라도 여자를 쫓는 것은 남자의 기본적인 본능이다. 여자들 또한 몇 년에 걸쳐 비슷한 믿음을 형성한다. 여자라면 누구나 동성 친구들에게 "남자들이 나를 쫓아다녔으면 좋겠어." 라던가 "그가 내게 사랑에 빠져서 꽃다발을 바치면 좋겠어. 누군가 나를 간절히 원한다는 기분을 느끼고 싶어." 등의 말을 여러 번 들어 보았을 것이다. 꽃다발과 보석, 전화, 데이트, 달콤한 말들이야말로 남자가 여자를 사냥하기 위해 사용하는 무기이다.

하지만 사냥이 끝난 후에도 결정해야 할 문제는 여전히 남아 있다. 잡은 사냥감을 어떻게 분류할 것인가? 내 취미인 낚시에 빗대어 설명하자면, 남자는 낚아 올린 여자를 '즐기다 떠날 여자' 혹은 '정착할 여자'라는 두 가지 시선으로 바라본다. 두 사람의 만남과 그들이 나눌 대화, 관계의 발전 방향, 여자의 요구에 대한 남자의 반응은 모두 그가 그녀를 즐기다 떠날 여자(다시 놓아줄 여자)로 여기느냐, 정착할 여자(미래를 그리고 정착할 여자)로 여기느냐에 달려 있다. 지금부터 자세히 설명하겠지만, 우리 남자들이 여자를 구분하는 기준은 지극히 단순하다.

남자가 즐기다 떠날 여자로 취급하는 여자

남자가 '즐기다 떠날 여자'로 생각하는 여자들은 그 어떤 규칙도, 조건도, 행동 지침도, 자신에 대한 존중도 가지고 있지 않은 여자이다. 남자들은 이런 사냥감을 1.5㎞ 밖에서도 알아본다. 파티에서 칵테일이나 데낄라를 홀짝이고 있다가 접근해오는 남자들에게 "일단 만나요. 나중 일은 나중에 생각하고."라고 말하는 여자들만 이런 카테고리에 들어가는 게 아니다. 보수적인 정장을 차려입고 업무와 사회생활을 능숙하게 처리하면서도 남자를 대하는 방법은 전혀 모르는 여자들 또한 남자 입장에서는 '즐길 여자'의 범주에 속한다. 이런 여자들은 연애 관계에 대한 진지한 계획을 갖고 있지 않으며, 남자에게 특별히 무언가를 바라지도 않고, 다가오는 남자를 차단하거나 그들에게 구체적인 조건을 제시할 생각도 없다. 이러한 태도는 지금부터 어떤 일이 일어나도 그대로 끌려다니겠다는 선언과 다를 바 없다. 그녀가 말이나 행동을 통해 자신을 아무렇게나 대해도 좋다는 뉘앙스를 보이는 순간, 남자는 그녀를 아무렇게나 대하기 시작할 것이다. 남자들이란 여자가 그런 신호를 흘리기만을 기다리는 존재이다. 내 말을 믿어도 좋다.

남자가 정착할 여자로 대접하는 여자

이와 달리, 남자에게 '정착할 여자'로 대접받는 여자들은 남자의 요구를 쉽게 들어주지 않으며 대화를 시작하는 순간부터 자신의 기준과 조건을 분명히 밝힌다. 그녀들은 자신에게 힘이 있다는 사실을 알고, 그 힘을 무사의 칼처럼 강력하게 휘두르며, 자신을 존중해 달라고 '요청'하는 대신 당연히 존중해야 한다고 '요구'한다. 남자가 그녀의 마음을 얻기 위해 최선을 다했다고 해도, 그 결과 그녀가 어느 정도 괜찮은 인상을 받았다고 해도, 그녀와 더 이상 속 깊은 대화를 나누거나 전화번호를 교환하거나 그녀의 귀중한 시간을 조금이라도 얻을 수 있다는 보장은 어디에도 없다. 남자는 그녀와 첫 대화를 나눈 순간부터 그녀가 남자들의 게임에 장단을 맞춰줄 생각을 전혀 갖고 있지 않으며, 그녀가 제시하는 기준과 조건을 따르고 계속해서 노력하는 모습을 보이지 않는다면 즉시 그녀를 놓치리라는 사실을 눈치챈다. 동시에 그녀는 자신이 사랑하는 사람에게 의리를 지키고 그를 정성스럽게 돌보며 그가 가져다주는 것들에 감사한 마음을 가지는 여자임을, 다시 말해 진지하고 장기적인 연애를 할 만한 여자임을 암시하는 신호를 보낸다.

여기서 확실히 짚고 넘어가자. 당신을 즐기다 떠날 여자 혹은 정착할 여자로 만드는 사람이 남자가 아니라 바로 당신 자신이다(나쁜 것은 선수가 아니라 게임 그 자체이지 않은가). 남자가 접근해 왔을 때 주도권을 쥔 사람이 당신이라는 사실을 잊지 말라. 그가 말을 걸 때도, 술을 살 때도, 춤을 신청할 때도, 번호를 알려줄 때도, 집까지 데려다줄 때도, 다음 만남을 기약할 때도 결정권은 언제나 당신의 손에 있다. 그는 당신의 허락을 원한다. 애초에 당신에게 말을 건 이유도 그 때문이었다. 하지만 남자가 원하는 것을 허락할지 말지, 혹은 구체적으로 무엇을 어떻게 허락할지 여부는 온전히 당신의 선택에 달려 있다. 그리고 이 모든 상황을 대하는 당신의 태도는 남자가 당신을 어떻게 바라볼지 가늠하는 기준이 된다. 당신이 보이는 말과 행동, 당신이 보내는 신호 하나하나를 관찰한 남자들은 당신을 즐기다 떠날 여자로 취급할지, 진지한 상대로 대접할지, 아니면 그냥 포기하고 떠나 다른 여자를 찾아볼지 결정한다.

나는 여성이 남자를 다루는 방법이 직장에서 커리어를 쌓는 비결과 비슷하다고 생각한다. 따지고 보면 연애와 비즈니스는 공통점이 많다. 성공을 거머쥐는 가장 좋은 방법은 통제해야 할 상황을 적절히 통제하고 지배하는 것이다. 맨 처음 쇼 비즈니스에 뛰어들었을 때, 나는 일류 코미디언이 되어 이 바닥에 자리를 잡기로 굳게 마음먹은 상태였다. 하지만 코미디 클럽 운영자들의 눈에 나는 이름 없는 신인 코미디언에 불과했고, 자연히 내게는 짧은 오프닝 무대를 담당하는 임시직 역할밖에 돌아오지 않았다. 공연 시간이 되면 가장 먼저 무대로 올라가 15분 동안 분위기를 띄우고 내려오는 것이 내 일이었다. 그러나 주어진 역할에 최선을 다하다 보면, 약속 시간을 지키고 인맥을 쌓는 동시에 재미와 의미를 모두 갖춘 코미디를 선보이다 보면, 운영자들이 나를 알아보고 기억하리라는 사실은 분명했다. 그렇게만 된다면 나는 주연 배우로서 클럽 간판에 이름을 새기고 45분 동안 무대에 서서 관객들의 폭소와 함성을 만끽할 수 있을 터였다. 그렇게 되기 위해서는 우선 15분짜리 오프닝이 관객들의 머릿속에 각인되도록 무대를 통제해야 했다. 오프닝 무대가 좋은 반응을 얻자 이윽고 '특별 출연' 코미디언의 자격으로 30분 길이의 임시 무대에 설 기회가 주어졌다. 내가 30분짜리 코너에서도 관객들의 배꼽을 쏙 빼놓자, 결국 클럽 운영자들은 내게 주연 자리를 내주었다.

내가 '코미디의 제왕' 명단에 이름을 올릴 수 있었던 것은 상황(내 경우에는 코미디)을 적절히 통제하는 능력과 노력의 힘이었다. 덕분에 나는 간절히 원하던 정상의 자리에 올랐고, 경제적 성공이라는 보상까지 손에 넣었다. 남자에게 '즐기다 떠날 여자'로 취급받는 대신 '정착할 여자'로 대접받길 원하는 여자들이 취해야 할 전략도 이와 다르지 않다. 이미지, 행동, 접근해오는 남자와 대화하는 방식을 포함하여 통제할 수 있는 상황은 전부 통제하라. 그리고 이렇게 얻은 힘으로 원하던 관계를 손에 넣어라.

좀 더 이해하기 쉬운 예를 들어 보겠다. 당신은 헬스클럽에서 스테어 클라이머(Stair Climber, 충계를 오르는 효과를 내는 운동 기구 - 옮긴이)에 집중하고 있다. 붉은색 스포츠 브라와 몸에 꼭 맞는 트레이닝 팬츠를 입고 촉촉이 배어나온 땀방울을 빛내며 운동에 열중하는 당신의 모습은 누가 봐도 멋지고 섹시하다. 때마침 이쪽으로 멋진 남자가 걸어온다. 잘 생긴 외모에 균형 잡힌 체격을 지닌 그는 손가락에 어떤 반지도 끼고 있지 않다. 그가 러닝머신에 올라서며 당신을 향해 미소지을 때, 역시 미소로 화답하던 당신은 그 또한 당신과 같은 묘한 설렘을 느낀다는 사실을 알아챈다. 당신과 그는 멀지 않은 곳에서 각자 운동을 하며 서로의 모습을 힐끔거린다. 마침내 두 사람 모두 운동을 마쳤을 때, 그가 작업을 시작한다. 당신에게 다가와 이렇게 말을 건 것이다.

"운동을 열심히 하시던데요." 이렇게 얘기하는 그의 시선은 당신의 엉덩이 언저리에 고정되어 있다. "자기 관리를 열심히 하는 여자는 정말 멋지다고 생각해요."

이 때 당신이 보일 반응은(즉, 당신이 이 대화를 통제하는 방식은) 그가 당신을 즐기다 떠날 여자로 대할지, 잠재적인 정착할 여자로 대할지 결정하는 기준이 된다. 만약 당신이 "글쎄요, 여자라면 몸매 관리는 기본 아니겠어요?" 비슷한 말을 하며 은근슬쩍 몸매를 강조하는 포즈를 취한다면, 그는 마음속으로 언제 당신과 침대에 들어갈 수 있을지, 목적을 달성한 후에는 당신과 다시 마주치지 않도록 운동 시간을 바꿔도 될지 즉시 계산을 시작할 것이다. 당신이 내보인 한 문장의 말과 사소한 동작 하나는 남자에게 쉽게 가질 수 있는 여자라는 인상을 주었다. 그는 당신이 외모를 가꿔 남자에게 잘 보이는 데만 신경을 쓰는 여자이며, 덕분에 제대로 즐길 수 있겠다는 생각을 하고 있을 것이다. 확신하건데, 그가 다음에 내뱉을 달콤한 말들은 당신을 잡아 올리기 위한 낚시질에 불과하다. 미끼를 덥석 문 순간 당신을 기다리는 것은 날카로운 낚싯바늘과 질긴 낚싯줄이다. 그리고 당신과 재미를 볼 만큼 본 남자는 미련 없이 떠나 버릴 것이다.

반면 당신이 "고마워요. 전 건강을 관리하는 데 관심이 많거든요. 운동을 하면 체형 유지도 할 수 있으니까 일석이조인 셈이죠." 라고 대답한다면, 그는 당신이라는 여자를 알아가기 위해 좀 더 많은 노력이 필요하다는 사실을 깨달을 것이다. 그렇다고 해서 그가 즉시 당신을 진지한 상대로 생각한다는 뜻은 아니다. 그 단계까지 가기 위해서는 좀 더 많은 대화가 필요하다. 하지만 적어도 그는 당신을 즐기다 떠날 여자로 생각하지 않을 것이다. 당신의 대답을 들은 남자는 자신이 운동을 하는 이유를 얘기할 것이고, 그러다 보면 건강관리나 체형 유지라는 공통의 관심사를 기반으로 좀 더 깊은 대화를 나눌 수도 있다. 당신은 남자의 질문들에 대답하는 동시에 자연스럽게 당신이 '정

착할 여자'이며, 평생을 함께할 남자를 찾고 있다는 사실을 알린 것이
다.

　물론 당신이 정착할 여자로 생각할 만한 사람이라고 해도 그가 떠
나갈 가능성은 언제든 존재한다. 어떤 남자들은 진지한 관계에 전혀
관심이 없으며, 오직 몇 번 즐기고 헤어질 여자만을 찾아다닌다. 하
지만 그가 이런 인간이라면 당장 떠나보내도 아쉬울 게 없다. 당신은
이런 남자를 찾고 있는 게 아니니까. 나는 여자들이 '우연한 사랑의
기회를 놓치고 싶지 않다면 먼저 다가오는 남자를 일단 만나 보라'고
서로 조언한다는 사실을 알고 있다. 하지만 남자로서 충고하건데, 이
것은 정말 바보 같은 짓이다. 나는 여자들이 기본적으로 똑똑한 존재
라고 생각한다. 여자는 친구의 거짓말을 즉시 간파하고 아이들의 잘
못된 행동을 바로잡으며 직장 동료의 비열한 계략을 그냥 넘기지 않
는다. 여자를 속이려고 했다간 제대로 시도하기도 전에 걸려들기 십
상이며, 그녀가 바보가 아닐 뿐더러 상대방의 술수에 앉아서 당하는
사람이 아니라는 사실을 분명히 깨닫게 될 것이다. 그런데 이렇게 똑
똑한 여자들이 이상하게도 남녀 관계에서는 바보처럼 주도권을 내주
고 질질 끌려 다니기 비쁘다. 그리고 처음 보는 남자와 두 번만 눈이
마주치면 묻지도 따지지도 않고 홀랑 넘어간다. 그저 눈이 두 번 마
주쳤다는 이유만으로.

　나는 여자들에게 남녀 관계 앞에서도 똑똑한 모습을 보이라고 조
언하고 싶다. 데이트 횟수가 늘어나고 함께하는 시간이 많아진다고
해서 당신을 즐기다 떠날 여자로 생각하던 남자의 마음이 갑자기 진

지하게 바뀌는 일은 없다. 어쩌면 당신은 세상에서 가장 완벽한 여자일지도 모른다. 당신에게는 재치 있는 말솜씨, 뛰어난 요리 실력뿐 아니라 직접 만든 도시락을 선물하는 상냥함에 남자에게 계산을 떠넘기지 않는 독립심까지 있다. 하지만 그가 진지한 관계에 관심이 없는 한, 당신이 무슨 짓을 해도 그는 당신을 즐기다 떠날 여자 이상으로 생각하지 않을 것이다. 〈스티브 하비 모닝 쇼〉의 한 청취자가 '스트로베리 레터' 코너 앞으로 보내 온 편지에는 내 주장을 정확히 뒷받침하는 사연이 담겨 있었다. 편지를 보낸 여성은 자신이 남자 친구의 가벼운 놀이상대 이상도 이하도 아니었다는 사실을 막 깨닫기 시작한 상태였다.

저는 남자 친구와 6개월째 연애중이에요. 올해 1월이 되기 전까지만 해도 우리 관계는 완벽했죠. 우리는 평범하게 데이트를 하고 서로의 집을 방문했어요. 그런데 어느 날부턴가 그가 제게 전화를 하지 않는 거예요. 제가 먼저 전화를 걸면 반가운 목소리로 받긴 했지만, 어쩐지 서둘러 끊으려 하는 기색이 느껴졌어요. 여행 계획을 잡았다가도 먼저 취소하기 일쑤였고요. 헤어지고 싶냐는 질문에는 아니라고 대답하지만, 아무리 생각해도 그가 저를 귀찮아한다는 느낌이 들어요. 도대체 무슨 일이 일어난 건지 모르겠어요. 여전히 그를 사랑하지만, 그의 마음이 변했거나 다른 여자가 생겨서 제게 소홀해진 것 같다는 생각을 지울 수가 없어요.

그는 단순히 재미를 위해 여자를 만나는 인간이었고, 그녀 또한 마음속으로는 그 사실을 알고 있었다. 하지만 그녀는 여전히 그를 변화시킬 수 있다는 믿음을 버리지 못했다. 혹시 당신이 만나던 남자가 이런 사람이라는 사실을 깨달았다면 즉시 그를 떠나라. 영원히 당신의 기대를 충족시켜주지 못할 남자를 위해 시간과 정성을 낭비하느니 그냥 미련 없이 돌아서는 편이 몇 배는 현명하다. 그리고 다음 남자가 다가왔을 때는 무엇보다 먼저 주도권을 장악하고 당신과 만나기 위해 지켜야 할 규칙들을 정확히 알려 주어라. 여자가 접근해 오는 남자들에게 "저는 10시 이후에는 전화를 받지 않아요. 아이들을 재우고 저도 쉬어야 하니까요.", "저는 제시간에 귀가하고 혹시 늦을 경우에는 미리 연락을 주는 남자가 좋아요.", "저는 진지한 관계가 되기 전까지는 섹스를 하지 않아요. 재미삼아 섹스하는 타입이 아니거든요." 라고 말하는 것은 지극히 자연스러운 일이다. 남자 입장에서 이런 조건들이 부담스럽게 느껴진다면, 그는 돌아서서 즐기다 떠날 다른 여자를 찾아갈 것이다.

반면 성실한 남자는 즐기다 떠날 여자 대신 자신의 인생을 완성시켜 줄 반려자를 원하며, 서로에게 헌신하고 미래에 대한 대화를 나누는 관계를 추구한다. 이런 남자는 순간의 재미를 좇지 않으며 원하는 것을 얻었다고 해서 여자를 버리고 떠나지 않는다. 혹시 주변에 이런 남자가 있는가? 그 사람이야말로 당신을 행복하게 해 줄 남자다. 그는 당신과 진지하게 교제하길 원하며, 당신의 허락을 얻은 후에는 소중히 집으로 모셔가 무게를 달고 뼈를 발라내고 옥수수가루를 뿌려 튀겨낸 뒤 아름다운 요리로 완성시켜 줄 것이다.

남자가 정착할 상대로 대접하는 여자와 즐기다 떠날 상대로 취급하는 여자의 차이점에 대해 좀 더 자세히 알고 싶다면, 아래 목록을 참고하길 바란다.

1 정착할 여자는 당당하게 존중을 요구하지만, 즐기다 떠날 여자는 무례한 취급을 당연하게 받아들인다.

2 정착할 여자는 가려야 할 곳을 가리면서도 섹시미가 드러나는 옷을 우아하게 차려입지만, 즐기다 떠날 여자는 노출이 과한 옷을 입고 남자를 유혹하기 바쁘다.

3 정착할 여자는 춤을 출 때도 남자와 적당히 거리를 유지할 줄 알지만, 즐기다 떠날 여자는 커린 스테판 뮤직비디오에 나오는 댄서들처럼 무대를 누비며 몸을 흔든다.

4 정착할 여자는 남자에게 번호를 받아도 자기 번호를 알려주지 않지만, 즐기다 떠날 여자는 술 한 잔을 사며 번호를 묻는 남자에게 휴대폰 번호는 물론이고 집 전화, 직장 전화, 메일 주소, 집 주소까지 알려준다.

5 정착할 여자는 사랑하는 사람의 어머니와도 정중하고 예의바른 대화를 나눌 줄 알지만, 즐기다 떠날 여자는 남자의 어머니와 대화를 나눠야 한다는 생각만으로도 몸서리를 친다.

6 정착할 여자는 학부모 회의에서도 비즈니스 회의에서도 레스토랑에서도 스포츠 경기장에서도 주어진 상황에 언제나 유연하게

대처할 줄 알지만, 즐기다 떠날 여자는 익숙하지 않은 상황 앞에서 이성을 잃거나 짜증을 낸다.

7 정착할 여자는 처음부터 결혼을 전제로 진지하게 만나고 싶다는 뜻을 분명히 밝히지만, 즐기다 떠날 여자는 사귀는 사람과의 미래를 설계하려는 모습을 보이지 않는다.

8 정착할 여자는 가족과 친구에게 자랑스럽게 소개할 만한 여자인 반면, 즐기다 떠날 여자는 주변 사람들에게 감추고 싶은 여자이다.

9 정착할 여자는 항상 언제나 미소 띤 얼굴로 자기 자신을 소중히 여기며 언제나 긍정적인 태도를 보이지만, 즐기다 떠날 여자는 스스로를 함부로 대하고 부정적이며 감정기복이 심하고 상대방의 사소한 실수에도 히스테리를 부린다.

10 정착할 여자는 작은 배려에도 감사를 잊지 않지만, 즐기다 떠날 여자는 상대의 노력을 당연하게 여긴다.

11 정착할 여자는 사랑하는 남자에게 의리를 지키지만, 즐기다 떠날 여자는 만나는 상대가 있으면서도 다른 남자를 힐끔거린다.

12 정착할 여자는 남자가 남자다움을 얼마나 중요하게 여기는지, 제대로 된 타이틀과 직업과 수입을 얻기 위해 얼마나 노력하는지 이해하고 언제나 그를 응원하며 자신감을 심어 준다. 반면 즐기다 떠날 여자는 언제나 불평을 늘어놓고 남자를 지배하려 들며 그의 직업과 수입을 무시하는 태도를 보인다.

정착할 여자를 찾는 남자와
즐기다 떠날 여자를 찾는 남자를 구분하는 법

1 즐기다 떠날 여자를 찾는 남자는 당신과 뜬구름 잡는 이야기만 나누고 절대 진심을 내보이려 하지 않는다. 반면 정착할 여자를 찾는 남자는 당신의 일상과 취향과 미래에 순수한 관심을 보인다.

2 즐기다 떠날 여자를 찾는 남자는 당신이 제시하는 조건과 기준을 무시하지만, 정착할 여자를 찾는 남자는 당신의 규칙을 받아들이며 실제로도 지키려고 노력한다.

3 전화번호를 받아간 뒤 24시간 이상 연락을 하지 않는 남자는 즐기다 떠날 여자를 찾고 있는 것이다. 하지만 헤어진 즉시 전화를 걸어 자신의 관심이 진심임을 보이는 남자는 진지하게 만날 여자를 찾고 있을 가능성이 높다.

4 데이트를 할 때 당신에게 계산을 떠넘기거나 자기 몫만 지불하는 남자는 즐기다 떠날 여자를 찾고 있는 것이지만, 데이트 비용을 지불함으로써 당신에게 제공자다운 모습을 보이려 하는 남자는 정착할 여자를 찾고 있는 것이다.

5 즐기다 떠날 여자를 찾는 남자는 약속 시간을 습관적으로 어기며, 연락에도 소홀하다. 반면 정착할 여자를 찾는 남자는 약속한 시간과 장소에 제대로 모습을 나타낸다.

6 당신을 가족이나 친구, 직장 동료 등에게 보여주려 하지 않는 남

자는 당신을 즐기다 떠날 여자로 여기고 있는 것이다. 당신을 정착할 여자로 여기는 남자는 소중한 사람들에게 당신을 당당히 소개한다.

7   같은 이유에서, 즐기다 떠날 여자를 찾는 남자는 온갖 핑계를 대며 당신의 가족과 친구들을 만나는 자리를 피한다. 반면 정착할 여자를 찾는 남자는 당신의 가족, 친구, 직장 동료와 함께하는 바비큐 파티나 사교 행사에 기꺼이 참석한다.

8   즐기다 떠날 여자를 찾는 남자는 당신의 아이를 절대 만나려 하지 않지만, 정착할 여자를 찾는 남자는 아이의 선물을 준비하고 진짜 아버지처럼 편하게 대하려고 노력한다.

9   경제적으로도 정서적으로도 성숙하지 못한 남자는 즐기다 떠날 여자를 찾지만, 미래의 가족을 먹여 살릴 능력을 갖춘 남자는 정착할 여자를 찾기 시작한다.

10 늘 '오픈된 관계'를 강조하고 새로운 여자를 만나는 데 거리낌이 없는 남자는 당신을 즐기다 떠날 여자로 생각할 가능성이 크지만, 사귀는 동안 오직 당신과만 데이트하겠다고 약속하는 남자는 당신에게 정착할 마음을 품고 있는 것이다.

현명한 여자는
마마보이도 길들인다

〰〰〰〰〰〰〰

나와 공동 진행자 셜리가 청취자들의 고민을 읽고 해결해주는 '스트로베리 레터' 코너는 〈스티브 하비 모닝 쇼〉에서도 가장 인기 있는 일일 코너 중 하나다. 말썽꾸러기 자녀부터 까다로운 직장상사, 바람둥이 남자 친구, 욕심쟁이 친척, 얄미운 친구 때문에 속을 태우던 청취자들은 메일과 편지를 통해 우리에게 고민을 털어놓았고, 나와 셜리는 사연의 종류를 가리지 않고 최선을 다해 조언을 해 주었다. 그 중에는 눈물을 참기 어려울 정도로 슬픈 사연도 있었고 듣기만 해도 화가 치밀어 오르는 사연이나 고개를 절레절레 흔들게 만드는 답답한 사연도 있었다. '스트로베리 레터' 코너는 단순한 고민 상담 코너와는 달랐다. 우리는 청취자들 중에 이 사연과 비슷한 상황을 겪는 사람이 적어도 수천 명 이상 되리라는 사실을 알았고, 사연 제공자 한 사람 뿐만이 아니라 모두의 고민을 해결해 주고 싶다는 마음가짐으로 상황에 대한 의견을 제시하고 문제 해결에 도움이 될 만한 조언을 제공했다.

우리가 소개했던 사연 중에는 기억에 남을 만한 특별한 이야기도 많았지만, 그 중에서도 최근에 들어온 편지 한 통은 제목부터 내 시선을 단번에 사로잡았다. 사연 제공자인 만 35세의 여성은 "내가 어린 애랑 결혼한 건가요?"라고 묻고 있었다. 그녀는 10년 간 교제한 5세 연하의 남성과 6개월 전에 결혼식을 올렸다고 했다. 그녀와 남편의 관계만 놓고 보면 아무런 문제가 없었다. 하지만 사사건건 부부 생활에 간섭하려 드는 시어머니의 존재는 그녀를 참을 수 없을 정도로 괴롭게 만들었다. 그녀는 편지에 이렇게 적고 있었다.

"시어머니는 남편을 마치 어린아이처럼 대해요. 하나부터 열까지 잔소리를 하고, 마음에 안 드는 점이 있으면 밤늦게 전화해서 수화기 너머로 다 들리도록 고래고래 소리를 지르죠. 툭하면 용돈을 달라, 시댁 벽에 페인트를 칠해라, 영화관까지 데리러 오라, 특별한 날이니 요리를 해 달라는 등의 용건으로 남편에게 연락을 하고, 심지어 빨래를 해 달라고 요구한 적도 있어요. 어머님은 오늘도 내일 열릴 자선 행사에 쓸 케이크를 같이 굽자며 남편을 불러냈어요. 참다못한 저는 '스트로베리 레터'에 사연을 보내기로 결심했고, 밤 10시 42분인 지금 집에서 혼자 편지를 쓰고 있어요. 오늘 저녁에 남편이랑 함께 하려고 결심했던 일들이 있었지만, 늘 그랬듯이 어머님 때문에 계획을 이루지 못했죠. 오해하지는 말아 주세요. 저는 남편이 어머니를 존중하고 효도할 줄 아는 사람이라는 사실에 감사해요. 하지만 때로는 도가 지나치다는 생각이 들어요. 남편은 언제나 어머님에게만 매달려 있고 저와 아이들은 툭하면 뒷전으로 밀려나거든요. 몇 년이나 속으로만 끙끙 앓아왔지만 이제는 얼마나 더 참을 수 있을지 모르겠어요. 어머님은 우리 가족을 갈라놓고 있어요. 때로는 '내가 성인 남자와 결혼한 게 맞나?' 하는 생각이 들어요. 저는 그이가 남자답게 상황을 통제하고 가족을 책임지길 바랄 뿐인데요."

나는 이 사연과 비슷한 고민을 지금까지 수없이 들어왔다. 자신의 남자가 부모님으로부터 완전히 독립하고도 남을 나이가 될 때까지 어머니에게 지나치게 큰 애착을 느낀다고 털어놓는 여성은 한 둘이 아니다. 어머니들은 아들의 생활 전반에 걸쳐 영향력을 행사하며, 이런 행동은 대부분 사랑하는 여자와의 로맨틱한 관계를 방해한다. 어머니가 "애야, 점프를 해 보렴." 이라고 말하면 아들은 이렇게 대답한다. "얼마나 높이 뛰었다가 언제 내려올까요, 엄마?" 이 모습을 지켜보는 그의 여자 친구 혹은 부인은 입을 삐죽거리며 세 가지 생각을 머리에 떠올린다. '이 남자는 어째서 성인이 되도록 어머니에게 "싫어요."라는 말을 하지 못하는 걸까?', '저 여자는 어째서 내 남자를 이렇게까지 쥐고 흔드는 걸까?', '저 둘을 떼어놓고 내 남자가 우리 가정에 집중하도록 만들려면 어떤 방법을 써야 할까?' 무슨 말을 해도, 어떤 행동을 해도, 아무리 많은 방법을 시도해 봐도, "내가 어린애랑 결혼한 건가요?" 사연의 주인공과 같은 여성들은 자신이 그 여자의 상대가 될 수 없다고 느낀다. 물론 그녀들은 자신의 남자가 어머니의 품을 떠나지 못하는 이유를 몇 가지나 댈 수 있다. 그의 어머니는 아직도 자신과 아들이 탯줄로 연결되어 있다고 생각하며, 세상에 자신의 아들과 어울릴 만큼 괜찮은 여자가 없다고 확신한다. 그녀의 눈에는 아들이 데려온 여자가 성에 차지 않는다. 게다가 남자는 천성적으로 철이 없으며 자신의 말을 모두 들어주고 하나부터 열까지 돌봐주는 어머니 곁을 떠날 마음이 없다. 이런 이야기들은 주변에서 흔히 들을 수 있다.

"내가 어린애랑 결혼한 건가요?" 사연을 보내온 청취자에게, 그리고 마마보이 같은 남자 때문에 괴로워하는 수많은 여성들에게, 나는 이런 조언을 해주고 싶다. 변명은 그만 두어라. 당신의 남자가 마마보이처럼 구는 이유는 당신이 그런 행동을 내버려 두었기 때문이다.

그렇다. 나는 당신의 탓이라고 말하고 있는 것이다.

남자가 밤 10시 42분에 아름다운 아내가 벌거벗은 채 누워 있는 따뜻한 침대를 포기하고 옷을 챙겨 입은 뒤, 가족과 집을 내버려 두고 차에 올라 어머니의 자선행사에 쓸 케이크를 굽기 위해 달려가는 이유는 간단하다. 그의 어머니는 그에게 명확한 조건과 기준을 제시한 반면, 아내는 그렇지 못했기 때문이다.

나는 이미 남자를 움직이는 방법에 대해 설명했다. 당신에게 빠진 남자를 원하는 대로 조종하고 싶다면 당신과 만나기 위해 지켜야 할 조건과 기준을 먼저 제시해야 한다. 그가 진짜 남자라면, 그리고 당신이 제시한 기준이 이해할 수 있는 것이며 그 조건을 따랐을 때 사랑하는 여자가 행복해진다는 확신이 있다면, 그는 당신의 요구를 기꺼이 받아들이고 최선을 다해 실천할 것이다. 당신이 해야 할 일은 관계 초반에 규칙을 설정하고 정확히 요구한 뒤 남자가 그 규칙을 제대로 지키는지 확인하는 것이다.

　사랑하는 여자가 제대로 된 조건이나 기준을 가지고 있지 않은 상태일 때, 남자는 누구의 규칙을 따를까? 그렇다. 그는 어머니의 규칙을 따른다. 어머니는 그에게 용납할 수 있는 행동과 용납할 수 없는 행동에 대해 가르쳐준 첫 번째 여자이다. 어머니는 아들에게 식사 전에 손을 씻어야 한다고 가르쳤고, 그는 그 말에 따랐다. 어머니는 해가 지기 전에 집으로 돌아오고 일요일에는 반드시 교회에 나가며 언제나 여동생을 보호해야 한다고 가르쳤고, 그는 그 말에 따랐다. 이런 그가 '언제나 나를 믿고 따라야 한다'는 어머니의 가르침에는 어떻게 반응할까? 그는 (대부분의 경우) 최선을 다해 어머니의 규칙을 지킬 것이다. 어머니의 말을 듣지 않거나 존중하지 않았을 때 벌어질 일들을 감당하고 싶지 않으며, 무엇보다 그녀를 사랑하기 때문이다. 그리고 (대부분의 경우) 그녀의 규칙은 아들이 나이를 먹어도 변하지 않는다. 물론 어머니가 자식의 성장을 받아들이지 않는 것은 아니다. 하지만 아들이 아무리 나이를 먹어도, 그가 인생의 어떤 단계에 있다 해도, '어머니를 존중해야 한다', '어머니를 조건 없이 사랑해야 한다', '너를 낳고 길러 준 여성에게 보호자와 제공자의 역할을 다해야 한다'는 기본적인 규칙은 결코 변하지 않으며 여전히 아들의 가치관에 큰 영향력을 행사한다. 그녀가 자신의 조건과 기준을 스스로 포기하는 일이나, 그녀의 배려 넘치고 책임감 있는 아들이 어머니의 규칙을 나서서 깨는 일은 절대 일어나지 않는다.

하지만 아들에게 사랑하는 여자가 생기고 그 여자가 자신만의 규칙을 요구할 정도의 현명함을 갖추고 있다면 이야기는 달라진다. 그녀가 내세울 기준과 조건은 아래 제시된 세 가지 원칙을 중심으로 구성되어 있을 것이다.

1 나를 존중해야 한다.
2 나와 우리의 아이들을 언제나 첫 번째 우선순위에 놓아야 한다.
3 주변에 있는 모든 사람들이 나의 존재와 우리의 관계를 존중하도록 만들어야 한다.

당신이 이런 규칙을 설정하지 않았고, 그의 어머니가 여전히 자신의 규칙을 포기하지 않았다면, 당신의 남자가 벌거벗은 당신을 침대에 남겨두고 어머니를 향해 달려가는 것은 당연한 일이다. 어머니가 그를 놓아주지 않는 것이 아니라, 당신이 주도권을 뺏어오기 위해 제대로 된 노력을 기울이지 않았기 때문이다. "내가 어린애랑 결혼한 건가요?"에 담긴 내용을 다시 한 번 찬찬히 들여다보자. 사연의 주인공은 남편과 10년 반이나 만나면서도 어머니가 전화 한 통으로 남편을 부려먹는 상황에 대해 제대로 조치를 취하거나 불만을 표출한 적이 없었다. 그녀는 '몇 년이나 속으로 끙끙 앓아왔을' 뿐이다. 그녀가 남편에게 아내와 아이들을 남겨두고 어머니의 집으로 달려가지 말라고 요구하지 않는다면, 어머니가 남편에게 아이 대하듯 소리를 지르는 상황이 싫다고 말하지 않는다면, 어머니가 원할 때마다 요리며 페인트칠, 운전, 빨래를 하는 남편의 모습이 거슬린다고 말하지 않는다면, 남편으로서는 자신과 어머니의 관계가 아내의 기준에 어긋난다는 사실을 알 방법이 없다. 남자에게는 여자의 마음을 읽는 능력이 없으며, 여자가 원하는 것을 예측해서 제공하는 능력은 더더욱 없다.

그러니 당신이 먼저 입을 열어야 한다.

"내가 어린애랑 결혼한 건가요?" 사연의 주인공이 직접 표현한 적은 없지만, 나는 그녀가 남편의 사랑을 잃어버릴까 두려워 10년 넘게 시어머니의 권력 남용을 모른 척해왔다고 확신한다. 그녀는 자신이 남편과 시어머니 사이를 멀어지게 만들려고 노력했을 때 남편이 그녀를 버리고 어머니를 선택할 거라고 생각했을 것이다. 하지만 이것은 남자의 방식이 아니다. 그가 제대로 된 남자이며 그녀를 진정으로 사랑한다면, 어머니와 아내 가운데서 상황을 적절히 중재함으로써 두 사람을 동시에 행복하게 하는 방법을 어떻게든 찾아낼 것이다.

그러려면 우선 당신이 그 여자와 대적할 수 없다는 사실을 인정해야 한다. 그녀는 당신 남편이 아기였을 때부터 그의 기저귀를 갈고 그가 가장 좋아하는 음식을 만들어 주며 그를 길러낸 사람이다. 그녀는 그의 친구들을 (전부는 아니더라도) 대부분 만났으며 세상 누구보다 그와 오랫동안 알고 지냈다. 게다가 그의 몸속에는 실제로 그녀의 피가 흐르고 있다. 만약 당신의 남자가 어머니를 사랑하고 그녀와 원만한 관계를 유지하고 있다면, 당신이 그 사이에 끼어드는 것은 절대 불가능하다. (욕먹을 각오를 하고 솔직히 얘기하자면, 어머니를 존중하지 않는 남자보다는 어머니와 사이좋게 지내는 남자가 훨씬 괜찮은 남편감이다. 가장 기본적이고 중요한 남녀 관계조차 제대로 유지하지 못하는 남자가 과연 사랑하는 여자에게 안정적이고 애정 어린 관계를 제공할 수 있을까? 하지만 어머니를 존중하고 대접할 줄 아는 남자라면 사랑하는 여자를 어떻게 대해야 할지 잘 알고 있을 가능성이 크다.) 사랑하는 남자와 어머니의 관계를 조정하고 싶다면 남편에게 통제권을 행사할 줄 알아야 한다. 당신에게는 두 사람의 가정을 꾸리고 두 집안을 결합하는 데 필요한 기준과 조건을 세울 권리가 있다. "내가 어린애랑 결혼한 건가요?"의 주인공 여성은 밤 늦게 어머니에게 달려간 남편을 원망하며 '스트로베리 레터'에 편지를 쓰기 전에 우선 그가 집 밖으로 나가지 못하게 막아섰어야 했다. "여보, 어머님을 사랑하고 뭐든 해드리고 싶은 당신 마음은 이해하지만, 이 밤중에 나와 아기들을 남겨두고 케이크를 만들려 달려간다는 건 내 기준에서 용납이 안 돼. 이렇게까지 말했는데도 갈 거라면, 오늘은 그냥 어머님 댁에서 자."

이런 반응은 절대 억지가 아니다. 밤 11시가 다 된 시간에 남편이 아내와 아이들을 두고 집을 떠난다는 것은 (그 행선지가 어머니 댁이든 스트립 클럽이든) 그냥 넘어갈 수 없는 일이다. 더구나 아내가 그 행동을 용납할 수 없다고 생각한다면 그 부분에 대해서는 더 얘기할 필요도 없다. 아내에게는 자신의 생각을 솔직히 표현함으로써 남편에게 부부 관계를 지속하기 위해 그가 지켜야 할 기준과 조건을 전달할 권리가 있다. 이제 아내의 규칙을 알게 된 남편은 선택을 내려야 한다. 그는 그대로 집을 나서 어머니에게 달려갈 수도 있고, 남자답게 가족을 지키기로 결정할 수도 있다. 만약 후자를 선택한다면, 그는 어머니에게 전화를 걸어 오늘 밤에는 갈 수 없지만 대신 어머니가 자선 행사에 쓸 케이크를 구입하실 수 있도록 내일 아침 출근 전에 제과점까지 운전해서 모셔다 드린다고 말할 수 있을 것이다. 그의 어머니가 이 결정에 만족할지 여부는 알 수 없다. 하지만 무슨 상관인가? 다시 한 번 말하지만, 여자는 남자의 어머니가 아들의 행동을 보고 느끼는 감정을 조절할 수 없으며, 남자의 행동을 마음대로 조종할 수도 없다. 하지만 그녀는 자기 자신의 감정을 조절할 수 있으며 자신이 남자에게 기대하는 조건과 기준이 무엇인지 전달할 수도 있다.

이 사연의 주인공은 11년 동안이나 감정을 숨겨 왔지만, 당신은 지금 만나는 남자와 이 문제를 당장 드러내놓고 대화할 줄 알아야 한다. 남자에게 그와 어머니 사이를 갈라놓을 마음이 없으며 그를 두고 어머니와 경쟁할 생각도 없다는 뜻을 전한 뒤, 대신 그가 어머니에게 다음 두 가지 조건을 분명히 알려야 한다는 사실을 확실히 전달하라. 첫째, 아들의 여자친구/약혼녀/부인은 언제나 그의 첫 번째 우선순위여야 한다. 둘째, 사랑하는 여자에게 보호자와 제공자의 역할을 다하는 것은 아들의 의무이다. 당신의 남자가 이런 요구를 이해하지 못할까 봐 걱정할 필요는 없다. 제대로 된 남자라면 사랑하는 여자보다 어머니를 더 필요로 하지는 않으니까. 남자들은 성장기의 꽤 이른 단계부터 언젠가 어른이 되면 어머니가 제공해 주는 모든 것들(집과 옷, 교육, 보살핌 등)을 더 이상 받을 수 없게 된다는 사실을 깨닫는다. 더불

내 남자 사용법

어, 사랑하는 여성을 만나 장기적이고 안정적인 관계를 함께하기 위해서는 어머니의 품을 떠나 새로운 가정을 만들고 책임져야 한다는 사실 또한 알게 된다.

가정을 지키기 위해 당신이 해야 할 역할은 마음에 담아둔 생각을 소리 내어 말하는 것이다.

그에게 찾아가 직설적으로 얘기하라. "난 당신이 우리 집에서 가족을 보호하고 지탱해줬으면 좋겠어. 그게 바로 가정을 안정적으로 꾸리고 아이들을 제대로 기르는 방법이니까. 아이들에게 진짜 남자의 모습이 뭔지 보여 줘. 우리 아들은 자라면서 당신의 행동을 본받을 테고, 우리 딸은 당신을 보며 언젠가 저런 남자를 만나야겠다고 생각할 거야. 우리 가족에게는 그런 가장이 필요해."

당신이 이렇게 얘기할 수만 있다면, 남자는 언제나 당신의 요구사항을 어머니의 요구사항보다 우선시할 것이다.

남자가 바람을
피우는 이유

남자들은 남자가 바람을 피우는 이유를 분명히 이해할 수 있다. 물론 여자들의 생각은 완전히 다르겠지만. 어떤 남자가 바람을 피운 이유가 아무리 정당하고 상식적인 것이라도, 여자 입에서 "그랬구나! 이제 그의 행동을 이해할 수 있겠어."라는 대답이 나올 일은 절대 없을 것이다. 이 세상에 '남자가 바람을 피우는 이유'를 명확하게 설명해 주는 이론은 없으며, 권위 있는 자격과 경력을 바탕으로 여성들을 설득할 수 있는 전문가 또한 존재하지 않는다. 따라서 이 수백만 달러의 가치를 지닌 질문에 대한 답변은 언제나 흔해빠진 싸구려 조언의 수준을 벗어나지 못한다.

게다가, 어떤 사람이 감히 이 질문에 자기 생각을 솔직히 밝힐 수 있겠는가? (대부분의) 여성들에게 바람이란 생각할 수조차 없는 일이며

(이유를 막론하고) 용서할 수 없는 행동이다. 당신은 남자가 부정을 저지르는 이유를 이해할 수도 없고 이해하고 싶지도 않을 것이다. 여자는 사랑을 맹세한 남자에게 몸과 마음과 시간을 기꺼이 바친다. 그와 함께 살기 위해 이사를 하고 경제적 책임을 기꺼이 분담하며 그를 위해 빨래와 요리를 하고 아이를 낳아 기른다. 결혼식장에서는 하느님과 목사님과 가족과 친구들 앞에서 '네. 이 사람과 평생을 함께하겠습니다.'라고 망설임 없이 대답한다. 이렇게 모든 것을 바치면서, 여자는 남자에게 자신을 배신하지 말아달라는 최소한의 요구조건을 내건다. 그녀는 남자가 가끔씩 거짓말을 하고 집안일이나 육아에 소홀하며 몰래 비상금을 챙기는 행동을 이해해 준다. 사랑하는 여자보다 친구나 어머니를 더 중시하고 침대에서 그녀를 만족시키지 못하는 모습도 이해한다. 말로만 하느님을 찾으면서 정작 그녀가 혼자 예배를 보러 가도록 내버려 두는 모습도 받아들이려 노력한다.

하지만 그가 그녀를 배신하고 다른 여자를 만난다면, 그녀는 폭풍과도 같은 분노를 터뜨릴 것이다.

여자들은 사랑하는 남자를 위해 많은 것을 견디고 희생한다.

그러나 상대의 외도는 그 '많은 것'에 포함되지 않는다.

남자들은 어떻게 생각하느냐고? 물론 우리 남자들도 외도를 향한 여자들의 분노를 이해한다. 바람을 피우다 걸리기라도 하면 엄청난 대가를 치러야 하며, 그녀의 마음(그리고 그녀 어머니의 마음과 친구들의 마음, 그녀가 겪은 비극에 공감하는 모든 사람들의 마음)을 돌려놓기 위해서는 상상할 수 없을 정도의 노력을 기울여야 한다는 사실 또한 잘 알고 있다.

그럼에도 불구하고 남자들은 바람을 피운다.

어째서일까?

나는 바람피우는 남자들을 옹호하려는 것이 아니다. 내가 이 글을 쓰는 이유는 남자가 사귀는 여자를 두고 딴 맘을 먹는 이유를 알려줌으로써 여자들이 남자의 외도를 사전에 차단할 수 있도록 돕는 것이다. 일단 바로 요점으로 들어가겠다. 남자가 바람을 피우는 이유는…

바람을 피울 수 있기 때문이다.

지극히 간단한 논리이다. 당신이 어떻게 생각하든, 남자와 여자가 섹스를 보는 관점은 완전히 다르다. 많은 여성들에게 섹스란 감정적인 행위인 동시에 사랑의 결실이다. 물론 등을 바닥에 대고 누워 몸속에 낯선 물체가 들어오도록 허락해야 하는 여자들의 입장에서 섹스에 로맨틱한 의미를 부여하고 싶은 마음은 충분히 이해한다. 게다가 여자들은 육체적으로 상대방과 극도로 가까워지는 그 순간을 진정으로 사랑하는 사람에게만 허락해야 한다는 이야기를 한평생 들으면서 자란다.

하지만 남자에게 섹스란 감정이나 의미와 전혀 상관없는 개념이다. 남자에게는 다른 여자와 섹스를 하고 집으로 돌아가 비누로 흔적을 지운 뒤 아무 일도 없었던 듯 아내를 마주하는 것이 너무나 쉬운 일이다. 우리 남자들에게 섹스란 사랑과 아무런 관계가 없는, 100%

육체적인 행위에 불과하다. '걱정에 빠진 여자'라는 닉네임을 쓴 청취자가 '스트로베리 레터'에 보내온 다음 사연을 보면 내 말이 무슨 뜻인지 알 수 있을 것이다.

저는 남편과 20년 간 결혼생활을 해 왔어요. 한 번은 지난 결혼생활을 돌아보는 대화를 나누던 중 남편에게 '나와의 섹스만으로도 충분히 만족하느냐'는 질문을 했죠. 그는 한참동안 우물쭈물하며 대답을 피하더군요. '만족하지 못한다'는 뜻이었겠죠. 이윽고 그는 생각을 정리한 듯 설명을 시작했어요. 제게 상처 줄 생각은 없지만, 가능하다면 다른 여자와의 섹스를 허락해 줬으면 좋겠다고요. 자기가 원하는 것은 다른 여자와의 연애가 아니라 오직 섹스뿐이니 그런 점은 걱정할 필요 없다고 하면서, 요즘 나이를 먹어 자신에게 더 이상 남자로서의 매력이 없는 것 같아 자신감이 떨어지는데 젊은 여자와 섹스를 할 수만 있다면 다시 한 번 의욕이 타오를 것 같다고 하더군요. 그는 제가 다른 여자와의 섹스를 허락하기만 한다면, 그 여자와 관계를 갖기 전에 자신이 원하는 것은 섹스뿐이고 결코 상대방과 진지하게 만날 생각이 없다는 사실을 분명히 하겠다고 말했어요. 게다가 친절하게도 만약 제가 그 여자에 대해 질문을 하면 뭐든지 솔직히 대답할 것이고, 만약 제가 알고 싶어 하지 않는다면 다른 여자를 만난다는 내색을 하지 않을 수도 있다는 제안까지 하는 거예요. 맞아요. 그는 일부일처제라는 제도에 전혀 만족하지 못하고 있었어요. 남편의 부탁을 들어주는 것이 그가 저 몰래 바람을 피우는 것을 막는 유일한 방법일까요? 그의 마음을 돌릴 수 있는 방법은 없을까요?

이 사연에 우리가 해 줄 수 있는 대답은 많지 않았다. 남자란 아내와 아이들과 가정을 사랑하고, 부부가 함께 일군 모든 것에 애착을 가지며, 여전히 아내에게 여자로서의 매력을 충분히 느끼는 와중에도 다른 여자와 섹스할 기회만 생기면 망설이지 않고 넙죽 받아들이는 생물이니까. 남자에게 섹스는 성적인 행위 그 자체 외에 아무런 의미도 없다. 다른 여자와 함께 육체적인 쾌락을 느끼는 와중에도 그의 마음은(사랑하는 여자를 보호하고 책임지겠다는 바로 그 마음은) 집에서 그를 기다리는 아내를 향하고 있다.

이해를 돕기 위해 조금 더 구체적인 예시를 들도록 하겠다. 사회적으로 높은 지위에서 바쁘게 일하는 남성이 자신과 동등한 수준의 지위와 직업을 가진 여성을 만나서 결혼했다고 치자. 집에서 어떻게 지내는지 까지는 알 길이 없지만, 어쨌든 겉에서 보기에 이 두 사람은 서로를 사랑하고 지지하는 행복한 커플이다. 문제는 아내가 직업상 해외 출장을 자주 떠난다는 점이다. 남겨진 남편은 밀려드는 업무를 처리하고 끊임없이 걸려오는 전화를 상대하면서 혼자 집안일을 하고 아이들을 돌봐야 하며, 이런 힘든 상황에 아내와 섹스조차 할 수 없다. 자, 지금부터 내 말을 잘 들어라. 이런 상황이 되면 많은 남자들이 다른 어딘가에서 욕구를 푼다는 선택을 할 것이다. 그가 아니라 다른 어떤 남자라도 그렇게 오랫동안 섹스를 참을 수는 없다. 아내에 대한 사랑이 식은 것이 아니다. 하지만 회사 일에 지쳐 집으로 돌아온 뒤 저녁식사를 준비하고, 아이들을 돌보고, 숙제를 검사하느라 스트레스로 머리가 터질 지경이 된 남자는 이런 생각을 하지 않을 수 없다. '잠깐 집을 나가서 풀어진 나사를 한 번 조이고 오자. 그럴 수만 있다면 아내가 돌아올 때까지 기쁜 마음으로 요리와 육아를 할 수 있을 것 같아.'

여자인 당신 입장에서는 말도 안 되는 생각처럼 보일지 몰라도, 남자들은 누구나 저 마음을 이해한다. 그는 어떤 식으로든 기분 전환을 할 필요가 있고, 당신이 그를 상대해 주지 않는다면 다른 곳에서라도 성욕을 풀 대상을 찾을 것이다. 여자들의 눈에는 이런 행동이 배신으로 비칠지 모른다. 그러나 남자는 풀어진 나사를 조이기 위해 섹스를 필요로 할 뿐이다. 남자가 이런 생각을 하는 것은…

들키지 않을 수 있다고 생각하기 때문이다.

물론 남자들 또한 사랑하는 연인에게 다른 여자와의 관계를 들킬 수도 있다는 리스크를 두려워한다. 하지만 대부분의 경우, 남자는 들키지 않을 수 있다는 자신감이나 들키더라도 강력하게 부정함으로써 어떻게든 빠져나갈 수 있을 거라는 믿음을 가지고 바람을 피우기 시작한다. 나는 빤한 거짓말을 하는 남자들을 두고 이런 농담을 던지곤 했다. "나는 다른 여자랑 섹스하는 사진이 찍혀도 눈 하나 깜짝 안할 거야. 사진 속 내 엉덩이가 하늘로 힘차게 솟아올라 있고 벌거벗은

볼기짝에 주민등록번호가 떡하니 찍혀 있대도 문제없어. 아내에게는 이렇게 말하면 그만이거든. '여보, 이건 내가 아니야. 누가 내 주민등록번호를 엉덩이에 새기고 다니는지는 모르겠지만, 비록 이 남자가 신은 신발도 내 거긴 하지만, 어쨌든 이건 절대 내가 아니야.'"

농담일 때는 웃어넘길 수 있지만, 사실 남자들에게 바람을 피우다 잡히는 상황은 결코 가볍게 생각할 수 있는 문제가 아니다. 외도를 하다 걸린 순간 그는 모든 것을 잃을 것이다. 사랑하는 여자는 물론이고 아이들과 집, 내면의 평화는 그의 손을 떠날 것이고, 그의 인생 또한 극복하기 어려운 타격을 입을 것이다. 우리는 모두 '모욕당한 여자의 분노는 지옥의 불길보다 거세다'라는 속담을 들으며 자라지 않았는가. 사실 이 속담의 의미는 여자보다 남자에게 훨씬 가깝게 와 닿는다. 남자들은 여자가 분노했을 때 말 그대로 지옥이 열린다는 사실을 잘 알고 있다.

그럼에도 불구하고 남자들은 자신의 행동을 들킬 것이라는 생각을 하지 못한다. 그들은 언제든 빠져나갈 구멍이 있다고 생각하며, '걸리지만 않으면 그녀에게 상처를 주는 일도 없을 거야'라는 합리화를 기본적으로 마음속에 품고 있다. 게다가 남자들은 여자가 의심스러운 행동을 사랑으로 눈감아 주리라는 자신감을 가지고 있다. 그들은 사랑의 힘이 의심보다 강하다는 사실을 알며, 그녀가 사랑하는 남자와의 관계를 깨고 혼자가 되느니 자신의 실수를 모른 척 해줄 것이라고 믿는다. 아니, 적어도 그렇게 되길 바란다. 실제로 많은 여자들이 처음 몇 번은 연인의 수상한 행동을 눈감아 준다. 하지만 어느 순간 〈로앤오더〉(Law & Order - 1990년부터 2010년까지 방영된 미국의 최장수 범죄, 법률 드라마 - 옮긴이) 식의 수사가 시작되고, 이때 남자가 내밀 수 있는 카드는 강력한 부정과 거짓말밖에 없다.

물론 이것은 그 남자가 연인을 진심으로 사랑할 때 이야기이다.

만약 남자가 상대방을 진지하게 생각하지 않는다면, 다시 말해 그녀의 존재가 그의 미래 계획에 포함되어 있지 않다면, 그는 외도 사실을 들킨 다음에도 눈 하나 깜짝하지 않을 것이며 순순히 다른 여자와 잤다는 사실을 인정할 것이다. 그가 다른 여자를 찾은 이유는…

아직 자신의 목표에 닿지 못했거나,
진심으로 원하는 상대를 찾지 못했기 때문이다.

여자들의 귀에는 비겁한 변명처럼 들릴지 모르겠지만, 이것이 진실이다. 남자들이 서로를 비교하는 존재라는 사실을 다시 한 번 떠올리자. 나는 이 책의 서문을 비롯하여 곳곳에서 '남자란 타이틀과 직업, 수입에 따라 움직인다'는 사실을 알려 주었다. 바라던 모습을 손에 넣기 전까지 남자는 자기 자신이 성숙하고 독립적이며 능력 있는 인간이라고 생각하지 못하며, 한 여자에게 정착하여 미래를 설계할 엄두를 내지 못한다. 지금까지 남자를 만나면서 "수입이 어느 정도 안정되면 결혼도 생각해 볼게." 혹은 "지금은 가정을 만드는 것보다 승진이 더 급한 문제야."라는 식의 얘기를 몇 번이나 들어 보았는가?

남자가 이렇게 말한다는 것은 아직 원하는 곳에 다다르지 못했다는 뜻이며, 아직 누군가와 진지한 관계를 맺을 생각을 할 수 없다는 뜻이다. 그에게 정착이란 아직 한참 이른 동시에 우선순위의 맨 아래에 위치한 문제이다. 이런 남자들은 만나는 여자 몰래 슬금슬금 바람을 피운다.

결혼을 해서 아이를 둔 남자라고 해서 예외가 되지는 않는다. 현재의 타이틀과 직업과 수입에 만족하며 정신적으로도 충분히 성숙한 남자는 삶의 요소들을 제자리에 놓는 데서 행복을 느낀다. 그는 오랫동안 바라왔던 모습을 손에 넣었고, 하느님, 가족, 교육, 사업, 그밖에 모든 것들을 우선순위대로 정렬할 것이다. 하지만 만약 가족이 하느님 다음 가는 지위에 놓이지 못하다면 그의 가정생활에는 문제가 발생할 확률이 높다. 남자라는 생물은 우선순위에 따라 움직인다. 이미 결혼 서약을 마치고 아이들을 낳은 상태라 하더라도, 가족에게 제공자와 보호자의 역할을 다하기 위해 최선을 다하고 있다고 하더라도, 그에게 섹스가 단란한 가정을 지키는 것보다 더 높은 우선순위에 있다면 그는 당신이 원하는 대로 정절을 지켜 주지 않을 것이다. 다시 말해, 대놓고 아내를 상처 주는 일은 없겠지만 그녀를 잃지 않기 위해 최선을 다하는 와중에도 곁가지로 다른 여자들을 만나고 다닐 것이다. 이것은 절대 아내에게 문제가 있어서가 아니다.

내게는 높은 사회적 지위와 충분한 재력, 그림 같은 가정을 가진 친구가 있다. 곁에서 보기에 그의 인생은 더할 나위 없이 완벽하다. 하루는 친구들끼리 현재의 삶에 얼마나 만족하는지에 대해 이야기를 나누는데, 그가 음흉한 미소를 지으며 이렇게 말하는 것이 아닌가. "난 아내를 사랑해. 하지만 요즘은 다른 여자도 만나고 있어." 오해하지 마시라. 나와 다른 친구들 모두 충격을 받았으니까. 하지만 우리는 그가 아직 삶의 요소들을 제대로 정렬하지 못했다는 사실을 깨달았고, 그런 그를 바로잡기 위해 우리가 해줄 수 있는 일은 없었다. 그는 아내의 시선이 닿지 않는 곳에서 하느님과 가족보다 더 높은 우선순위를 지닌 무언가를 추구하고 있었다. 만약 그가 젊은 청년이었다면 사랑하는 여자를 두고 바람을 피우는 그의 행동이 정신적으로 성숙하지 못했다는 증거로 비쳤을 것이다. 인생 선배들은 그런 청년들에게 헛된 일에 젊음을 낭비하지 말고 귀중한 경험을 쌓는 데 시간을 투자하라고 조언한다. 물론 시간은 인간의 성숙함에 어느 정도 영향을 미친다. 그러나 그보다 더 중요한 것은 개인의 성향이다. 정신적으로 하느님과 단단히 연결되어 있는 사람은 또래에 비해 빨리 철이 들며 남들보다 엄격한 윤리적 잣대를 가지고 살아갈 것이다. 이 윤리적 잣대야말로 인간이 하느님의 뜻을 받들어 가족을 그분 다음 가는 지위에 놓도록 만들어 주는 도구이다. 이렇게 삶의 우선순위를 완성한 남자는 아내를 인생의 마침표이자 자녀들의 엄마이자 그의 인생을 완성시켜주는 중요한 존재로 여기게 된다.

물론 성숙함을 손에 넣기 위해 반드시 신앙의 힘을 빌려야 하는 것은 아니다. 내 지인 중에는 수많은 여자를 거느리고 그녀들을 마음대로 조종하던 남자가 있었다. 그런 그가 어느 날 내게 찾아와 이렇게 말했다. "이봐, 스티브. 나는 많은 여자들을 만나고 그 여자들에게 원하는 것은 뭐든지 받으며 살아왔어. 하지만 난 여전히 불행해. 내게는 평화도 안정도 없고, 삶이 제대로 된 방향으로 흘러가고 있다는 확신도 없어." 그는 그 날을 기점으로 여자를 대하는 태도를 완전히 바꾸었고, 결국 그토록 원하던 가정을 갖게 되었다. 두 번 다시 바람을 피우는 일도 없었다. 그 친구는 특별히 신앙심이 강한 사람도 아니었고 목사님에게서 한 여자에게 정착하라는 조언을 들은 것도 아니었다. 그는 다만 지금까지 추구했던 삶의 방식을 버리고 단 한 명의 특별한 여자를 만나 그녀에게 헌신하는 것만이 진정한 기쁨을 찾는 길이라는 사실을 깨달았을 뿐이다.

남자가 이러한 행복을 얻게 된다면 그는 더 이상 사랑하는 여자를 두고 곁눈질을 하지 않을 것이다. 그러나 가정에서 기쁨을 찾던 남자가 어느 순간 다른 행동을 보인다면…

가정이 예전과 같은 행복을 주지 못하기 때문이다.

그렇다. 이번 이유는 어쩌면 여자의 행동과 연관되어 있을지 모른다. 그녀의 남편은 언젠가부터 아내와의 관계가 예전만 못하며, 그녀가 맨 처음 그와 사랑에 빠졌을 때 보여주던 모습을 더 이상 보여주지 않게 되었다고 불만 섞인 혼잣말을 하기 시작했다. 여자들 또한 이런 과정에 익숙할 것이다. 만남이 길어지다 보면 서로에게 익숙해지고, 결혼을 하고, 아이를 낳고, 집을 사고, 각종 생활비며 육아 비용을 처리하느라 두 사람 모두 정신없이 일에 매달리게 된다. 어느 순간 남자는 한때 여자로서의 매력을 유지하기 위해 예쁜 옷을 차려입던 아내가 더 이상 멋을 부리는 데 관심을 보이지 않는다는 사실을 깨닫는다. 그녀는 섹스에도 흥미를 잃은 것처럼 보인다. 퇴근할 때까지만 해도 갖추고 있던 정장과 하이힐과 화장은 집 현관문을 넘는 순간 사라진다. 하루 종일 업무에 시달리고 퇴근 후에도 가사며 육아에 매달린 아내는 세수용 헤어밴드와 티셔츠 차림으로 침대에 드는 것도 모자라 남편이 섹스를 원한다는 기색을 조금이라도 내비치면 당장 총으로 쏴버릴 듯이 도끼눈을 뜬다.

이제 가정생활은 남편에게 지루한 일상이 되어 버렸다. 그는 한때 자신의 몸을 휘감았던 짜릿한 전율을 갈망하지만, 아내는 변해 버렸다(물론 그는 자신 또한 변했다는 사실을 알고 있다. 하지만 이 책을 읽는 당신은 남자가 아니라 여자이지 않은가). 어쩌면 그의 마음속에는 아내가 예전처럼 자신의 노력을 고마워하지 않는다는 서운함도 자리 잡고 있을지 모른다. 감사의 표현은 점점 줄어들고, 지금은 다툼이 그 자리를 차지하고 있다. 두 사람은 눈을 뜬 순간부터 잠들기 직전까지 말싸움을 한다. 그가 맨 처음 결혼 서약을 할 때 꿈꿨던 가정의 모습은 결코 이렇지 않았다. 가정에서 행복을 찾을 수 없게 된 남자는 점점 집 밖으로 돌기 시작한다. 그는 마음만 먹으면 원하는 것을 쉽게 손에 넣을 수 있다는 사실을 잘 알고 있다. 이렇듯 가정이 있는 남자가 외도를 하는 가장 큰 이유는…

집 밖에는 그의 상대가 되어줄 여자가 얼마든지 있기 때문이다.

이것이 바로 모든 여자들이 외면하려고 하는 진실이다. 모든 여자들이 "안 돼요. 결혼한 남자와 어떻게 관계를 가질 수 있겠어요?" 라고 말할 것 같은가? 임자 있는 남자와 여자를 다 빼면 세상에 남는 사람은 몇 없다. 남자가 바람을 피울 수 있는 가장 큰 이유는 그와 진지한 관계가 될 수 없다는 사실을 알면서도 기꺼이 섹스를 제공하는 여자들이 차고 넘치기 때문이다. 물론 상대의 거짓말에 속아 넘어가는 경우도 있겠지만, 유부남과 섹스하는 여자들 중 대부분은 상대방에게 가정이 있다는 사실을 알고 있다. 그렇다. 그녀들은 자신만의 기준과 조건을 갖추고 있지 못하며, 자존감이 극도로 낮은 탓에 남자의 외도를 알고도 모른 척 하거나 스스로 외도의 상대가 되는 길을 택한다. 이런 여자들만 외도의 굴레에서 빠져나와도 바람을 피우는 남녀의 수는 현저히 줄어들 것이다. 외도의 굴레에서 벗어나는 방법은 내가 이 책에서 내내 설명하고 있는 현명한 여자가 되는 방법과 정확히 일치한다. 자기만의 기준과 조건을 세우고 상대방에게 당당히 존중을 요구하라. 남자에게 너무 깊이 빠지기 전에 반드시 해야 할 다섯 가지 질문을 던져라. 90일 원칙을 준수하라. 그리고 이 모든 정보를 언젠가 딸에게도 가르쳐라. 우리가 직접 나서지 않는다면 외도의 굴레는 영원히 끊어지지 않을 것이다.

지금까지 가장 중요한 이유를 몇 가지 소개했지만, 숙녀 여러분, 이 외에도 남자가 바람을 피우는 이유는 수없이 많다. 남자에게는 기본적으로 자신의 잘못을 정당화하려는 성향이 있으며 정당화를 위해 내놓는 변명은 상황에 따라 언제든 달라질 수 있다. 당신이 반드시 알아야 할 사실은, 그가 어떤 변명을 내놓든 간에 그의 머릿속에는 당신과 같은 옳고 그름의 기준이 들어 있다는 사실이다. 남자들 또한 한 여자를 만나면서 다른 여자에게 눈을 돌리는 것이 큰 잘못이라는 사실을 알고 있다. 특히 바람을 피우지 않는 것이 사랑하는 여자가 맨 처음 내건 조건이었다면 죄의 무게는 더욱 커진다. 여자들은 사랑하는 남자가 바람을 피운 원인을 자기 자신에게서 찾으며 스스로를 끊임없이 비난한다. "내가 이런 잘못을 해서 그이가 돌아선 거야.", "내가 좀 더 잘 했어야 하는데.", "그가 필요로 하는 만큼의 사랑을 내가 제공해 주지 못했어.", "그 여자가 나보다 훨씬 예쁘니까 그이의 마음이 흔들린 것도 당연해." 하지만 세상에 정당화할 수 있는 바람이란 존재하지 않는다. 그러니 여성들이여, 남자가 저지른 잘못의 원인을 자기 자신에게서 찾지 말라. 자신을 위해서라도 그렇게 해야 한다. 백미러만 보면서 제대로 운전을 할 수 없듯이, 그렇게 무거운 짐을 혼자 떠안고 있다 보면 다음 행동을 제대로 취할 수 없게 된다.

대신 다시는 남자에게 속지 않도록, 적어도 속는 횟수를 줄일 수 있도록 조치를 취하라. 방법은 간단하다. 남자에게 더 엄격한 요구 조건을 내거는 것이다. 여성들은 남자에게 속지 않을 수 있는 충분한 힘을 갖추고 있다. 뛰어난 설득력과 예리한 직감, 여기에 더해 적절한 기준을 세우고 상대에게 요구하는 기술은 바람둥이 때문에 상처받지 않도록 여자를 보호해 주는 중요한 능력이다. 여자가 '다른 많은 것은 참을 수 있어도 바람을 피우는 것만큼은 절대 용납할 수 없다는 뜻을 정확히 밝힌다면, 남자는 한 번의 실수만으로도 사랑하는 사람을 영원히 잃을 수 있다는 사실을 분명히 깨달을 것이다. 만약 그가 당신의 원칙을 알면서도 지키지 않는다면? 그 때는 미련 없이 그 관계에서 걸어 나와라. 상대방이 바람을 피운 사실을 알고 원망하는 마음을 버리지 못하면서 관계를 유지해봤자 결국 남는 것은 의심과 싸움뿐이다. 여자의 마음속에는 그에 대한 불신과 함께 그가 언제든 다시 바람을 피울 수 있다는 불안이 언제까지고 남아있을 것이다. 과거에서 벗어나 행복을 찾고 싶다면 자신을 속인 남자를 떠나든지, 100% 용서하고 다시는 이런 일이 없도록 조치를 취하든지 둘 중 하나의 노선을 확실히 택해야 한다.

남자는 때로 무언가를 잃어버리거나 거의 잃어버리기 직전의 상황에 가서야 그 소중함을 깨닫는다. 하지만 인간이라면 누구나 그런 면을 가지고 있지 않을까? 어떤 남자들은 살면서 한 번도 외도의 대가를 제대로 치른 적이 없고, 자연스레 같은 잘못을 반복한다. 하지만 천하의 바람둥이라도 사랑하는 사람이 뒤도 돌아보지 않고 떠나가는 모습을 본다면 자신의 잘못을 깨닫고 뉘우칠 수밖에 없다. 사랑하는 여자와 가족을 한순간에 잃을 위기에 처한 남자는 그녀의 마음을 돌리기 위해 다시는 한눈을 팔지 않겠다고 굳게 결심할 것이며, 용서를 받을 수만 있다면 무슨 짓이든 하겠다고 마음먹을 것이다. 다시 말해, 그는 잃어버린 신뢰를 되찾기 위해 그녀가 내건 조건과 기준들을 최선을 다해 지킬 것이다. 매일 제시간에 집에 들어오고 조금이라도 늦을 것 같으면 반드시 전화를 걸어 알리며 일주일에 한 번씩은 꽃다발을 선물하고 그녀가 육아에서 벗어나 자기만의 시간을 가질 수 있도록 베이비시터를 고용할 것이다. 일요일이면 교회까지 운전해서 데려다 주고, 심지어 그녀가 부부 문제 상담 센터에서 쌓인 불만을 모두 토해내는 동안 기꺼이 옆자리를 지킬 것이다. 한 마디로, 그는 그녀를 지키기 위해 무슨 짓이든 할 것이다. 남자에게 그가 저지른 잘못을 정확히 알려주고 '휴, 하마터면 내가 사랑하는 모든 것들을 한 순간에 잃어버릴 뻔 했어.'라는 생각을 하게 만든다면, 그는 굳이 시키지 않아도 더 나은 사람이 되기 위해 최선을 다할 것이다.

물론 한 번 바람을 피웠던 남자를 완전히 용서하고 신뢰하는 것은 쉬운 일이 아니다. 하지만 그가 사랑하는 여자를 되찾겠다는 일념으로 진정한 변화를 이뤄낼 가능성은 분명히 존재한다. 지금 어디에 있는지, 누구와 있는지 매시간 질문 세례를 받을 남자의 마음도 편치는 않다. 시도 때도 없이 분노를 쏟아내는 여자의 옆자리를 묵묵히 지키는 것도, 상담 센터의 소파에 그녀와 함께 앉아 있는 것도 가시방석처럼 느껴질 것이다. 하지만 그는 이러한 고통을 기꺼이 감내할 것이다. 이 모든 상황을 만든 것이 자기 자신이라는 사실을 정확히 이해하고 있기 때문이다. 그는 자신이 저지른 잘못과 더불어 한 번 더 그녀의 눈 밖에 났을 때 얼마나 끔찍한 결과가 찾아올지 세상 누구보다 잘 알고 있다. 정말이다. 우리 남자들은 그녀를 잃어버린 세상이 말그대로 지옥 같으리라는 것을 안다. 많은 남자들이 실수를 하고 그무서운 형벌을 체험한다. 가정을 저버리고 제대로 된 인생을 살아가는 남자는 없다. 나는 그런 사람을 단 한 명도 만나보지 못했다. 세상 어딘가에는 존재할지 모르겠지만, 적어도 내가 아는 선에서는 없다. 하지만 나는 한 번 실수를 저질렀더라도 무엇이 옳은 일인지 깨닫고 가정으로 돌아가 자신의 잘못을 바로잡기 위해 노력한 남자들을 몇 명 알고 있고, 그들은 결국 신뢰와 안정을 되찾았다. 나 역시 그랬다. 나 또한 가정을 등한시한 적이 있고, 실수를 저지른 남자들이 응당 겪는 그 고통스러운 과정을 겪었다. 시련을 통해 무엇이 가장 소중한지 깨달은 지금, 내게 가족보다 더 소중한 존재는 없다. 나는 연예인과 야구선수, 대기업 임원을 포함하여 삶의 우선순위를 제대로 세운 후 세상에서 가장 좋은 남편이자 아버지가 된 남자들을 수없이 지켜보 았다. 그들에게 가족이란 하느님 바로 다음 가는 존재이자 교육과 사 업보다도 높은 지위를 차지하는 요소이다. 그러는 동안 그들의 아내 에게도 긍정적인 변화가 찾아왔다. 그녀들은 맨 처음 남편을 만나 사 랑에 빠졌을 때처럼 신선한 모습을 유지하기 위해 노력하기 시작했 다. 퇴근하자마자 하이힐을 벗어던지고 화장을 지우는 대신 공들여 꾸민 모습을 잠시나마 더 유지하면서 남편의 귀에 사랑을 속삭이거 나 미소를 짓고, 남편에게 감사한다는 표현을 더 많이 하게 되었다.

이것은 내 친구 중 한 명이 실제로 겪은 일이다. 그가 외도를 했다 는 사실을 알았을 때, 그의 아내는 아이를 데리고 친정에 돌아가 7개 월 동안 돌아오지 않았다. 내 친구는 실의에 빠졌고, 체중도 급격히 줄어들었다. 친구들이 그를 위로해준답시고 "이봐, 오늘 좋은 데 가 서 놀아 보자고." 라며 유혹하면 "미안. 오늘은 그럴 기분이 아니야."

라는 대답이 돌아왔다. 그의 비참한 모습을 두고 볼 수 없었던 우리는 차라리 바람을 피우던 여자라도 계속 만나 보라고 권했지만, 그는 두 번 다시 그 여자를 만나고 싶지 않다며 친구들의 제안을 거절했다. "나는 결혼생활을 망쳤고 아들까지 잃어버렸어. 세상에서 내가 가장 중요하게 여겼던 모든 것들이 사라져 버렸다고. 다시 예전으로 돌아가는 것 외에는 아무것도 바라지 않아."

그가 가정을 되찾기까지는 1년 하고도 6개월이라는 시간이 걸렸다. 가족의 마음을 되돌리기 위해 어떤 노력을 기울였는지 속속들이 알 수는 없지만, 이것 하나만큼은 분명히 말할 수 있다. 그 사건 이후 그의 아내는 세상에서 가장 이상적인 남편을 얻게 되었다. 모든 남자의 귀감이 될 정도로 모범적인 남편이 되기까지, 내 친구는 시련을 통해 두 가지 교훈을 얻어야 했다. 첫째, 진정한 행복을 원한다면 인생에서 가장 소중한 것이 무엇인지 깨닫고, 그것을 잃었을 때 얼마나 큰 고통이 찾아오는지 알아야 한다. 둘째, 제대로 된 인생을 살고 싶다면 가족에게 하느님 다음 가는 우선순위를 부여해야 한다. 그는 이제 오직 가족만을 위해 열심히 돈을 벌고, 매일 저녁 일이 끝나자마자 집으로 달려간다. 그러면서도 세상에서 제일가는 행복을 느낀다. 그의 가족들은 이제 걱정할 것이 없다. 나는 그의 아내가 이렇게 말하는 것을 들었다. "우리 남편이 정말 새 사람이 됐어요."

두 사람은 지금까지 33년 간 행복한 부부생활을 유지하고 있다. 그는 최고의 남편이 되었고, 그의 아내는 행운을 거머쥔 여자가 되었다.

PART 3

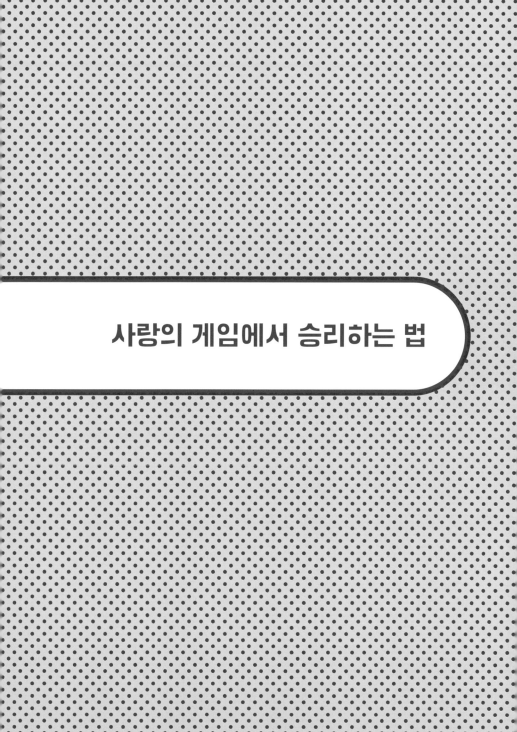

사랑의 게임에서 승리하는 법

Act Like a Lady Think Lika a Man

원하는 것을 정확히
알려 주어라

본격적인 얘기를 시작하기 전에, 내 아내 마저리에 대해 몇 가지 알려주고 싶다. 그녀는 아주 현명한 사람인 동시에 언제나 나를 지지해 주는 여성이다. 외모뿐만 아니라 마음까지 아름다우며, 신앙심이 깊고 아이들에게는 최고의 엄마 역할을 해 준다. 남편인 내게는 언제나 아낌없는 사랑과 존중과 배려를 베푼다.

게다가 그녀는 나와 처음 만난 날부터 자신만의 기준과 조건을 명확히 제시했고, 나는 지금까지도 기쁜 마음으로 그 원칙을 따르고 있다.

그녀를 처음 만난 날, 나는 멤피스에서 스탠딩 코미디 공연을 하고 있었다. 그녀는 다른 여자 친구 한 명과 함께 공연장으로 걸어 들어왔다. 그 아름다운 모습을 본 나는 하던 공연도 잊은 채 이렇게 애기하고 말았다. "실례합니다. 초면에 이런 말씀 드리기가 좀 그렇지만, 당신이 제 미래의 아내가 되실 것 같군요." 그녀는 깔깔 웃더니 이렇게 받아쳤다. "당신은 절 모르시잖아요." 하지만 나는 아랑곳 않고 공연 내내 할 수 있는 한 그녀에게 말을 걸었다. 언젠가 그녀와 결혼할 것 같다는 내 말은 진심이었다(물론 확신보다는 강력한 희망에 가까웠지만).

그리고 그런 희망을 품은 것은 나 혼자만이 아니었던 것 같다. 적어도 그녀는 내 고백을 불쾌하게 받아들이지 않은 것이 분명했다. 공연 첫 날에는 내 일정을 듣고도 말없이 사라졌지만, 이틀 후 다시 한 번 공연장을 찾은 그녀는 무대 뒤에서 잠깐 이야기를 나누자는 내 청을 들어주었다. 우리는 빠른 속도로 가까워졌고 얼마 후에는 데이트도 하는 사이가 되었다. 결국 그보다 더 깊은 사이로 발전하지 못한 채 각자의 길을 가기로 결정한 후에도, 그녀와 나는 그때 맺은 우정을 잊지 않고 이따금씩 연락을 하는 친구 사이로 남았다.

시간이 지난 뒤, 우리는 다시 만나 본격적으로 데이트를 시작했고 얼마 안 가 진지한 사이로 발전했다. 헤어져 있었던 시간은 오히려 서로의 소중함을 알려 준 계기가 되었고, 마저리와 나는 우리가 떨어져 살 수 없다는 사실을 깨달았다. 하지만 이렇게 완벽한 여성과 서로 사랑한다는 사실을 잘 알면서도, 나는 전 부인이나 이혼 후 가볍게 연락하며 지내던 이성 친구들과의 관계를 끊지 않았다.

그 무렵 맞은 밸런타인데이 주말에 마저리가 나를 만나러 뉴욕 집에 찾아왔다. 그녀와 한창 즐거운 시간을 보내던 나는 이성 친구 중

한 명에게서 걸려온 전화를 무심코 받았다. 통화 내용은 별다를 게 없었다. 나는 간단한 안부 인사를 건네고 지금은 바쁘니 나중에 통화하자는 말과 함께 언제 뉴욕에 올 일이 있으면 얼굴이나 보자는 얘기를 한 뒤 전화를 끊었다. 마저리가 그 통화를 들었을 것이라고는 생각지도 못했고, 그녀 또한 겉으로는 아무것도 듣지 못했다는 듯이 행동했다. 물론 그녀의 행동을 곧이곧대로 받아들인 내가 바보였다. 그녀는 세상 모든 어머니들이 가진, 상대방의 말을 토씨 하나 빼놓지 않고 정확히 파악하는 귀를 가지고 있었다. 그날 밤 늦게(아마도 새벽 3시 정도였을 것이다) 화장실에 가려고 일어난 나는 마저리가 코트를 차려입고 짐 가방을 든 채 복도에 서 있는 모습을 보았다. 그녀는 나를, 정확히 말하면 우리 관계를 떠나려 하고 있었다.

"어디 가려고?" 내가 물었다. 그 때 그녀가 한 대답은 바로 그 순간, 바로 그 복도에서, 그녀야말로 나와 평생을 함께 할 여자라는 사실을 내게 깨우쳐 주었다.

"나는 누군가의 심심풀이 연애 상대가 될 생각이 없고, 누군가의 최후의 보루가 될 마음도 없어." 그녀는 가방을 손에 든 채 한 마디 한 마디에 힘을 주어 말했다. "당신은 내가 바라던 상대가 아닌 것 같아. 나는 키워야 할 아이들이 있고, 지금도 충분히 잘 살고 있어. 내가 원하는 건 남편이자 아버지로서 우리 가족을 완성시켜 줄 사람이야. 만약 당신이 나와 같은 생각을 갖고 있지 않다면, 나는 지금 당장 멤피스로 돌아갈 거야."

간신히 정신을 차린 나는 그녀에게 한 번만 더 기회를 달라고 싹 싹 빌며 그녀의 짐 가방을 낚아채고 방에서 내 휴대폰을 가져와 두 동강으로 분질러 버렸다. 그 순간 나는 세상에서 가장 아름답고 현명하며 다정한 동시에 나와 우리 아이들에게 누구보다 좋은 아내이자 엄마가 되어 줄 여자를 거의 잃을 뻔했다.

지금 와서 생각해 보면, 내가 그녀의 조건과 기준에 맞는 남자가 된 것은 그녀가 자신의 조건과 기준을 명확히 세워 준 덕분이었다. 그녀는 다른 여자에게 한눈 팔지 않고 남편이자 아버지로서 가정에 헌신할 남자를 원한다는 뜻을 밝혔다. 진실하고 신앙심이 깊으며 가족을 부양하기 위해 최선을 다해 줄 남자가 필요하다는 것도 분명히 했다. 그 모든 조건과 더불어 그녀는 매순간 자신을 귀부인처럼 존중해 달라는 뜻을 간접적으로, 하지만 확실히 내비쳤다. 나는 그녀의 뜻에 따라 지금까지 차를 탈 때는 문을 열어 주고, 식탁에 앉을 때는 의자를 빼 주며, 각종 기념일을 챙기고, 상스러운 말을 최대한 삼가는 연인이자 남편이 되었다. 아내는 구체적인 요구사항을 정확히 제시해야 올바른 대접을 받을 수 있다는 사실을 알고 있었다. 사랑하는 여자의 바람을 들어 주고 그녀에게 행복을 가져다주고 싶은 내 입장에서도 그녀가 자신의 기준과 조건을 제대로 알려준 것은 감사한 일이었다. 어머니가 행복해야 그 가정이 행복하다는 것은 불변의 진리이지 않은가. 따라서 마저리를 행복하게 만들어 주는 것이야말로 내 인생 최대의 사명이다.

하지만 남자가 이러한 사명을 이루는 데는 여자의 도움이 반드시 필요하다. 사랑하는 여자가 직접 알려주기 전까지, 남자는 그녀가 무엇을 원하고 무엇을 필요로 하는지 알 길이 없다. 장소에 따라 불어오는 바람의 종류가 다르듯 모든 여성들은 제각기 다른 성향을 가지고 있기 때문이다. 남자는 지극히 단순하며 논리에 따라 움직이는 생물이다. 여자가 원하는 것과 원하지 않는 것이 무엇인지 정확히 알려주기만 한다면 그녀의 남자는 최선을 다해 그녀를 기쁘게 해 주려고 노력할 것이다. 그녀와 만난 지 얼마 안 되어 호감을 얻고 싶은 상황이라면 더 말할 필요도 없다. (물론 처음 만난 남자에게 성격이나 취향을 알릴 때는 약간의 주의가 필요하다. 이 부분에 대해서는 뒤에 가서 더 자세히 얘기하도록 하겠다.)

어쨌든, 남자에게는 여자가 원하는 것이 무엇인지 알아낼 능력이 없다고 봐도 무방하다. 그러므로 사랑하는 여자가 자신의 취향을 직접 알려준다면 남자로서는 그보다 더 고마운 일이 없다. 더불어, 남자가 알아야 할 기준과 조건이 있다면 본격적인 만남을 시작하기 전에 미리 알려 주어야 한다. 사귀기로 한 지 2주 후에 말하는 것은 너무 늦다. 하물며 잠자리를 함께한 지 2개월이 지나거나 주례와 가족과 친지와 하객들 앞에서 결혼서약을 한 뒤 2년이 지난 후에 말한다면 남자도 당황할 수밖에 없다. 스탠딩 바에서 핑크빛 칵테일을 홀짝이고 있는 당신에게 반한 남자가 은근히 다가왔을 때, 바로 그 때가 당신의 조건과 기준을 밝힐 가장 적절한 순간이다. 당신은 원칙을 분명히 세움으로써 당신에게 진심으로 호감을 가진 남성에게 가이드라인을 제공할 수 있다.

물론 처음 만난 남자의 면전에 대고 "난 이런 거 안 해요.", "난 저런 거 못 해요.", "난 그런 거 싫어요." 라고 줄줄이 읊어대는 것은 매너 있는 행동이 아니다. 남자들도 어느 정도는 예의를 따진다. 오만하고 까다로운 여자라는 인상을 주지 않으려면 상황을 고려하면서 부드럽게 원칙을 밝히는 지혜가 필요하다. 말보다 더 중요한 것은 그 말을 전달하는 태도이지 않은가. 대화를 하는 중간 중간 현실적인 조건을 제시하고 상대방을 존중하는 태도로 명확한 기준을 세운다면 남자 입장에서도 여자의 조건과 기준을 받아들이고 실천하기가 훨씬 수월하다. 만난 지 얼마 되지도 않았는데 상대 여자가 난데없이 얼굴을 똑바로 쳐다보며 "난 키워야 할 아이들이 있어요. 나랑 만나고 싶다면 내가 엄마 역할에 충실할 수 있도록 도와 줘야 해요. 우리 아이들이나 다른 가족들을 실망시키는 남자랑은 절대 만나지 않을 거예요."라고 날카롭게 쏘아붙인다면 얼마나 황당하겠는가. 누군가 귀 옆에서 손톱으로 칠판을 긁어대도 이보다 더 불쾌하지는 않을 것이다. 남자 입장에서는 그녀가 뭔가 기분 나쁜 일을 겪었나보다 하고 생각하는 것이 최선일 것이다. 정신 나간 여자라고 생각하거나, 한 술 더 떠 그녀의 가족들이 다 미쳤을 것이라고 생각해도 할 말이 없다. 하지만 여자가 부드러운 말투로 이렇게 얘기한다면 듣는 사람의 생각도 달라질 것이다. "저기요, 사실 제게는 아이들이 있어요. 그 아이들은 제 보물이죠. 전 어렸을 때부터 세상에서 가장 중요한 것이 바로 가족이라고 배우면서 자랐거든요." 이제 남자는 자신이 말을 건 상대가 상냥하고 가족을 중시하며 책임감까지 갖춘 여자라는 사실을 알게 되었다. 그가 여자가 제시하는 조건과 기준을 충족시킬 마음이 없

는 남자라면 즉시 그녀를 떠나 조건도 기준도 없으며 아무 남자에게
나 마음을 열 다른 여자를 찾아갈 것이다. 하지만 가족을 중시한다는
상대방의 가치를 존중해 줄 남자라면 그녀와 계속해서 이야기를 나
누며 그녀의 기준에 귀를 기울일 것이다.

기준과 조건을 부드럽게 포장하는 방법을 좀 더 자세히 알고 싶은
독자들은 아래 제시된 여러 가지 예시들을 참고하기 바란다.

"다른 여자랑 바람이나 피우고 다닐 거라면 나랑 만나는 건 꿈도
꾸지 말아요!" 라고 말하는 대신 이렇게 얘기해 보자. "저는 사귀는
동안 한 사람에게만 충실한 성격이에요. 만약 다른 사람에게 호감이
느껴진다면 가장 먼저 지금 사귀는 남자에게 솔직히 얘기하죠. 그래
야 우리 두 사람에 대해 진지하게 얘기를 나누고 미래를 결정할 수 있
을 테니까요."

이 말에 숨겨진 의미: 당신은 방금 사랑하는 남자를 언제나 솔직
하게 대한다고 얘기함으로써 남자 또한 당신에게 솔직해주길 바란다
는 뜻을 밝혔다. 이것은 만약 그가 다른 여자를 만나게 되었을 때 적
어도 당신을 속이지 않음으로써 당신이 현명하고 이성적으로 대처할
수 있도록 해 달라는 의미이다. 이러한 말은 두 사람 사이에 어떤 일
이 닥치더라도 언제나 대화와 의논을 통해 해결해 나가자는 뜻으로
도 해석할 수 있다.

"하느님과 예수님을 믿지 않는 남자는 필요 없어요. 신앙심이 없다면 감히 내게 말 걸 생각조차 하지 말아요."라고 말하는 대신 이렇게 말할 수도 있다. "저는 일주일 중에 일요일을 가장 좋아해요. 교회에 가서 하느님을 섬기고 저와 같은 신앙을 품은 사람들과 어울릴 수 있으니까요. 경건한 마음으로 예배를 드리고 나면 마음이 가벼워지고, 다음 한 주에 있을 일들이 모두 잘 풀리리라는 예감이 들어요."

이 말에 숨겨진 의미: 당신은 신앙심이 깊고 예배에 열심히 나가는 여성이라는 사실을 스스로 밝힘으로써 상대방 또한 종교와 신념에 대한 자기 생각을 자연스럽게 밝힐 수 있도록 유도했다.

"전 두 가지 일로 돈을 벌어 아이 셋을 키우고 있어요. 애들 아빠가 사람 구실도 못하는 쓰레기 같은 인간이었거든요. 그러니 나를 만나려거든 우리 애들을 부양할 수 있는 재산 정도는 가지고 와야 할 거예요."라고 말하는 대신 이렇게 얘기해 보자. "저는 아이들에게 좋은 어머니가 되는 것을 무엇보다 중요시하고, 그러려면 좋은 아버지가 되어줄 만한 사람을 만나야 한다고 생각해요. 독립적인 여성이 되는 것도 중요하지만, 제 남편이자 아이들의 아버지가 되어줄 사람의 존재를 통해 가족이 완성된다고 믿거든요."

이 말에 숨겨진 의미: 당신은 상대방에게 아이들을 얼마나 중요하게 생각하는지 밝힌 동시에 가족을 완성시켜 줄 좋은 남자를 찾고 있다는 뜻을 전했다. 다시 말해, 당신은 좋은 남편인 동시에 좋은 아버지가 될 수 있는 사람을 원한다. 제대로 된 남자라면 사랑하는 당신을 얻기 위해 이 두 가지 조건을 마다할 리가 없다. 좋은 남편과 좋은 아버지가 되는 것은 진정한 남자의 평생 목표이기 때문이다.

어느 정도 감이 잡히는가? 이제 당신은 호감을 보이며 다가온 남자에게 그가 반드시 알아야 할 귀중한 정보들을 알려 주었다. 하지만 그보다 더 중요한 것은 당신이 조건과 기준을 부드러운 말로 잘 포장해서 전달했다는 것이다. 남자들은 당신의 말을 달콤한 포도 맛이 나는 감기약처럼 꿀꺽꿀꺽 삼키겠지만, 그 정체가 쓰디쓴 약이라는 사실은 변하지 않는다.

자, 당신은 연애 초반에 기준과 조건을 명확히 세움으로써 남자에게 큰 은혜를 베풀었다. 이제부터 해야 할 일은 그가 당신의 호의를 받을 만한 사람인지, 보다 구체적으로 말하면 그가 당신의 시간과 관심을 받을 자격이 있는 사람인지 확인하기 위해 한 걸음 물러서서 그의 행동을 관찰하는 것이다. 나는 여자들이 연애를 할 때 저지르는 가장 큰 실수 중 하나가 남자에게 원하는 것을 줄줄이 읊어 놓고는 정작 상대방에게 그 요구를 들어줄 마음이 있는지 제대로 확인하지 않는 것이라고 생각한다. 해변을 함께 거닐고 싶다거나 밸런타인데이에 초콜릿을 받고 싶다거나 여름에는 백합 꽃다발을 선물 받고 싶다고 말하는 것은 좋다. 하지만 당신이 진정으로 바라는 연인은 당신이 이게 좋다, 저게 좋다고 일일이 얘기하지 않아도 열정과 창의력을 발휘하여 당신을 기쁘게 해 주기 위해 노력하는 사람이 아닌가? 지금부터 내가 하는 말을 단단히 마음에 새겨라. 만약 당신이 회사로 붉은 장미 꽃다발을 보내달라고 부탁하거나 생일에 샤넬 백을 선물해 달라고 조른다면 당신의 남자는 그 요구를 들어줄 것이다. 하지만 그 이상은 없다. 처음에는 당신도 그의 정성에 감동할 것이다. 하지만 데이트를 시작한 지 한 달 반쯤 지나면 남자는 점점 당신이 연애 초반에 했던 요구들을 들어주는 데 소홀해지기 시작한다. 이미 할 만큼 해 줬다고 생각하기 때문이다. 당신은 그의 변한 모습을 보며 친구들에게 이렇게 하소연할 것이다. "그이가 요즘 예전 같지 않아. 한 때는 내가 원하는 거라면 뭐든지 다 해줬는데."

그가 당신이 원하는 것을 들어주었던 이유는 당신이 무엇을 원하는지 얘기했기 때문이다.

내가 추천하는 해결책은 이렇다. 남자에게 당신이 원하는 것을 요구하는 대신 원하지 않는 것을 분명히 밝혀라. 좋아하는 것 대신 싫어하는 것을 알린 뒤 그가 당신을 감동시키기 위해 어떤 노력을 기울이는지 관찰하는 것이다. 가령 당신은 남자에게 이렇게 말할 수 있다. "난 주말에 집에만 틀어박혀 있는 걸 별로 좋아하지 않아.", "사랑하는 사람이 나를 귀부인처럼 대접해주지 않는다면 속상할 것 같아.", "매번 똑같은 레스토랑만 가는 건 좀 지겨워." 그런 다음 두 사람의 관계가 진전되는 동안 남자가 어떻게 행동하는지 주의 깊게 살펴보라. 당신은 이미 남자가 어떻게 행동하길 바란다는 기준을 제시했다. 그리고 사랑하는 여자의 기준을 따를지 말지는 그 남자가 알아서 결정할 문제이다. 같은 레스토랑이 지겹다는 당신의 말이 신경 쓰인다면 그는 새롭고 흥미로운 데이트 장소를 찾아낼 것이다. 주말에 집에만 있고 싶지 않다는 당신의 말을 기억한다면 콘서트나 전시회를 예약할 것이고, 적어도 신문이라도 들여다보면서 도시 근교에 가볼만한 행사가 열리는지 확인하는 성의를 보일 것이다. 만약 당신이 가족을 소홀히 여기는 사람을 싫어한다고 말한다면 어떻게 될까? 그는 당신의 아이들을 만나서 선물을 주거나 함께 게임을 해 줄 것이며, 불편하더라도 당신 가족들이 모두 참석하는 바비큐 파티에 얼굴을 내밀 것이다. 당신이 가족들과 잘 어울릴 수 있는 남자를 원한다는 사실을 알게 되었으니까. 여기서 가장 중요한 것은 한 걸음 물러서서 관찰하는 태도이다. 그는 당신을 위해 자동차 문을 열어 주는가? 레스토랑에서는 의자를 빼 주는가? 당신과 대화를 나누는 시간에 온전히 집중하기 위해 휴대폰을 꺼 놓는가? 만약 그가 당신 얼굴에 떠오른 미소를 보기 위해 최선을 다하는 모습을 보이지 않는다면, 그는 당신이 구체적으로 요구한 몇 가지 부탁을 들어주는 것 외에 추가로 노력을 기울을 마음이 없는 것이다.

남지에게 제내로 된 기준과 조건을 제시하기 위해서는 먼저 자기 자신이 무엇을 원하는지 구체적으로 알아야 할 것이다. 지금부터 기준과 조건을 세우기 전에 답을 찾아야 할 할 질문 열 가지를 소개할 테니, 신중히 생각한 후 여백에 자신만의 답을 적어보길 바란다.

1 당신은 구체적으로 어떤 성격의 남자를 원하는가? (예를 들어, 재미

있는 남자? 성실한 남자? 자상한 남자?)

2 남자가 어떤 식으로 사랑을 표현하길 바라는가? (주기적으로 전화를
   하길 바라는가? 문자 메시지 정도면 만족할 수 있는가? 일주일에 최소 세 번 이상
   데이트를 해야 하는가? 데이트를 할 때는 남자가 모든 비용을 부담하길 바라는가?)

3 연애 중인 남녀가 서로에게 얼마나 헌신해야 한다고 생각하는
   가? (다른 이성 친구와도 만나는 개방적인 관계를 원하는가? 오로지 연애 상대방
   에게만 헌신해야 한다고 생각하는가? 일단 데이트를 해 보고 의논해서 결정할 문제
   라고 여기는가?)

4 남자의 경제적 능력이 어느 정도 되기를 바라는가? (부유한 남자를
   원하는가? 당신보다 많이 번다면 만족인가? 사랑만 있다면 경제적 능력은 전혀 중
   요하지 않다고 생각하는가?)

5 가족에 어느 정도 무게를 두는 남자를 원하는가?

6 상대방의 종교나 신념을 얼마나 중요하게 여기는가?

7 이혼 경험이 있거나 나이차이가 많이 나는 남자와도 만날 수 있
   는가?

8 남자가 꿈을 이루는 데 도움을 줄 생각이 있는가? 그의 꿈에 동
   참할 의사가 있는가?

9 남자의 가족에게 어떤 기대를 가지고 있는가? (만나는 남자의 어머니
   와 가깝게 지내야 한다고 생각하는가? 어머니와 관계가 좋지 않은 남자를 어떻게
   생각하는가? 아버지와 의절한 남자도 받아들일 수 있는가?)

10 당신이 생각하는 결혼 상대자의 기준은 무엇인가? (그가 당신을 떠
   받들어 주길 바라는가? 값비싼 프러포즈 선물이 필요한가?)

그에게 깊이 빠지기 전에
다섯 가지 질문을 던져라

만 38세라는 늦은 나이에 할리우드에 입성한 나는 그 전까지 상상하지도 못했던 새로운 일들을 여러 번 겪었다. 그 중에서도 가장 생생한 기억 중 하나는 이름을 말하면 누구나 알 만큼 유명한 한 연예인의 생활방식을 바로 곁에서 지켜 본 소감이었다. 그는 부와 명예를 동시에 거머쥐고 있었으며, 바람둥이로 유명했던 플레이보이 창업자 휴 헤프너Hugh Hefner 저리가라 한 정도로 언제나 수많은 미녀들을 대동하고 다녔다. 나는 그가 저렇게 멋진 여자 여러 명을 거느리고 다닐 수 있다는 사실이 믿기지 않았다. 그는 그다지 잘생긴 편도 아니었고, 연예계에는 그보다 훨씬 큰 재력과 능력을 갖춘 미남들이 넘쳐나고 있었으니까. 하지만 그는 절대 한 여자에게 헌신하는 법이 없으면서도 늘 최소 열 명 이상의 여자들과 데이트를 하며 지냈다. 세상 어딘가에 양팔에 슈퍼모델들을 끼고 사는 바람둥이들이 존재한다는 사실은 알고 있었지만, 그 장면을 실제로 눈앞에서 목격하자 기분이 묘했다. 가장 이해할 수 없었던 것은 그가 자기를 특별한 여자로 대우해주지 않는다는 사실을 알면서도 그에게 매달리는 여자들의 심리였다.

그의 비결이 궁금했던 나는 (흠, 물론 슈퍼모델들을 거느리고 싶어서가 아니라, 단지 순수한 호기심을 느꼈을 뿐이다), 그를 비롯해 일명 '선수'라고 불리는 남자들에게 단도직입적으로 질문을 던졌다. "어떻게 하면 그렇게 많은 여자들을 계속해서 만날 수 있죠?" 앞서 말한 바람둥이를 포함한 할리우드의 선수들은 하나같이 웃음을 터뜨리고 고개를 절레절레 흔들며 똑같은 대답을 내놓았다. "그 여자들이 원하는 건 돈과 명예, 화려한 생활이에요. 그녀들은 원하는 것을 손에 넣기 위해서라면 뭐든지 할 수 있어요. 옳지 않은 행동이라도 서슴지 않을 걸요." 나는 되물었다. "하지만 그 여자들도 언젠가는 당신과의 관계가 영원할 수 없다는 걸 깨닫지 않을까요?" 그들 중 한 명은 내 물음에 고개를 크게 가로젓더니 무뚝뚝하게 대답했다. "그럴 수가 없어요. 그녀들은 절대로 질문을 하지 않거든요. 묻지도 않는 여자에게 '난 너를 섹스 상대이자 과시용 인형으로 이용하고 있을 뿐이야.'라고 말해줄 남자가 어디 있겠습니까?"

나는 듣자마자 그의 말이 정답이라는 사실을 깨달았다.

이후에도 몇 번인가 비슷한 대화를 나눌 기회가 있었지만, 상대방이 내놓는 대답은 매번 비슷했다. '여자를 대하는 태도를 바꿀 의향은

내 남자 사용법

없느냐는 질문에도 그들은 판에 박은 듯이 똑같이 대답했다. "만약 작업을 건 여자가 처음부터 내게 무슨 의도로 접근한 것인지 묻는다면, 나는 그녀를 진지하게 만날 생각이 없다고 솔직히 대답해 줄 겁니다. 하지만 그런 걸 물어보는 여자는 한 명도 없었어요. 그녀들 또한 나를 이용해먹을 생각만 하고 있기 때문이죠. 저는 그 기대에 맞게 행동하고 있는 것뿐이에요." 그 중에서도 선수로서 가장 뛰어난 능력을 가진, 내가 맨 처음 언급했던 그 바람둥이는 이렇게 말했다. "저는 여자들을 얼마든지 만날 수 있어요. 그러니 무슨 의도로 접근하느냐는 질문 따위에는 대답할 필요도 없죠. 그런 질문을 하지 않는 여자가 훨씬 많으니까요."

이런 남자들을 욕하고 싶다면 얼마든지 욕해도 좋다. 절대 용서받지 못할 나쁜 놈이라고 생각해도 상관없다. 하지만 이것이 바로 현실이다. 더 중요한 것은, 이런 인간들이 연예계에만 존재하는 것이 아니라는 사실이다. 의사든, 변호사든, 트럭 운전사든, 택배 기사든, 남자라면 누구나 이런 생각을 할 수 있다. 그리고 그들 중 일부는 실제로 어느 연예인 부럽지 않을 정도로 아름다운 여자들을 양팔 가득 거느리고 다닌다. 혹시라도 지금 이런 남자를 만나고 있는가? 당신이 그의 세 번째 여자 친구이든 서른 번째 여자 친구이든, 그가 가볍게 만나는 놀이 상대 중 한 명이라는 현실은 변하지 않는다. 당신 또한 마음속으로는 뭔가 잘못됐다는 기분을 느끼고 있을 것이다.

이제 당신의 목표는 바람둥이 사탕발림에 넘어가지 않는 것이다.

그러기 위해서는 우선 남자가 떠나갈까 무서워 자기 의견을 말하지 못하는 태도를 고쳐야 한다. 두려워할 필요 없다. 실패할까 두려워 시도조차 하지 않는 것보다는 실낱같은 가능성이라도 잡으려고 노력하는 편이 훨씬 생산적이지 않은가. 남녀 관계에도 같은 법칙이 적용된다. 당신의 기준과 조건을 분명히 밝히려면 상대방과 헤어질 각오 정도는 해야 한다. 여자들이 남자 때문에 상처받는 것은 그러한 각오를 하지 못했기 때문이다. 그녀들은 사랑하는 사람을 잃어버릴지도 모른다는 두려움 때문에 자신을 무시하고 불성실하게 굴고 약속을 어기는 남자에게 싫은 소리 한마디도 하지 못한다. 그리고 남자들은 이런 여자의 마음을 마음껏 이용한다. 아주 오랜 세월 동안 같은 패턴이 반복되어 왔지만 어느 누구도 이 악순환을 끊어내지 못했다. 여자들이 무례한 행동을 순순히 받아들이는 한 남자들은 다음 세대에도, 또 그 다음 세대에도 같은 잘못을 반복할 것이다. 하지만 이제 당신은 그들의 게임에 놀아나지 않는 방법을 알게 되었다. 기준과 조건을 명확히 세우고, 상황이 자신에게 유리하게 돌아가도록 전략을 세워라.

구체적으로 말하자면, 그가 당신과의 관계에서 원하는 것이 무엇인지 만남 초반에 분명히 확인해야 한다. 그의 가치를 평가하고 그가 당신과 얼마나 어울리는 사람인지 판단하는 데 꼭 필요한 다섯 가지 질문을 던지는 것이다. 지금부터 소개할 이 다섯 가지 질문은 내가 오랜 세월에 걸쳐 여자를 이용하는 남자들과 남자 때문에 우는 여자들을 지켜보면서, 그리고 나 자신과 주변의 바람둥이 친구들에게 "우리가 여자라면 어떻게 해야 나쁜 남자를 피할 수 있을까?" 라는 질문을 끊임없이 던지면서 찾아낸 것이다. 나는 이 질문이 당신에게 큰 도움을 주리라고 확신한다. 이 다섯 가지 질문의 답은 당신이 지금 함께하는 남자, 혹은 앞으로 함께할 남자에 대해 알아야 할 모든 정보를 알려 줄 것이다. 당신은 이 질문을 통해 지금 곁에 있는 남자에게 미래를 걸어도 될지, 아니면 당장 뒤돌아서 떠나가야 할지 확인할 수 있다. 주의할 사항은 절대 겁먹거나 망설이지 말라는 것이다. 당신에게 접근해오는 남자가 있다면 당장 이 질문을 던져라. 그가 보내오는 유혹이 아무리 간접적이고 희미한 것이라도 상관없다. 그가 제대로 대답을 하지 않는다면, 그는 당신의 사랑과 정성을 받을 가치가 없는 남자이다.

자, 이제 질문을 소개하도록 하겠다. 다시 한 번 말하지만, 두려워할 필요 없다.

질문 1. 당신의 단기적인 목표는 뭔가요?

어떤 남자와 사귈지 말지 고민이 된다면 가장 먼저 그가 어떤 목표를 가지고 있는지, 그 목표가 남자를 구성하는 세 가지 요소인 타이틀과 직업과 수입에 얼마나 부합하는지 확인할 필요가 있다. 앞서 말했듯이, 성숙한 성인 남성이라면 누구나 이 세 가지 요소를 인생에서 가장 중요한 지표로 여긴다. 따라서 당신에게는 그가 현재 무슨 일을 하는 중이며 자신이 바라는 모습이 되기 위해 앞으로 3~5년 안에 달성할 수 있는 목표와 계획을 가지고 있는지 물을 권리가 있다. 그의 대답은 당신이 그 목표와 계획에 동참하고 싶은지 여부를 판단하는 데도 도움을 줄 것이다. 물론 그에게 아무런 계획도 없다면, 즉시 돌아서는 것이 가장 현명한 판단이다.

그가 그럴듯한 계획을 가지고 있는가? 좋다. 지금부터는 그의 대답에 열정적인 관심을 보이면서 적극적으로 후속 질문들을 던져야 한다. 남자들이 세상에서 가장 좋아하는 일 중 하나는 자기 이야기를 하는 것이다. 마음에 드는 여성을 잡기 위해서는 자신의 장점을 뽐내면서 그녀를 감동시켜야 한다고 생각하기 때문이다. 그러니 남자가 마음껏 자기 자신을 어필하도록 내버려 두어라. 당신이 더 큰 호기심을 보이고 더 많은 질문을 던질수록 그에 대해 더 많이 알게 될 것이다. "우와, 어떻게 그 일을 시작하신 거예요?" 라거나 "정말 대단해요! 그렇게 성공하려면 엄청나게 노력하셨겠죠?" 라는 질문을 던지는 것도 좋은 방법이다. 그리고 상대방의 말을 집중해서 들어라. 당신은 그의 얘기를 통해 그가 목표에 다가가기 위해 최선을 다하는 사람인지, 말만 번지르하지 실제로는 게을러빠진 사람인지 파악해야 한다. 더불어 그와 진지한 사이가 되어 그가 단기적인 목표를 이루는 데 도움을 주고 싶은지, 아니면 그의 계획에서 당장 발을 빼는 것이 좋을지도 결정해야 한다. 예를 들어 남자가 "저는 케이블 회사에서 설치 기사로 일합니다. 하지만 밤에는 야간 대학에서 공학을 공부하고 있고, 조만간 지금보다 더 높은 곳으로 올라가게 될 거예요." 라고 말한다면, 그가 구체적인 목표를 향해 성실히 노력하고 있다고 봐도 좋을 것이다. 당신은 그의 공부를 돕고 그가 야간 대학을 졸업한 후에는 현장에서 뛰던 설치기사에서 연구실로 출근하는 엔지니어로 직종을 바꿀 수 있도록 조언이나 격려를 제공해줄 수 있다. 중요한 것은 이 남자가 목표를 이루기 위해 실제로 최선을 다하고 있다는 사실이다. 다시 말해, 그는 당신을 행복하게 해 줄 자질을 갖춘 좋은 남자이다.

하지만 당신에게 접근해 온 남자가 "저는 제약 회사에서 영업 담당 직원으로 일하고 있어요. 지금은 한 블록 정도만 담당하고 있지만, 몇 년 안에 헨리 스트리트부터 브라운 스트리트까지 열 블록을 제 구역으로 만들 거예요."라는 식의 허황된 목표만 늘어놓는다면 뒤도 돌아보지 말고 다른 남자를 찾아가라. 목표만 갖췄지 구체적인 실행 계획이 없는 남자는 만날 가치가 없다. 입으로는 영화 제작자가 되는 것이 꿈이라고 말하면서 관련 업계에서 일하지도 않고 시나리오를 쓰거나 읽어본 적도 없고 영화사에 아는 연줄도 없고 심지어 몇 달째 직업을 찾을 생각도 하지 않는다면 그에게는 아무런 계획이 없다고 보아도 무방하다. 계획이 없는 남자는 두 가지 종류로 구분할 수 있다. 목표를 가지고 있지만 특별히 이룰 생각이 없는 남자와 애초에 목표도 없으면서 여자의 환심을 사려고 그럴듯하게 떠벌리는 남자. 둘 다 만나서는 안 될 남자라는 점에서는 마찬가지다. 물론 지금 당장 아무런 계획이 없는 남자라도 언젠가 정신을 차릴 가능성이 없는 것은 아니다. 하지만 굳이 그런 희박한 확률에 당신의 인생을 걸 필요가 있을까? 하늘에 달린 별을 따고 싶다고 말하는 남자를 만나면, 그가 가만히 누워 별이 떨어지기만 기다리는 사람인지 직접 추진기를 달고 하늘로 날아오를 사람인지 제대로 따져 보아야 한다.

질문 2. 당신의 장기적인 목표는 뭔가요?

10년 후 자신의 모습에 대한 비전이 확실한 남자는 미래를 내다보고 목표를 이루기 위해 확실한 계획을 세웠을 것이다. 이런 남자들은 미래에 대한 안목을 갖추었을 뿐 아니라 구체적인 실행 방법도 알고 있다. 당신이 던진 두 번째 질문에 "전 하루하루 열심히 살아가는 데 만족하고 있습니다." 따위의 대답을 내놓는 남자는 더 만날 가치가 없다. 단기적인 목표와 장기적인 목표가 다르지 않은 남자 또한 즉시 떠나야 한다. 그가 이렇게 대답하는 데는 크게 두 가지 이유가 있다. 그는 자신의 미래를 진지하게 생각하지 않고 있거나, 당신을 잠깐 즐기다 떠날 여자로 여기고 있기 때문에 자세한 인생 계획을 알려줄 마음이 없는 것이다. 미래에 대한 계획도 없거나 당신을 인생의 한 부분으로 여기지 않는 남자 옆에 굳이 붙어 있을 필요가 있을까?

당신이 조금이라도 시간을 투자할 대상은 계획을 세우는 남자, 그 중에서도 기꺼이 함께하고 싶은 인생 계획을 구체적으로 가지고 있는 남자다. 앞서 말했듯이, 남자는 언제나 계획을 세우는 생물이다. 나는 맨 처음 코미디언의 세계에 뛰어들었을 당시 5년 안에 주연 자리를 따내고 일주일에 2,500달러 이상을 벌겠다는 목표를 세웠다. 얼마 후 일주일에 2,500달러라는 목표 금액을 달성했을 때는 큰 성취감이 찾아왔지만, 여전히 주연 자리는 너무 멀게 느껴졌고 출연료를 더 올리고 싶다는 새로운 욕심도 생겼다. 이제 내 목표는 일주일에 최소 5,000달러에서 7,000달러를 벌어들이는 것으로 바뀌었다. 두 번째 목표를 이루기까지는 그로부터 8년이나 걸렸지만, 마침내 원하던 금액을 손에 넣게 된 뒤로는 그럭저럭 행복하게 지낼 수 있었다.

내가 신바드를 만난 것은 바로 그 무렵이었다.

신바드는 당시 버밍엄의 코미디 클럽 하나에서만 일주일에 5만 달러에서 7만 달러를 받으며 공연하는 거물급 코미디언이었다. 다시 말해, 그는 매일같이 하루에 만 달러 가까운 수입을 올리고 있었다. 나는 그를 롤 모델로 삼았다. 그의 성공은 내게 코미디언으로서 지금보다 더 높은 자리에 올라갈 수 있다는 희망을 주었고, 그 꿈을 이루기 위해 장기적인 계획을 세워야겠다는 자극도 주었다. 나는 가족들에게 안정적인 삶과 가장에 대한 자부심을 선사하려면 TV에 출연해야 한다는 판단을 내렸다. 그리고 TV를 통해 전국의 시청자들에게 웃음을 선사하는 내 모습을 상상하며 구체적인 계획을 세웠다. 이 목표를 이루기가 쉽지 않으리라는 사실은 분명했다. 방송용 녹화를 진행하는 코미디 클럽은 전국에 몇 개 없었고, 그곳에 입성하려면 단단한 연줄과 넓은 인맥이 필요했다. 나는 일단 그 목표를 이루기 위해 넘어야 할 산들을 하나하나 따져 보았고, 구체적인 계획을 실행하며 마침내 목표했던 것 이상을 이뤄냈다.

잠재적 연애 상대의 단기적인 목표와 장기적인 목표를 확인하면 당신이 어떤 종류의 인간과 얘기를 나누고 있는 중인지 확실히 알 수 있다. 목표와 계획조차 제대로 세우지 않은 남자에게 인생을 걸지 말라. 그런 남자 곁에 있다가는 언젠가 당신 또한 미래 없는 삶을 살게 될 것이다.

질문 3. 당신의 인간관계는 어떠한가요?

세 번째는 부모님이나 아이들과의 관계부터 하느님과의 관계까지, 남자의 전반적인 인간관계를 파헤치기 위해 던지는 질문이다. 당신은 그의 대답을 통해 그가 한 여성에게 헌신하는 연애 관계를 어떻게 생각하는지, 어떤 가정에서 나고 자랐는지, 어떤 남편이자 아버지가 될지, 종교에 대한 신념이 얼마나 깊은지 보다 구체적으로 확인할 수 있다. 이 모든 정보를 얻는 방법은 직접 물어보는 것뿐이다. 중요한 것은 진한 키스를 나누는 사이가 되기 전에 이 질문에 대한 답을 확인해야 한다는 것이다. 첫 데이트를 하기 전에 물어도 너무 이르지 않고, 직접 만나 묻는 것이 부담스럽다면 전화로 질문해도 상관없다. 우물쭈물하거나 초조해 할 필요는 전혀 없다. 이 정도 대화도 나누지 못할 사람과 앞으로 무슨 일을 함께 할 수 있겠는가? 만약 그가 즉시 제대로 된 대답을 내놓지 않는다면 뭔가 문제가 있다는 뜻이다. 이럴 때는 즉시 그를 떠나라.

가장 먼저 그의 가족관계가 어떤지 알아보아야 한다. 가족에 대해 어떻게 생각하는가? 한 여자와 가정을 이루고 살아갈 마음이 있는가? 아이들을 원하는가? 만약 당신에게 자녀가 있다면 이 단계에서 아이들의 존재를 솔직히 밝히고 그의 반응을 살펴라. 이것은 잠재적 연애 상대에 대한 배려인 동시에 아이들의 아빠가 되어줄 사람을 찾는 당신 입장에서도 반드시 거쳐야 할 과정이다. 만약 상대방이 당신과 달리 아이를 원하지 않는다면 사이가 더 깊어지기 전에 서로를 보내주는 것이 옳다(기억하라. 아이를 원하지 않던 남자가 한 여자를 진심으로 사랑하게 되었다고 해서 갑자기 마음을 고쳐먹을 가능성은 거의 없다). 심지어 당신이 이미 아이들을 키우고 있는 상황이라면, 애초에 아이를 갖고 싶지도 않은 남자와 행복한 관계를 만들어 나갈 가능성은 없다고 봐도 좋다.

다음으로는 어머니와의 관계를 확인해야 한다. 어머니는 남자가 태어나서 처음으로 함께 지낸 여자이므로, 어머니와 원만한 관계를 유지하고 있는 남자라면 여자를 존중하는 방법을 알 뿐만 아니라 미래의 아내와 가족을 책임지고 보호할 마음가짐을 갖추고 있을 가능성이 크다. 모든 사내아이는 기본적으로 어머니를 사랑한다. 남자는 어릴 때부터 어머니를 보호하고 부양해야 한다고 배우며 그녀를 통해 여성을 사랑하는 법을 기초부터 알게 된다. 어머니를 존중하지 않는 남자가 당신을 여자로서 **존중해** 줄 확률은 그렇게 높지 않다. 만약 그에게서 "어머니와의 관계요? 글쎄요…… 썩 잘 지내지는 못해요." 라는 식의 대답이 돌아온다면 지금까지 그와 주고받은 문자메시지를 지우고 깨끗이 돌아서라.

어머니 다음은 아버지에 대해 질문할 차례이다. 지금까지 아버지와 잘 지내왔다면 그는 가장이 반드시 갖춰야 할 덕목에 대해 들으며 자라왔을 것이다. 물론 나는 아버지 없이 자랐으면서도 진정한 남자가 되는 법을 알려 준 롤 모델이나 스스로의 깨달음을 통해 좋은 남편이자 아버지가 되는 방법을 터득한 남자들을 여럿 알고 있다. 이런 모든 가능성을 염두에 두고 그에게 아버지에 대한 질문을 던진다면 앞으로 그가 어떤 가장이 될지 어느 정도 가늠할 수 있을 것이다.

하느님에 대한 신념을 묻는 것도 반드시 필요한 과정 중 하나이다. 직설적으로 말하자면, 만약 당신과 사귀게 될 지도 모르는 남자가 하느님의 존재를 믿지 않고, 교회에 가거나 앞으로 갈 마음도 없으며, 앞으로 삶을 이끌어 줄 신념 체계를 가지고 있지 않다면, 그에게는 심각한 문제가 있는 것이다. 하느님이 아니라면 대체 어디서 삶의 지표를 얻는단 말인가? 하느님께도 헌신하지 않는 남자가 어떻게 한 여자에게 평생 신의를 지키겠는가? 하느님 앞에 떳떳하고자 하는 마음이 없다면 어떻게 아내와 아이들에게 부끄럽지 않은 삶을 살 수 있겠는가? 하느님의 도움 없이 어떻게 인생의 방향을 올바로 잡겠는가? 교회에 나가지 않거나 하느님을 믿지 않는다고 해서 그 남자와 데이트할 가치도 없다고 말하기는 어렵다. 하지만 근본적인 신념 체계가 일치하지 않는 사람과 만나다 보면 불행해질 가능성이 높다.

이어서 소개할 네 번째와 다섯 번째 질문은 남자와 몇 번쯤 데이트를 하고 진지한 대화를 나눈 후에 던지는 것이 좋다. 가장 이상적인 시기는 그에게 당신의 몸을 허락하기 전이며, 이미 그와 잠자리를 함께했다면 지금 당장 물어봐도 이상하지 않다. 그의 대답에 따라 마음에 상처를 입을 수도 있겠지만, 언젠가는 반드시 알게 되었을 진실이라고 생각하라.

질문 4. 나에 대해 어떻게 생각하나요?

몇 번쯤 데이트를 한 다음 네 번째 질문을 던져야 하는 이유는 그에게도 당신을 알아갈 시간이 필요하기 때문이다. 이 질문은 당신에 대한 그의 계획을 드러내 주고, 따라서 두 사람의 관계에 결정적 영향을 미칠 것이다. 데이트를 즐기며 많은 대화를 나누는 동안 그에 대해 어느 정도 알게 되었겠지만, 당신은 여전히 그가 이 관계를 어떻게 생각하는지 구체적으로 확인하고 싶을 것이다. 그리고 이 대답을 요구하는 것은 당신의 권리이다. 그가 접근해 온 이유는 당신에게 어떤 것을 느꼈기 때문이며, 당신은 상대방을 이끌리게 한 자신의 매력이 무엇인지 알아야 한다. 그는 당신의 눈이나 머릿결을 보고 다가왔을 수도 있고, 다리나 옷차림을 보고 말을 걸었을 수도 있다. 그냥 지나가던 길에 어쩌다보니 눈에 띄었다는 식의 대답은 말이 되지 않는다. 이미 몇 번 데이트를 했다면, 그는 처음 느낀 끌림을 떠나서 당신이 잠깐 즐기다 떠날 여자인지 진지하게 만나며 함께 미래를 그릴 여자인지 결정했을 것이다. 당신은 이 질문을 통해 그의 마음을 그 자리에서 확인할 수 있다.

그가 내놓는 대답을 주의 깊게 듣자. 나는 대부분의 남자들이 일단 비슷한 답변을 내놓을 것이라고 확신한다. "당신은 정말 괜찮은 여자야. 재미있고 사려 깊고 아름다운데다, 언젠가 아이들에게 좋은 엄마가 되어 줄 것 같아. 명랑하고 활발하며 똑똑하고 능력 있는 여자이기도 하지. 할 수만 있다면 당신과 미래를 함께하고 싶어." 그는 이런 식으로 당신이 듣고 싶어 하는 대답을 줄줄이 늘어놓을 것이다. 하지만 이것은 당신이 찾는 답이 아니다. 당신은 달콤한 사탕발림을 넘어서 그의 구체적인 마음을 알아내야 한다. 그의 첫 번째 대답을 들은 뒤에는 이렇게 후속 질문을 던지자. "사려 깊다는 칭찬을 해 줘서 정말 고마워. 혹시 내 어떤 행동을 보고 그렇게 생각했는지도 얘기해주면 안 될까?" 그런 다음 한 걸음 물러서서 그의 대답을 경청하라. 그가 구체적인 예를 들지 못한다면 깊은 생각도 없이 그저 듣기 좋은 말만 늘어놓았다는 뜻이다. 하지만 그가 "지난 번 우리 어머니 생신 때 당신이 내게 전화해서 축하 카드를 사야 한다고 알려 줬잖아. 그때 얼마나 감동했는지 당신은 모를 걸?" 이라고 말한다면 적어도 그 부분에 대해서는 진정성 있게 대답했다는 뜻이다. 당신이 좋은 엄마가 될 것 같다고 대답했다면 역시 어째서 그렇게 생각하는지 물어보고, 그 외에도 그가 내놓는 답변을 곧이곧대로 듣지 말고 정확한 이유를 확인해야 한다. 대답이 구체적일수록 그가 당신을 어떻게 생각하고 있는지 확인하기가 수월해진다. 당신의 후속 질문에 제대로 대답한다는 것은 그동안 당신의 이야기를 경청하며 당신과 진지한 관계로 발전해도 될지 고민했다는 뜻이며, 그가 최소한 당신과 비슷한 마음으로 이 관계를 바라보고 있다는 뜻이다.

질문 5. 나에 대해 어떻게 느끼나요?

이 질문을 네 번째 질문과 혼동하지 말자. '생각하는' 것과 '느끼는' 것은 엄연히 다르다. 한 달이나 데이트를 하고도 당신에 대한 느낌을 제대로 표현하지 못한다면, 그는 당신을 보며 아무 것도 느끼지 못한 것이다. 그는 단순히 당신에게 무언가를 원하고 있을 뿐이다. 처음에 당신을 어떻게 느끼느냐는 질문을 받으면 그는 당황하고 혼란스러워하며 제대로 된 대답을 내놓지 못할 것이다. "당신에 대한 느낌? 어…… 전에 말하지 않았던가? 내 생각에 당신은……." 그가 이렇게 우물쭈물한다면 대답을 자르고 당신의 의도를 정확히 알려 주자. "아니, 내가 원하는 건 그런 게 아니야. 나에 대한 생각이 아니라 느낌을 말해 주면 좋겠어." 이제 그는 이리저리 자세를 바꾸거나 머리를 긁적이거나 담배에 불을 붙일 것이다. 이런 행동들은 모두 대답을 회피하거나 듣기 좋은 답변을 궁리해내는 것을 들키지 않기 위한 수작이다. 하지만 당신은 어떻게든 진실한 대답을 이끌어내야 한다.

남자가 즉시 대답하지 못한다고 해서 화를 낼 필요는 없다. 그는 지금 감정 표현이라는 낯설고 불편한 상황을 마주하고 있다. 남자는 자신의 감정을 직시하거나 표현하는 일에 서툴다. 그는 지금까지 어머니와 아이들과 하느님에 대해 어떻게 생각하는지에 대해 성실히 대답했다. 하지만 이번 질문은 지금까지와 차원이 다르다. 남자의 DNA는 자신의 내면을 들여다보거나 누군가에게 시시콜콜 얘기하는 방식으로 만들어져있지 않다. 그렇다고 해서 이 질문을 포기해서는 안 된다. 당신은 그의 입을 통해 이런 대답을 들어야 한다. "당신과 떨어진 순간부터 당신이 그리워. 당신이 지금 뭘 하고 있을까 늘 생각하고, 당신이 나타나면 기분이 좋아져. 당신은 내가 지금까지 찾아 헤매던 바로 그런 여자야." 다시 말해, 그는 당신의 마음을 설레고 황홀하게 만들 대답을 내놓아야 한다. 남자가 자신의 마음을 고백하고 당신을 책임지며 미래를 함께하고 싶다는 뜻을 밝힌다는 것은 이미 당신에게 푹 빠졌을 뿐 아니라 당신과 진지하게 만날 가능성을 검토하고 있다는 뜻이다. 아직은 서로 깊이 사랑하는 사이가 아니라 해도, 조만간 그렇게 될 것이다. 이런 남자야말로 당신이 찾고 있던 사람이다.

반면 "당신은 정말 근사한 여자야." 등의 무성의한 대답은 더 들을 가치도 없다. 다섯 번째 질문을 던진 후 당신에 대한 그의 감정이 깊지도 진지하지도 않다는 사실을 알게 되었다면, 그와의 관계를 여기서 멈추는 것이 현명하다. 남자에게서 반드시 들어야 할 대답을 듣기 전까지는 무조건 가속페달을 밟는 대신 적당히 브레이크를 밟으며 속도를 조절할 필요가 있다.

남자들은 여자가 자신에게 이런 질문을 던지고 대답을 요구할 권리가 있다는 사실을 잘 알고 있다. 그가 진정한 남자라면 망설임 없이 솔직한 대답을 내놓을 것이다. 그 답변이 상대방의 마음에 들지 않을지라도 결코 거짓말은 하지 않는 것이 남자의 방식이다. 만약 그가 대답을 회피한다면 더 이상 그에게 시간을 낭비하지 말라. 아직은 그가 이 관계에 익숙해지지 않은 것 같으니 나중에 다시 한 번 물어보자는 식의 헛된 희망을 품어서도 안 된다. 이런 생각으로 관계를 이어나가봤자 언젠가는 그가 당신에게 맞지 않는 남자라는 사실을 깨달을 것이고, 결국 친구를 붙잡고 이렇게 하소연하는 길밖에 남지 않는다. "있잖아. 나 사실 그 사람하고 잤거든. 그런데도 아직 그가 무슨 생각을 하는지 잘 모르겠어. 나랑 결혼할 생각이 있는지도 확실하지 않고……." 스스로를 이런 상황에 던져 넣고 싶지 않다면 용기를 내서 질문을 던져라. 당신에게는 원하는 대답을 요구할 권리가 있다. 다음 장에서 자세히 설명하겠지만, 만남을 시작한 뒤 90일이 되기 전에 이 다섯 가지 질문에 대한 답을 모두 확인해야 한다.

만약 당신에게 지금 만나는 남자가 있다면, 그리고 아직 답변을 듣지 못한 질문이 있다면, 망설이지 말고 지금 당장 대답을 요구하라. 이것은 그가 당신에게 어울리는 남자인지 알아보기 위해 반드시 거쳐야 할 과정이다. 당신이 이미 대답을 알고 있다 하더라도 남자의 입으로 직접 듣는 것과는 다르다. 그와 평생을 함께하고 싶다면, 혹은 그와의 관계를 정리해야겠다고 생각하는 중이라면, 이 다섯 가지 질문에 대한 대답을 통해 그 생각에 대한 확신을 얻을 수 있을 것이다. 그의 답변 몇 마디는 당신이 앞으로 몇 년이 될지 모르는 시간을 그에게 허비한 뒤에야 깨닫게 될 가혹한 진실을 미리 알려줄 수도 있고, '이런 남자를 찾게 되어서 너무 기뻐.'라는 생각을 하게 만들어 줄 수도 있다.

남자는 기본적으로 자기 얘기를 좋아한다. 그런 의미에서 그는 당신의 물음에 선뜻 대답할 것이며, 동시에 그런 질문을 던지는 당신을 지금까지와 사뭇 다른 시선으로 바라볼 것이다. 물론 남자의 마음속에도 여자에게 같은 질문을 던지고 싶고, 그에 대한 대답을 확인하고 싶은 마음이 있다. 특히 상대방의 의도가 순수하지 못하다고 느낄 때는 더욱 그렇다. 이 다섯 가지 질문과 관련된 대화를 나누다 보면 그역시 당신에게 이 관계를 진지하게 발전시키고 싶은 마음이 있는지 여부를 알게 될 것이다. 예를 들어, 그는 단기 계획을 묻는 당신의 질문에 엔지니어가 되기 위해 야간 공과대학을 다니고 있다고 대답했고, 그의 대답을 들은 당신은 그 분야에서 일하는 친구를 몇 명 알고 있으니 도움이 되는 조언을 들을 수 있도록 만날 기회를 주선하겠다고 제안했다. 당신이 내민 도움의 손길을 본 그는 이렇게 생각할 것이다. "이렇게 기꺼이 도움을 자청하는 걸 보니 이 여자는 내 목표와 야망에 진심으로 관심을 보이는구나. 이런 사람이라면 내가 꿈을 이루는 데 힘이 되어줄 거야." 그 순간부터 그는 자신의 '꿈'에 당신의 존재를 포함하여 생각하기 시작할 것이다.

자, 이제 당신은 남자에 대해 충분한 정보를 얻었고 그가 당신의 이상형에 얼마나 부합하는지도 살펴보았다. 그의 단기적 목표와 장기적 목표에 함께할 수 있다는 결심이 섰는가? 그와 함께 가정을 꾸리고 아이를 낳아 기를 수 있다는 확신이 생겼는가? 그의 어머니와 좋은 관계를 유지할 자신감을 얻었는가? 그가 아이들에게 본보기를 보이는 아빠가 되어줄 거라는 희망을 보았는가? 하지만 남녀 관계란 언제나 양방향 도로와 같아서 한 쪽에서만 일방적으로 상대를 평가할 수는 없다. 당신이 교묘하고 구체적인 질문을 던지고 답변을 듣는 동안 상대방 또한 당신과의 대화를 통해 당신이 즐기다 떠날 상대인지 정착할 상대인지 신중히 판단하고 있을 것이다.

'90일 원칙'이
모든 것을 결정한다
• 당연히 받아야 할 존중을 포기할 이유는 없다 •

1977년은 정말 멋진 해였다. 당시 나는 클리블랜드에서 침실 두 개가 딸린 새 아파트를 얻어 살고 있었다. 아직 원하던 차를 손에 넣지는 못했지만 열심히 돈을 모는 중이었고, 포드 자동차 공장에 제대로 된 직장도 얻었다. 기본급만 해도 적지 않은데다가 야근 수당을 포함하면 그 전까지 꿈도 꾸지 못했던 목돈이 통장에 척척 쌓일 예정이었다. 하지만 그보다 더 나를 설레게 한 것은 포드 자동차에서 제공하는 의료보험 혜택이었다. 물론 보험 혜택을 받으려면 수습 기간을 마치고 정규직 계약서에 사인을 해야 했다. 포드 자동차는 입사 후 90일 동안의 수습 기간을 두고 있었으며, 그 동안에는 똑같이 출근해도 월급만 받을 수 있을 뿐 의료보험을 포함한 복지 혜택의 대상자가 되지는 못했다. 공장장은 90일의 수습 기간 동안 정시에 출근하고 업무에 열심히 임하며 상사의 지시를 따르고 동료들과 원만한 관계를 유지하는 등 자신이 쓸모 있는 인재라는 사실을 증명한 직원만이 무료로 치과 진료를 받고 각종 의료보험 혜택을 누릴 수 있다고 설명했다. 정규직 직원만 되면 안과 진료를 받는 데도 전혀 돈이 들지 않고, 장차 결혼을 하게 되면 아내의 안경을 맞추고 아이들의 아픈 이를 치료하는 비용까지 회사가 전부 책임져 줄 거라고 했다. 모든 가족 구성원이 회사의 의료보험 대상에 포함되기 때문이다.

나는 그 정책에 100% 수긍했다. 회사는 내게 높은 임금과 직장 의료보험 혜택을 줄 만한 인재라는 사실을 증명하라는 도전장을 내밀었고, 나는 남자답게 스스로의 가치를 증명하고 떳떳하게 보상을 받으리라는 도전의식을 불태웠다. 포드 자동차의 조건에 동의한 나는 망설임 없이 계약서에 서명했다. 90일 뒤 포드 자동차의 일원이 되고 싶다는 간절한 희망을 담아서.

첫 월급을 받던 날, 공장 감독관은 "여기 급여 수표네. 자네 정말 열심히 하더군."이라고 말하며 봉투를 내밀었다. 나쁘지 않은 액수였지만 나는 그때까지도 병원 예약을 하지 않았다. 만약 치통이 온다고 하더라도, 그 때문에 앞니를 몽땅 빼야 하는 한이 있더라도 90일이 지나 당당히 직장 의료보험 혜택을 받기 전까지는 절대 병원을 찾지 않을 작정이었다.

내게는 그것이 너무나 당연한 원칙으로 느껴졌다. 열심히 일해서 자신의 가치를 증명한 뒤 마음껏 혜택을 누린다.

이것은 포드 자동차뿐만 아니라 우체국이나 도로교통부를 포함한 정부 기관, 심지어 민간 기업에서도 일반적으로 적용하는 원칙이다. 당신이 가치 있는 존재라는 사실을 증명하면 혜택은 저절로 따라온다.

정부 기관도 민간 기업도 자신의 가치를 증명하기 전까지는 아무런 혜택을 주지 않는데, 어째서 여자들은 가치가 증명되지도 않은 남자에게 온갖 혜택을 퍼주려고 하는가? 여기서 말하는 '혜택'이 무슨 뜻인지는 굳이 설명할 필요 없으리라고 생각한다. 나는 그에게 상냥하게 대해주거나 직접 만든 요리를 대접하거나 데이트를 하거나 옷을 골라주거나 어머니를 소개해 주는 정도를 이야기하는 것이 아니다. 내가 말하는 혜택은 두 사람의 관계가 가까워짐에 따라 서로가 특별한 사람이 되었다는 징표로서 자연스럽게 하게 되는 행위이다. 혹시 아직까지도 감을 잡지 못한 독자들이 있을까봐 얘기해주자면, 나는 섹스 이야기를 하고 있는 것이다. 아직 만난 지 몇 주 밖에 안 된데다가 당신을 감동시키려는 노력도 제대로 하지 않은 남자에게 그런 혜택을 주는 것은 정말 바보 같은 실수이다.

당신은 이 남자를 모른다. 조금은 알지 몰라도, 필요한 만큼은 아니다.

서로에 대해 잘 모르는 것은 그 또한 마찬가지다.

그는 아직 자신의 가치를 제대로 증명하지 않았다.

그가 당신을 떠나 버릴 가능성은 언제든 존재한다.

그에게 버림받은 당신은 자기 자신을 탓하게 될 것이다.

과거를 한 번 돌아보라. 당신이 만난 지 90일도 되지 않아 잠자리를 함께 했던 남자는 지금 어디에 있는가? 나는 그가 당신 곁에 있지 않다는 데 내기를 걸 수도 있다. 물론 만난 지 얼마 되지 않아 섹스를 하고도 오랫동안 관계를 유지하는 경우가 있긴 하지만, 그럴 확률은 그다지 높지 않다. 대부분의 남자는 만난 지 얼마 되지도 않았고 자신의 가치를 증명하지도 않았는데 쉽게 잠자리를 허락하는 여자는 떠나고, 자신을 관찰하면서 신중하게 행동하는 여자에게 헌신을 맹세한다. 당신을 떠나간 남자가 정착한 여자는 그에게 처음부터 기준과 조건을 분명히 밝히고 규칙을 어기면 미련 없이 헤어지겠다는 뜻을 확실히 전했을 것이다.

그런 태도는 남자에게 진지한 느낌을 준다. 잠깐 즐기다 버리고 떠날 여자가 아니라는 인상을 주는 것이다. 이런 여자들은 자신이 특별한 것을 가지고 있으며, 그 특별한 혜택을 주기 전까지 상대방을 평가할 시간이 필요하다는 입장을 분명히 한다. 이때 여자의 기준과 조건을 기꺼이 받아들이는 남자야말로 평생 함께할 가치가 있는 사람이다. 그는 아무 여자들과 즐기고 다니는 데 관심이 없으며 단순히 '월급'만 받다가 떠나는 대신 정직원으로 승진하여 당당히 복지 혜택을 누리려고 할 것이다. 여자로서의 품위와 자존감을 지키며 연애를 하고 싶다면 이렇게 상대방의 의사를 존중하고 기다릴 줄 아는 남자를 만나야 한다.

'90일 원칙'을 활용할 때는 지혜로운 태도가 필요하다. 이 유예기간 안에 상대방을 제대로 판단하지 못한다면 결국 아무런 수확도 얻지 못할 것이다. 첫 90일 동안 당신은 그의 행동을 하나하나 꼼꼼히 관찰해야 한다. 약속시간에 늦지는 않는지, 늦게 귀가할 때는 미리 연락을 주는지, 당신의 친구들을 세심하게 챙기는지, 만약 당신에게 자녀가 있다면 아이들과도 잘 어울리는지 확인하라. 무엇보다도 그가 당신과 함께 미래를 그려나갈 만한 사람인지 따져 보아야 한다. 하느님이 주신 직감을 총동원해 그가 나쁜 남자인지 아닌지 판단하라. 그가 나쁜 남자라면 곳곳에서 증거가 나타날 것이다. 만난 지 3개월이 되도록 한 번도 집에 초대하지 않거나 휴대폰 외에 다른 연락처를 가르쳐주지 않거나 함께 있을 때 걸려오는 전화를 받지 않거나 목소리가 들리지 않게 조용히 받는다면 그에게 뭔가 떳떳하지 못한 구석이 있을 가능성이 크다. 하물며 다른 이성 친구들을 만나고 다닌다고 당당히 말하거나 다른 여자와 데이트를 하다가 당신에게 들키기라도 했다면 직감적으로 이 남자는 아니라는 느낌이 들어야 정상이다. 이런 성향은 90일 정도 그와 만나보기 전까지는 결코 눈에 띄지 않는다. 이유는 간단하다. 당신이 주는 '혜택'만 노리고 달려드는 남자들도 처음 얼마 동안은 좋은 모습, 가치 있는 모습만 보이기 위해 최선을 다하기 때문이다. 하지만 일단 원하는 것을 얻고 나면 숨겨왔던 본성이 드러나기 마련이다.

당신에게 다가온 남자를 90일 동안 충분히 관찰한 뒤 그가 당신에게 어울리는 남자인지 아닌지 결정하라. 당신에게는 진정으로 원하는 것을 얻을 권리가 있고, 조금의 인내만 있으면 그것을 손에 넣을 수 있다. 그 동안에는 다른 누구보다 당신 자신을 최우선순위에 두어야 한다. 혜택 제공은 잠시 보류하고 앞선 장에서 설명한 다섯 가지

내 남자 사용법

질문을 던진 뒤 당당히 존중을 요구하라. 높은 자존감을 지닌 사람은 자연스럽게 상대방에게도 그에 걸맞는 존중을 요구하게 된다. 남자가 '혜택'을 누릴 자격을 증명할 때까지 차분히 기다린다면, 당신은 침대 안에서도 밖에서도 더 좋은 남자를 손에 넣게 될 것이다. 그가 자신의 가치를 충분히 증명한 뒤에는 피크닉에서 샌드위치를 나눠주듯 아낌없이 혜택을 베풀어 주어라.

여기서 잠깐. 나는 지금 당신이 무슨 생각을 하는지 알고 있다. 당신의 머릿속에는 섹스를 거부하면 그가 다른 여자를 찾아 떠나가 버릴 것이고, 그렇게 되면 미처 이 남자를 알아갈 기회조차 얻지 못한 채 놓치고 말 거라는 불안감이 자리 잡고 있을 것이다. 어쩌면 그는 당신이 남자를 가지고 노는 여자라고 오해하며 기꺼이 잠자리를 허락해 줄 다른 여자에게 가 버릴 지도 모른다.

하지만 이런 생각은 틀렸다.

여자들이 이런 잘못된 생각을 하게 된 것은 순전히 남자의 계략에 걸려들었기 때문이다. 남자는 여자를 만나자마자 어차피 기다린다고 달라지는 것도 없으니 최대한 빨리 혜택을 제공하는 것이 효율적이라고 설득하기 시작한다. 내 말을 믿어라. 남자란 여자를 만난 지 5분도 되지 않아 상대방을 홀딱 벗겨놓고 섹스하고 싶다는 생각만 하는 존재이다. 남자가 이렇게까지 섹스를 원하고 좋아하며, 섹스를 위해서라면 무슨 짓이든 할 수 있다는 사실은 더 이상 비밀도 아니다.

하지만 이런 남자라도 진심으로 잡고 싶은 여자를 위해서라면 기다릴 수 있다. 물론 그가 욕구를 참지 못하고 다른 여자에게 가 버릴 가능성은 언제든 존재한다. 하지만 당신의 기준과 조건을 준수하지도, 당신의 감정과 요구를 존중하지도 않는 남자와 평생을 함께하고 싶은가? 당신이 갖고 있는 특별한 혜택을 좀 더 가치 있는 남자를 위해 아껴두고 싶지 않은가? 당신에게는 남자를 기다리게 만들고 그가 스스로 가치를 증명하도록 만들 힘이 있다. 그 힘은 당신이 생각하는 것보다 훨씬 강하다. 이런 식으로 생각해 보자. 여성과 섹스를 할 때, 남성에게는 아무런 결정권이 없다. 잠자리를 언제 할지 결정하는 것도, 언제 키스할지 결정하는 것도, 언제 서로를 껴안고 언제 놓을지 결정하는 것도 언제나 여자 쪽이다. 남자가 어깨가 아닌 신체 부위에 손을 댔을 때 그 손을 치울지 그대로 둘지 결정하는 것 또한 여자의 권리이다. 남자들이 할 수 있는 일이라곤 손을 치우지 말아달라고 여자를 설득하고 간청하는 것뿐이다. 하지만 여전히 결정권은 온전히 여자의 손에, 바로 당신의 손에 있다.

이것이 바로 진실이다.

역사에 등장하는 여자들은 이 힘을 사용해 나라를 무너뜨리기도 했다. 클레오파트라는 로마 제국을 멸망시켰고 이브는 모든 후손들의 삶의 방향을 완전히 바꿔 놓았다. 모든 여자는 그녀들과 같은 힘을 가지고 있으며, 당신 또한 예외가 아니다. 당신은 데이트 상대가 욕구를 참고 혜택을 기다리도록 만들 수 있다. 물론 90일이 될 때까지 남자에게 아무것도 해 주어서는 안 된다는 뜻은 아니다. 수습 기간 동안 복지 혜택은 누릴 수 없어도 월급은 꼬박꼬박 나오는 것이 정상이다. 포옹과 키스, 대화와 전화통화, 산책과 식사, 맛있는 아이스

크림을 함께 즐기는 시간은 얼마든지 제공해도 괜찮다. 당신이 시간을 내 주는 것 자체가 남자에게는 일종의 보상이다. 저녁 데이트를 위해 반짝이는 립글로스를 바르고 속눈썹을 아찔하게 올리고 탐스러운 머리를 땋거나 늘어뜨리고 섹시한 몸매를 적당히 드러낸 당신의 모습을 보는 남자의 마음이 얼마나 요동치는지 당신은 짐작도 못할 것이다. 당신을 사랑하는 남자에게는 당신의 시간을 온전히 차지한다는 것 자체가 만족하고도 남을 만한 월급이다. 아름다운 당신과 함께 있는 모습을 세상 사람들에게 자랑할 수 있다는 것은 보너스와도 같다. 이것이 바로 남자들이 수습 기간 동안 원하는 보상이다. 이 정도면 차고도 넘친다.

포옹은 월급이다.

키스는 월급이다.

데이트는 월급이다.

아름답게 차려입은 당신의 모습은 월급이다.

마음을 터놓은 이메일을 주고받는 것 또한 월급이다.

하지만 당신과 잠자리를 함께하고 아이를 낳고 가정을 꾸리는 것은 월급이 아니라 복지혜택이다.

그 혜택을 받고 싶은 남자라면 당연히 90일 안에 자신의 가치를 증명해야 하고, 그 동안 당신은 상대방을 자세히 관찰하는 수사관이 되어야 한다. 사실 이런 일들은 여자의 전공 분야나 다름없다. 여자들의 관찰 능력은 경찰보다 훨씬 뛰어나다. 드라마 〈CSI〉나 〈로앤오더〉에 나오는 수사 기법도 여자들의 수사 능력에 비하면 애들 장난처럼 보일 정도다. 당신은 마음만 먹으면 남자 본인도 몰랐던 그의 숨겨진 모습을 낱낱이 파헤칠 수 있다. 그렇다면 곧바로 작업에 착수하는 것이 효율적이지 않을까?. 당신의 임무는 이 남자가 어떤 사람인지, 당신이 주는 혜택을 받을 만큼 가치 있는 사람인지 알아내는 것이다. 지금부터 첫 90일 동안 반드시 확인해야 할 정보에는 어떤 것들이 있는지 하나씩 살펴보도록 하겠다.

사랑하는 여자가 도움을 요청할 때
그는 어떤 반응을 보이는가?

당신이 타던 차가 고장나거나 욕실 온수 히터가 말을 듣지 않거나 사춘기에 접어든 아이들의 반항을 통제하기 어려운 상황에 처했다고 치자. 그를 만나 데이트하는 동안에도 당신의 표정과 목소리에는 걱정이 뚝뚝 묻어난다. 만약 그가 이런 당신을 보며 "자기야, 혹시 무슨 일 있어?"라고 묻는다면 벌써 출발이 좋다. 그가 당신의 반응을 진지하게 살피고 무언가 평소와 달라졌다는 사실을 눈치 챘다는 뜻이니까. 하지만 당신이 "차가 고장났는데 수리 맡길 돈이 없어. 당장 내일 어떻게 출근해야 할지 걱정이야."라고 대답했는데 그가 내놓은 대답이 고작 "그래. 잘 해결되길 바랄게." 정도라면 그를 당장 혜택 제공 후보자 명단에서 지워 버려라. 그에게 수리비를 받아내야 한다는 뜻이 아니다. 당신은 그가 당신의 고민에 얼마나 진지하게 귀를 기울이는지, 어떤 태도로 고민을 해결해 주려고 노력하는지 확인해야 한다. 당신 차를 수리할 때까지 매일 아침 한 시간 일찍 일어나 직장까지 데려다 주겠다고 제안하는가? 직접 차 후드를 열고 어디에 이상이 생겼는지 살펴보려고 하는가? 지인이 운영하는 카센터에 연락해 저렴하게 수리를 받을 수 있도록 도와주는가?

진정한 남자는 사랑하는 여자가 곤경에 처했을 때 절대 그냥 지나치지 않는다. 고민에 빠진 당신을 모른척하거나 상황을 개선하기 위해 노력하지 않는 남자라면 당신이 주는 혜택을 누릴 자격이 없다. 반면 공구함을 가지고 차 밑으로 들어가 온몸에 기름때를 묻히면서 당신의 차를 고쳐주려 애쓰는 남자라면, 시원한 맥주 한 잔과 함께 정직원만이 누릴 수 있는 '복지 혜택'을 받을 자격이 충분하다.

그는 사랑하는 여자가 스트레스를 받을 때
어떻게 대처하는가?

최근 당신의 옛 남자친구가 전화를 걸어오기 시작했다. 그와 좋지 않게 이별했던 당신은 그의 반복된 연락이 두렵게 느껴졌고, 새로운 남자친구에게 이런 사실을 고백하며 어떻게 하면 그의 접근을 막을 수 있을지 모르겠다고 털어놓았다. 그가 당신의 '혜택'을 받을 수 있는 남자라면 즉시 사태 해결에 착수할 것이다. 그는 두 가지 임무를 부여받았다. 첫째, 전 남자친구가 더 이상 전화를 하지 못하도록 막는다. 둘째, 당신이 정신적인 안정을 되찾도록 돕는다. 어쩌면 그는 당신에게 "다음번에 그 자식이 또 전화하면 내가 한번 얘기해 볼게."라고 말할 지도 모른다. 조금 극단적인 반응일 수도 있지만, 어떤 남자들은 사랑하는 여자의 전 애인에게 직접 전화를 걸어 따끔한 경고를 날리기도 한다. 혹은 더 이상 전화를 받지 않을 수 있는 방법을 논리적으로 알려줄 지도 모른다. 옛 남자친구의 번호를 차단하거나 그 번호만 벨소리를 다르게 지정하거나 당신 선에서 할 수 있는 확실한 거절의 말을 알려줄 수도 있다. 지금 당신은 큰 스트레스를 받고 있고, 상황을 원만하게 수습할 수 있는 적절한 대응책이 필요한 상황이다. 이때 그가 "그건 당신 문제잖아. 내가 일일이 끼어들 수는 없지."라고 말한다면 그는 당신의 혜택 후보군에 들 자격도 없는 남자다. 당신은 살면서 스트레스 받는 상황을 수없이 마주할 것이며, 그럴 때마다 당신을 지탱해 줄 남자를 만나고 싶다면 90일 안에 그의 성향을 확인해야 한다. 괴로워하는 당신을 지켜주거나 해결책을 제시하는 남자는 당신을 자기 여자로 생각하고 있는 것이다. 특별한 혜택은 바로 이런 남자에게 제공해 주어야 한다.

사랑하는 여자의 슬픔을 어떻게 위로하는가?

당신과 정말 가깝게 지내던 친척이 갑작스레 세상을 떠났다. 당신과의 미래를 꿈꾸는 남자라면 어떻게 해서든 당신이 슬픔에서 벗어나 마음의 안정을 찾도록 도울 것이다. 얼마 동안 육아를 대신 해 주겠다고 제안할 수도 있고, 장례식에 함께 참석해 여러 가지 준비를 돕거나 당신의 가족들에게 조의를 표할 수도 있다. 미리 말해두지만, 남자 입장에서 볼 때 당신이 고인과 함께 보낸 어린 시절을 추억하며 수시로 웃다가 울기를 반복하는 자리에 함께 있기란 쉬운 일이 아니다. 남자는 그런 상황에 익숙하지 않다. 하지만 그가 진짜 남자라면 오직 당신의 눈물을 멈추게 해 주고 싶다는 일념으로 그 자리를 지킬 것이다. 남자는 사랑하는 여자가 우는 것을 그냥 지나치지 못한다. 만약 그가 당신을 제대로 위로해주지 않거나 당신의 기분을 낫게 해 주기 위해 진심어린 노력을 기울이지 않는다면 즉시 해고당해 마땅하다. 그에게는 수습기간을 통과한 사람들에게만 주어지는 복지 혜택을 받을 자격이 없다.

혜택을 누릴 자격이 있는 남자는 어떤 상황에서도 당신 곁을 떠나지 않는다. 당신이 직장에서 해고당하거나 예기치 못한 경제적 위기가 닥쳐 어려워 얼마간 카드대금을 갚지 못하게 되었다면, 그는 할 수 있는 모든 방법을 동원하여 당신을 도와 줄 것이다. 당장 상환해야 할 빚을 갚을 수 있도록 조금이나마 경제적 지원을 해 줄 수도 있고, 며칠에 한 번씩 식료품 장을 봐서 당신 집을 찾을 수도 있고, 자동차에 기름을 넣어 줄 수도 있다.

사랑하는 여자가 잠자리를 거부했을 때 어떤 태도를 취하는가?

이 질문에 대한 답이야말로 이번 장 전체를 꿰뚫는 핵심적인 정보이다. 다시 말해, 섹스를 제안했다가 거절당했을 때 그가 보일 반응은 당신이 그에 대해 알아야 할 모든 정보를 포함하고 있다. 거절 이후 더 이상 연락이 오지 않거나 예전보다 전화가 뜸해지고 데이트에서도 뜨뜻미지근한 태도를 보인다면, 그는 당신을 잠깐 즐기다 떠날 잠자리 상대로만 생각했던 것이다. 혹시라도 "섹스를 기다리라니, 그게 말이 돼? 당신이 아니라도 나랑 자 줄 여자는 얼마든지 있다고." 따위의 헛소리를 지껄인다면 더 이상 망설일 것도 없다. "그럼 그 여자들이랑 자도록 해." 라고 대답한 뒤 미련 없이 돌아서라. 하지만 당신의 거절에도 굴하지 않고 스스로 그 '혜택'을 받을 가치가 있는 사람이라는 것을 증명하기 위해 애쓰는 남자라면 진심으로 당신을 사랑하고 있다고 보아도 좋다. 물론 당신을 진심으로 사랑하는 남자 또한 섹스를 원하긴 마찬가지다. 이 사실을 오해해서는 안 된다. 그는 단지 자신의 욕구보다 당신의 기분과 속도를 배려하기 위해 노력하는 것뿐이다. 연애를 하면서 당신이 진정으로 원하고 필요로 하는 것을 얻고 싶다면 바로 이런 남자를 만나야 한다. 어떤가, 이런 연애를 해보고 싶지 않은가?

원하는 것을 손에 넣기 위해 당신이 해야 할 일은 아주 간단하다.

사실 90일은 결코 짧은 기간이 아니다. 이 기간 동안 잠자리도 없이 남자의 관심을 유지하기 위해서는 얼마간의 창의력을 발휘해야 한다. 지금부터 당신과 그가 첫 90일 동안 연애에 열정을 유지할 수 있도록 해주는 몇 가지 비법을 소개하도록 하겠다.

1 서로의 관심사를 확인할 수 있는 데이트를 하라. 예를 들어 사진을 좋아하는 남자를 만났다면 지역 박물관에서 열리는 사진 전시회를 찾아보자. 당신이 요리에 흥미가 있다면 함께 쿠킹 클래스를 듣는 것도 좋다.

2 가족이나 친구들과 함께 바비큐파티를 열어 그를 초대하라. 그가 진짜 괜찮은 남자라면 사랑하는 여자의 지인들을 기꺼이 만나려고 할 것이다.

3 함께 교회에 가자고 제안하라. 그의 신앙심을 확인할 수 있는 좋은 기회이다.

4 섹시한 라틴 댄스를 함께 배우며 관계를 한 단계 발전시켜라. 그에게 새로운 것을 배우려는 마음이 있는지도 확인할 수 있고, 리듬에 맞춰 몸을 흔들며 섹시한 매력을 어필할 수도 있다.

5 아이들을 데리고 공원으로 피크닉을 나가라. 그가 좋은 아빠가 되어줄 만한 사람인지 알 수 있을 것이다.

6 서로가 제일 좋아하는 가수의 콘서트에 함께 가라.

7 어린 시절로 돌아간 것처럼 오락실에 가서 게임을 해 보라.

8 서로가 처음 하는 일들에 함께 도전해 보라. 승마를 배우거나 야구 연습장에서 배트를 휘두르거나 같이 넘어지고 뒹굴면서 스케이트를 배우는 것도 좋다.

9 함께 봉사활동을 나가라. 무료 급식소에서 식사를 나눠주거나 보육시설에 가서 아이들에게 책을 읽어 주다 보면 그가 남을 돕는 따뜻한 마음을 가졌는지 확인할 수 있다.

10 스포츠카를 빌려서 드라이브를 하라. 드라이브는 긴 시간 동안 둘만의 나눌 수 있도록 해주는 멋진 데이트 수단이다.

11 조용한 장소에서 석양을 감상하라.

12 함께 보드게임을 즐겨라.

13 별빛이 가득한 하늘 아래 저녁 산책을 하라.

14 섹시한 내용을 담은 이메일을 주고받아 보라. 이런 장난을 싫어할 남자는 없다(그리고 그가 보내온 이메일을 보면 그의 글 솜씨까지 확인할 수 있을 것이다).

15 가장 좋아하는 책에서 가장 좋아하는 문단을 서로에게 읽어 주어라.

16 각자의 집에 좋아하는 DVD를 가져와서 함께 영화를 감상하라.

17 음반 가게에 가서 상대에게 좋아하는 음악을 들려주어라.

18 해변에서 모래성을 쌓기나 구슬치기처럼 유치한 게임으로 경쟁을 해 보라.

19 함께 코미디 쇼를 보러 가라. 상대방이 재미있어 하거나 불편해하는 포인트를 한눈에 알 수 있을 것이다.

그를 꼼짝못하게
하는 비법

세상에 여자가 없다면 이런 일들이 일어날 것이다.

남자들이 씻거나 면도를 하지 않는다.

남자들이 일을 하지 않는다.

티셔츠, 운동복, 양말 몇 켤레를 제외하고 남자들의 옷장에서 옷이 사라진다. 물론 부득이 집 밖으로 나가야 하는 사람이라면 운동화 한 켤레쯤은 가지고 있을 수 있다.

부엌에서 제대로 된 그릇과 채소를 볼 수 없게 된다. 기껏해야 일회용 접시 몇 개, 소시지, 피자 정도만 남아있을 것이다.

소파와 냉장고, 텔레비전을 제외한 모든 가구가 멸종한다. 아, 물론 리모컨은 반드시 필요하다.

스포츠 채널 한두 개만 남기고 모든 TV 프로그램이 사라진다.

휴가나 여행은 물론 필요 없다. 애초에 모든 남자들이 라스베이거스에서 지낼 테니까. 라스베이거스에는 도박과 담배, 골프, 스테이크, 스트립 클럽을 포함하여 남자들에게 필요한 모든 것이 갖춰져 있다. 술에 취해 하룻밤 실수를 저질렀다고 전전긍긍하는 대신 모두가 어젯밤 겪은 무용담을 자랑하고 다닐 것이다.

여자가 없다면 남자라는 생물은 정말로 단순무식한 삶을 살 것이다. 하지만 여자는 다르다. 여자들은 직장에서 하루 종일 일하고 집에 돌아오면 즉시 아내와 엄마 모드로 변신하여 모든 집안일을 척척 처리한다. 아이들을 키우고(그 아이들이 태어나는 데 일조한 남편의 도움을 받지 못하는 경우도 허다하다), 가족들에게 필요한 물건이 뭔지 혼자 결정하여 구매하고, 회사에서도 제 몫을 다하여 꼬박꼬박 월급을 받아온다(요즘은 남편보다 더 많은 수입을 올리는 여자들도 많다). 학창시절 그 어떤 남학생보다도 높은 성적을 올렸던 그녀들은 성인이 된 후에도 교회에서는 봉사를 주도하고, 아이들 학교에서는 학부모 활동에 최선을 다하며, 남편 혹은 연인의 마음을 어루만지고 용기를 북돋아 준다. 이것이 바로 평범한 여자 한 명이 해내는 일이다. 사실 남자들은 이런 여자들의 노력에 무한한 감사와 감동을 느끼고 있다(남자들이 이런 생각을 말로 표현하지 않는 것은 단순히 쑥스럽기 때문이다).

하지만 남자가 여자에게 꼼짝 못하는 이유는 여자가 모든 일을 해내는 능력 있는 존재라서가 아니다. 남자가 생각하는 여자의 진정한 힘은 그녀가 여자라는 사실 그 자체에서 나온다. 남자들이 당신의 마음을 사로잡고 당신 곁에 있기 위해 안간힘을 쓰는 것은 당신이 여자이기 때문이다. 남자들이 아침마다 졸린 눈을 비비며 출근 준비를 하는 것은 세상에 여자가 있기 때문이다. 그들이 번듯한 직장을 구하고 열심히 일해서 돈을 버는 것도, 멋진 차를 사는 것도, 멋진 옷을 차려입고 향수를 뿌리고 단정하게 머리를 깎는 것도 모두 여자라는 존재 때문이다. 남자들은 오직 조금이라도 더 괜찮은 여자를 만나기 위해 이 모든 노력을 기울인다.

여자를 얻는 것이야말로 남자들이 가진 궁극의 목표이다.

여자인 당신의 귀에는 지금부터 내가 하려는 말이 썩 반갑게 들리지 않을 것이다. 하지만 나는 이 장에 담긴 내용이 모두 사실이며 오직 여자들의 행복을 위해 제공하는 조언이라는 얘기를 꼭 하고 싶다. 역사의 어느 시점에선가 여자들은 연애의 진실을 보는 안목을 잃어버렸다. 물론 사태가 이렇게 된 데에는 남자들의 책임이 크다. 남자들은 여자를 좀 더 쉽게 차지하기 위해 여자가 남자에게 그다지 중요한 존재가 아니라는 거짓 정보를 사방에 퍼뜨리고 다녔다. 그 결과 우리 어머니와 할머니 세대는 딸들에게 공부를 열심히 해서 좋은 대학에 가고, 번듯한 직장을 잡아 스스로 돈을 벌며 독립적으로 사는 것이 최고의 행복이라고 열심히 가르치게 되었다. 그녀들은 딸이 제대로 된 연애를 하는 것보다 혼자서도 살 수 있는 강한 여자가 되는 것이 더 나은 일이라고 철석같이 믿었다. 심지어 TV 프로그램과 광고, 블로그를 포함한 각종 매체들은 여자들이 밥을 굶고 하이힐을 신고 허리를 조이고 할리 베리Halle Berry나 비욘세Beyonce처럼 꾸미지 않으면 남자를 얻을 수 없는 것처럼 떠들어대고 있다. 사실 모든 여자에게는 자신만의 매력이 있다. 세상에 할리 베리 같은 여자는 할리 베리 뿐이고, 비욘세 같은 여자는 비욘세 뿐이다. 하지만 미디어 업계는 이 사실을 알면서도 무시한다.

이유야 어찌됐든, 남자들은 여자들이 한때 가지고 있었던 특별한 무언가를 더 이상 발견할 수 없게 되었다. 이 무언가야말로 여자를 더욱 아름답게 만들어 주고 그녀의 곁에 있는 남자를 더욱 남자답게 만들어 주는 원천이었다. 앞에서 설명했듯이, 남자는 선언하고 제공하고 보호하는 방식으로밖에 사랑을 표현하지 못한다. 만약 어떤 여자가 경제적 능력은 물론이고 안락한 집과 멋진 차와 최신 경비 시스템과 늠름한 경비견과 호신용 권총까지 스스로 갖춰놓았다면, 이것은 확성기에 대고 남자가 필요 없다고 선언하고 다니는 것과 다를 게 없다. 아무 것도 필요 없는 여자에게 남자가 뭘 해 줄 수 있단 말인가?

부디 내 말을 오해하지 않길 바란다. 나는 남자가 능력 있는 여자를 싫어한다고 말하는 것이 아니다. 여자들에게 집과 차와 경비 시스템과 경비견과 권총을 가질 권리가 있다는 사실을 모르는 사람은 없다. 하지만 당신이 그렇게 모든 것을 가지고 있다면 당신을 사랑하는 남자 입장에서는 당신을 보살피고 보호할 능력을 증명할 길이 전혀 없다. 스스로 진정한 남자라는 자신감을 느끼지 못하는 한, 그는 당신이 자기 여자라고 세상에 선언할 용기를 낼 수 없을 것이다. 제대로 된 연애 관계는 당신이 학교와 직장에서 이뤄낸 그 어떤 성과보다 중요하다. 적어도 남자의 DNA는 그 반대가 가능하다는 사실을 절대 인정하려 들지 않을 것이다. 조금 더 직접적으로 말하자면 이렇다.

남자는 여자가 자신을 필요로 할 때 비로소 자신이 진짜 남자라는 기분을 느낀다. 사랑하는 사람에게 뭔가를 제공해 줄 수 있다는 생각이 들 때 남자는 비로소 인생의 의미를 찾고 자신감을 얻는다.

나는 지금까지 "나는 남자 자존심을 세워 주자고 연약한 척하는 걸 용납할 수 없어. 내가 가진 돈과 성공을 감당하지 못할 남자라면 차라리 만나지 않는 게 나아!"라고 말하는 여자를 여러 명 보았다. 하지만 남자들이 강하고 독립적인 여자를 감당하지 못한다는 것은 그녀들의 착각이다. 사실 남자들을 낳고 기른 것은 바로 그 '강한 여자들'이다. 여자는 남자가 한 집안의 가장이라고 믿게 만들면서 집안일과 아이들에 대한 실질적인 결정권을 모두 쥐고 흔든다. 누가 돈을 더 많이 벌어오든 결국 가정의 경제권은 여자의 손에 있다. 남자들 중에서 말다툼을 할 때 결국 여자에게 져 주지 않으면 평화가 찾아오지 않는다는 것을 모르는 사람은 없다. 남자들은 이 모든 사실을 당연하게 받아들인다. 하지만 만약 그녀가 남자의 자존심을 지켜주지 않거나 남자의 존재가 반드시 필요하다는 사실을 확인시켜 주지 않으면서 권리만 주장한다면 어떻게 될까? 그는 그녀와의 관계를 애써 지속할 의욕을 잃어버리며, 그 원인을 그녀의 능력에서 찾기 시작한다. '그녀는 혼자서도 많은 수입을 올리니까 내 도움 따위는 필요 없나 봐.' 혹은 '혼자서도 장정을 쓰러뜨리는 무술 유단자가 왜 나를 필요로 하겠어?'라고 생각하는 것이다. 이렇게 사랑을 완성시키는 세 가지 조건 중에서 두 가지(제공과 보호)를 빼앗긴 남자는 그녀를 사랑한다고 선언할 용기를 잃어버린다. 남자로서의 능력을 증명할 기회조차 주지 않는 여자에게 사랑을 고백할 남자는 없다. 이런 관계의 결과는 뻔하다. 남자는 그녀와 잠자리만 한 뒤 도망가 버릴 것이다.

받아들이기 힘들겠지만, 이것이 진실이다.

나는 젊은 시절 진심으로 사랑한다고 믿었던 여자와 연애를 한 적이 있다. 당시 나는 대학을 중퇴하고 직장도 그만둔 채 코미디언의 세계에 막 발을 들인 참이었다. 그녀는 내게 여러 방면으로 큰 도움을 주었고, 심지어 경제적으로 쪼들리던 나를 지원해 주기까지 했다. 물론 나는 집안일을 도맡아 하는 등 부족한 경제적 능력을 벌충하기 위해 할 수 있는 모든 일을 다 했다. 남녀가 함께 하다 보면 언젠가 반드시 고난을 겪게 된다. 중요한 것은 고난 속에서도 두 사람의 균형을 잃지 않는 것이다. 결혼 서약에 '기쁠 때나 슬플 때나'라는 조건이 달려 있는 것은 우연이 아니다. 주례가 모든 사람 앞에서 신랑 신부에게 결혼 서약을 시키는 이유는 두 사람에게 언젠가 시련이 닥쳐올 것이라는 사실을 알고 있기 때문이다. 함께하다 보면 둘 중 한 사람이 병에 걸리거나 일시적으로 직장을 잃거나 경제적 위기에 빠지는 등의 상황을 겪을 확률이 그렇지 않을 확률보다 훨씬 높다. 고난을 극복할 수 있을지 여부는 그 사태의 심각성보다 두 사람이 어떻게 함께 극복하려고 노력하는지에 달렸다.

내 친구 부부 또한 그러한 시련을 겪은 적이 있다. 어느 날 두 사람은 함께 장을 보러 나갔고, 고기며 채소, 과일, 음료수 등 가족들에게 필요한 음식으로 카트를 가득 채우다가 문득 파인애플 주스 앞에 멈춰 섰다. 참고로 내 친구는 파인애플 주스라면 사족을 못 쓰는 녀

석이다. 두툼하고 육즙이 가득한 스테이크보다 파인애플 주스가 더 좋다고 말할 정도이니 더 무슨 설명이 필요할까. 장을 보는 내내 자신을 위한 물건을 전혀 고르지 않았던 친구는 무심코 파인애플 주스 한 병을 집어 카트에 넣었다. 그 순간 그의 아내가 휙 돌아서더니 카트에 담겨 있던 파인애플 주스 병을 집어 들었다. "이게 뭐야?" 그녀가 물었다.

"파인애플 주스잖아." 그가 아무 생각 없이 대답했다.

"이게 왜 여기 들어 있는 거지?"

"글쎄, 내가 넣었으니까." 이 시점부터 그는 약간의 혼란을 느끼기 시작했다. 지금 여기에는 우리 두 사람뿐인데, 내가 아니면 누가 그 주스를 넣었단 말인가?

"당신은 돈도 못 벌잖아." 그녀가 기계적인 음성으로 쏘아붙였다.

뒤이어 그녀는 내 친구가 상상도 못했던 행동을 했다. 손에 들고 있던 주스 병을 바닥에 집어 던진 것이다. 주스가 담긴 유리병은 큰 소리를 내며 산산조각 났고 샛노란 액체가 두 사람의 발밑을 적셨다. 그녀는 그 모습을 힐끗 보더니 그대로 카트를 밀고 가버렸다. 유리조각과 주스로 얼룩진 마트 복도에 남편을 내버려 두고서.

내 친구는 상황을 정리한 뒤 마트 밖으로 나와 아내를 기다렸다. 그리고 잠시 후 아내가 계산을 마치고 가져온 식료품들을 트렁크에 실었다. 그의 눈에는 눈물이 가득 차 있었다. 그가 얼마나 깊은 마음의 상처를 입었는지 당신은 상상도 하지 못할 것이다. 그 역시 자기가 돈을 벌지 못한다는 사실을 잘 알고 있었다. 하지만 그가 파인애플 주스 한 병을 원했다는 이유로, 그의 아내는 남편을 전혀 남자로 생각하지 않는다는 의미가 담긴 행동을 망설임 없이 했다. 그녀는 남편이 제공자로서의 의무를 다하지 못한다는 사실을 확인시켜 주는 것을 그의 자존심을 지켜주는 것보다 더 중요하게 생각했던 것이다. 물론 그녀에게는 남편에게 가족을 제대로 부양해 달라고 요구할 권리가 있다. 하지만 만약 그녀가 남편을(혹은 남자라는 생물을) 정확히 이해하고 있었다면, 그의 자존심을 짓밟는 행동이 그를 변화시키는 데 아무런 도움도 주지 못한다는 사실을 알았을 것이다. 그녀가 그날 보인 모습은 내 친구의 마음을 완전히 돌아서게 만들었다.

실제로 그는 얼마 안 가 그녀를 떠났다.

자신보다 경제적으로 능력 있는 여자를 만나다가 대놓고 무시당한 남자라면 대부분 비슷한 결정을 내릴 테고, 여자들 또한 이러한 사실을 알고 있을 것이다. 남자들이 부유하거나 성공한 여자 앞에서 정말로 위협감을 느낄까? 물론이다. 그들은 '제공자'라는 남자 본연의 역할을 빼앗길까봐 두려워한다. 우리 사회는 남자에게 사랑하는 여자를 보살피고 보호해야 한다고 가르치며, 여자들에게는 그러한 역할을 제공해줄 수 있는 남자를 만나라고 가르친다. 아직 젊은 남자들 중에는 진정한 남자가 무엇인지도 모른 채 겉으로만 남자 행세를 하고 다니는 친구들이 있다. 그들은 이 여자 저 여자 만나고 다니는 것을 자랑으로 삼고, 필요도 없는 물건들을 마구 사들이며, 지성보다 근육이 남자다움의 상징이라고 믿는다. 하지만 대부분의 남자들은 나이를 먹고 철이 들면서 사랑하는 사람에게 필요한 것을 제공할 수 있는 능력이야말로 진짜 남자의 증거라는 사실을 깨닫는다. 진정한 남자라면, 설령 현재 그가 교도소에 갇혀 있는 상황이라 하더라도 "여기서 나간다면 가장 먼저 제대로 된 직업을 구해서 가족들을 먹여 살리고 싶습니다. 그게 제 유일한 소원이에요."라고 말할 것이다. 이것이 바로 대부분의 남자들에게 언젠가 찾아오는 깨달음이다. 물론 개중에는 평생 철없이 굴다가 홀로 외롭게 죽는 바보들도 있다. 하지만 일반적인 남자들은 어른이 되고 철이 들면서 평생 사랑할 여자 한 명을 만나 보살펴 주는 것이야말로 진정한 남자의 의무라는 사실을 알게 된다.

남자는 여자가 필요로 하는 것을 제공해야 한다고 배웠고, 여자는 필요한 것을 제공해줄 남자를 만나라고 배웠다. 이 질서가 무너진다면 남녀 관계에 위기가 찾아올 수밖에 없다. 여자가 남자의 자존심을 면전에서 짓밟는다면 두 사람의 문제는 지금까지와 전혀 다른 방향으로 나아가게 된다. 남자는 제공자의 의무를 다하지 못한다는 죄책감에 괴로워하고, 여자는 남자의 자존심이 자신의 행복을 가로막는다고 느끼기 시작한다. 결국 두 사람은 그 관계에 관련된 모든 사람들을 불행하게 만든 뒤 남남으로 돌아설 것이다.

어떻게 하면 이러한 위기를 현명하게 극복할 수 있을까?

당신은 돈도, 직업도, 학력도, 자존심도, 품위도, 아무 것도 포기할 필요 없다.

그저 '여자답게' 행동하기만 하면 된다.

벌써 사방에서 경찰차 사이렌 저리가라 할 정도로 커다란 콧방귀

소리가 들려온다. 팔짱을 끼고 눈썹을 치켜세운 채 이 페이지를 흘겨보는 시선도 느껴진다. 하지만 당신이 아무리 화를 내고 현실을 외면해도, 사랑하는 여자를 책임지는 것이 남자의 본능이라는 사실은 변하지 않는다. 본능 앞에서는 그의 배경도, 경제적 능력도, 사회적 지위도 아무런 의미가 없다. 내 조언을 받아들이든 받아들이지 않든 그것은 당신의 자유이다. 하지만 괜찮은 남자를 차지하는 것은 결국 진실을 받아들이고 남자의 자존심을 지켜주는 여자가 될 것이다. 자, 당신은 괜찮은 남자를 만나고 싶은 마음이 없는가?

만약 있다면, 지금부터 내가 하는 말을 새겨 들어라.

당신에게 TV 하나쯤 너끈히 들어 옮길 힘이 있다는 사실은 남자들도 잘 안다. 하지만 그런 일은 남자에게 맡겨 두자. 그냥 너무 무거워서 들 수가 없다고 말하라. 그건 남자들의 전문 분야니까.

당신에게는 자동차 문을 충분히 열 수 있을 만큼 멀쩡한 팔이 달려 있다. 나도 안다. 하지만 당신의 역할은 남자가 당신을 위해 차 문을 열어주면서 귀부인처럼 대접하도록 만드는 것이다. 만약 그가 알아서 문을 열어주지 않고 냉큼 운전석에 올라탄다면, 자신의 실수를 깨닫고 다시 나와 문을 열어 줄 때까지 차 밖에서 조용히 기다려라. 차 문을 여는 것은 남자들의 몫이다.

당신에게 밥 한 끼 사고도 남을 만큼의 경제적 능력이 있다는 것은 남자도 안다. 하지만 식사가 끝나면 자리에 앉아 그가 계산을 할 때까지 기다려라. 그에게 사랑하는 여자를 위해 데이트 비용을 낼 기회를 주는 것이다.

당신에게는 무엇이든 해낼 능력이 있다. 혼자서 쓰레기를 버리거나 벽에 못을 박아 그림을 걸거나 마트에서 공구를 사다가 막힌 싱크대를 뚫는 것쯤은 식은 죽 먹기일 것이다. 하지만 부디 그런 일들은 남자에게 부탁하라. 입술에 손가락을 얹고 어쩔 줄 모르겠다는 표정으로 서 있기만 하면 그가 나서서 모든 문제를 처리해 줄 것이다. 당신은 작업이 끝난 뒤 "자기야, 정말 고마워. 당신이 없었다면 정말 큰일이었을 거야." 라고 말하며 그를 추켜세워 주기만 하면 된다.

남자들은 대부분 자신을 필요로 하는 여자 앞에서 더 나은 모습을 보이기 위해 노력한다. 물론 우리는 여자들이 남자 못지않은 능력을 가진 21세기를 살고 있다. 하지만 당신도 언젠가는 강하고 독립적이지만 외로운 삶과 '여자답게' 행동하면서 사랑하는 남자와 함께하는 삶 중에 하나를 선택해야 할 것이다. 여자들은 필요한 모든 역할을 척척 해낸다. 그런데 어째서 남자의 자존심을 지켜주는 역할만은 그렇게까지 하지 않으려는 것일까? 조금만 신경을 쓰면 원하는 것을 전부 손에 넣을 수 있다는 사실을 알면서도? 장기적으로 봤을 때 여자다운 행동은 당신에게 긴장할 필요 없는 삶을 선물할 것이다. 도대체 왜 그런 기회를 발로 차 버리려 하는가? 힘든 일도 아니고, 목숨을 위협하는 일도 아니다. 사랑하는 남자에게 그가 필요하다고 말해 주고, 그의 도움에 감사한다고 말해 주어라. 그러면 그는 당신이 원하는 모든 것을 이루어 줄 것이다.

여기서 나와 내 아내의 경험담을 들려주겠다. 우리는 하루에도 몇 번씩 서로를 칭찬하며, 단 하루라도 칭찬을 거르고 넘어가는 날이 없다. 얼마 전 아내가 급한 볼일 때문에 내게 아이들을 맡기고 외출한 적이 있었다. 본래 우리 집에서 아이들을 돌보는 것은 내 역할이 아니다. 못할 일은 아니지만, 한바탕 아이들 뒤치다꺼리를 하고 나면 나는 다른 일을 전혀 하지 못할 만큼 녹초가 되어 버린다. 그날 저녁 집에 돌아온 아내는 익숙하지 않은 육아에 지쳐 나가떨어진 내 얼굴을 보며 부드러운 목소리로 이렇게 말했다. "여보, 아이들을 잘 챙겨줘서 너무 고마워. 당신은 세상에서 제일 좋은 아빠야." 그 순간 나는 모든 피로가 날아갈 정도로 큰 보람을 느꼈고, 그녀가 부탁하지 않은 몫의 육아까지 나서서 도맡았다. 아내가 남은 집안일을 마무리하는 동안 아이들이 그녀를 방해하지 못하도록 최선을 다해 돌보겠다고 말한 것이다. 만약 아내가 내게 감사 표현을 하지 않았다면, 나는 해야 할 일도 휴식도 포기한 채 육아를 떠맡은 상황 때문에 심기가 불편했을지도 모른다. 하지만 그녀의 칭찬 한마디는 내가 아이들을 돌봐야 하는 이유를 알려주었고, 동시에 절대로 이 여자를 놓쳐서는 안 된다는 확신을 다시 한 번 심어주었다.

남자의 자존심을 지켜주고 감사한 마음을 표현하는 것이야말로 그가 가진 잠재력을 최대로 이끌어내는 방법이다. 그리고 감사를 표현하는 가장 좋은 방법은 그의 앞에서 여자답게 행동함으로써 그가 남자답게 행동할 수 있는 기회를 주는 것이다.

자, 나는 여자답게 행동하는 기술을 전혀 모르는 여자들이 많다는 사실을 알고 있다. 하지만 몇 가지 요령만 터득한다면 누구나 어렵지 않게 해낼 수 있다. 지금부터 사랑하는 남자의 눈에 여자답게 보일 수 있는 가장 기본적이고 중요한 요령을 몇 가지 소개하도록 하겠다. 장담하건대, 만약 그가 진정한 남자라면 당신의 이런 행동 앞에서 가진 모든 것을 내어줄 것이다.

여자답게 데이트하는 법

- 남자에게 가고 싶은 장소를 직접 얘기하지 말라. 당신이 좋아하는 음식이나 분위기를 전달한 뒤 그가 당신의 취향을 고려해 데이트 장소를 고르도록 유도하라.
- 나서서 운전대를 잡지 말라. 가고 싶은 곳까지 데려다 달라고 부탁하라.
- 각자 계산하자는 말을 꺼내지 말라. 식사 계산 정도는 그에게 맡기자.
- 자고 가라는 제안을 먼저 하지 말라. 당신의 역할은 굿나잇 키스까지다. 당신의 '선물'을 받기 위해 어떤 노력을 해야 할지는 그가 스스로 생각해야 할 영역이다(물론 일단은 90일 동안의 관찰 기간을 거쳐야 한다).

집에서 여자다운 모습을 보이는 법

- 자동차나 싱크대, 변기 수리를 맡아서 하지 말라. 이것은 남자의 역할이다.
- 쓰레기 버리기, 페인트칠, 잔디 깎기도 그에게 맡겨라. 이것 역시 남자의 역할이다.
- 무거운 물건은 절대 들지 말라. 남자의 근육은 소파와 텔레비전, 책장을 옮기라고 달린 것이다.
- 요리를 두려워하지 말라. 주방은 당신과 당신의 남자 모두의 친구이다.
- 매일같이 목이 늘어난 티셔츠 차림으로 잠자리에 드는 것은 피하라. 섹시한 속옷은 누구도 해치지 않는다.

프러포즈를 원한다면
해야 할 일

남자는 지금 만나는 여자가 궁극적으로 바라는 것이 무엇인지 알고 있다. 그녀는 그가 손가락에 끼워 줄 반지를 기다리고 있다.

그는 자신이 무엇을 원하는지도 잘 알고 있다. 그는 그녀를 원한다.

이 정도면 그가 당장 귀금속 매장에 달려가서 아름답고 큼직한 다이아몬드 반지를 산 뒤 연인 앞에 한쪽 무릎을 꿇고 "나랑 결혼해 줄래?" 라고 고백한다 해도 이상하지 않은 상황이다. 그래미상 수상자인 가수 씰Seal이 수퍼모델 하이디 클룸Heidi Klum에게 청혼할 때 썼던 방법을 참고해도 좋을 것이다. 씰은 연인에게 결혼 승낙을 받기 위해 해발 4200m의 설원에 이글루를 지어 그 안에서 프러포즈를 했다.

하지만 그녀의 남자는 도무지 청혼할 생각을 하지 않는다.

게다가 하는 행동으로 봐서는 조만간 청혼할 생각도 없어 보인다.

하지만 그녀는 기다린다. 기다리고 또 기다린다.

당신 또한 주변에서 이런 이야기를 한 번쯤 들어보았을 것이다. 사랑에 빠진 여자들은 연인에게 평생 함께할 단 한사람이 되어 달라는 말을 듣고 싶어 한다. 그녀들은 사귀는 남자에게 아내의 역할을 해 주면, 다시 말해 그를 정신적으로 지지해 주고 잠자리를 함께해 주고 하루에도 몇 번씩 사랑을 고백하고 다른 남자를 쳐다보지도 않으면, 그가 자신을 운명의 짝으로 인정해 줄 것이라고 믿는다. 그녀들은 그와 함께 살거나 그의 아이를 낳아 줄 만반의 준비를 갖추고 있으며, 그의 어머니나 여자 형제들과 가까운 관계를 유지하고 그가 원하고 필요로 하는 모든 것을 기꺼이 갖다 바친다.

이쯤에서 '기다리다 늙어가는 여자'라는 닉네임으로 '스트로베리 레터'에 사연을 보내 온 한 청취자의 사연을 읽고 넘어가자. 그녀는 자신이 3년 내내 연인의 프러포즈를 기다리다가 완전히 지쳐 버린 만 31세의 싱글 여성이라고 소개했다.

그는 제게 사랑한다고 말하고, 자신의 아이를 낳아달라고 말해요. 아직 결혼은 하지 않았지만 아이를 가지려면 서두르는 게 좋을 것 같아서 작년부터 임신 시도를 했는데 아직까지 한 번도 성공하지 못했죠(지금 생각해 보면 이게 그와 헤어지라는 계시였던 것 같기도 해요). 문제는 그가 한 여자에게만 헌신하는 관계에 얽매이고 싶지 않다면서 결혼은커녕 약혼조차 하지 않으려고 든다는 거예요. 저는 이 남자를 만나는 내내 제가 그의 전 여자 친구들과 다르다는 것을 보여 주기 위해 노력했어

요. 그가 크게 다쳤을 때도, 직장을 그만뒀을 때도, 아버지가 돌아가
셨을 때도, 몇 달 동안 백수로 지낼 때도 언제나 곁을 지켰죠. 지금 이
순간에도 육체적으로, 경제적으로 그에게 힘이 되어 주기 위해 애쓰
고 있는 걸요. 저는 아이를 낳아 달라는 말 한마디만 믿고 지금까지
그에게 매달려 있었어요. 이 사람 말고는 제게 달리 그런 말을 해 줄
사람도 없을 것 같았고요. 제가 바보처럼 구는 건가요? 그냥 이 사람
이랑 헤어지는 게 옳은 선택일까요?

　　이 사연의 주인공을 포함하여 수많은 여성들이 사랑하는 남자를
위해 모든 것을 바친 후에도 그토록 원하는 단 하나의 약속을 받지 못
해 괴로워한다. 지금부터 그녀들을 위해, 그리고 당신을 위해 내가
그 이유를 설명해 주겠다. 당신의 남자가 청혼을 하지 않는 이유는
크게 세 가지로 분류할 수 있다. 첫째, 그는 유부남이다. 둘째, 당신은
그가 정말로 원하는 사람이 아니다. 셋째, 당신이 그에게 구체적인
결혼 요구를 하지 않았다. 이 중에서도 세 번째 이유는 당신이 정말
로 듣고 싶지 않은 대답일 것이다.

　　나는 지금 이 순간에도 비슷한 문제로 괴로워하는 여자 친구를 둔
남자를 몇 명 떠올릴 수 있다. 그 중 한 커플은 이미 몇 년이나 데이트
를 했고, 여자가 예기치 못하게 임신을 하게 된 상황이었다. 이미 싱
글맘으로 아이 한 명을 키우고 있던 그녀는(그녀에게는 이혼한 전 남편과의
사이에서 얻은 아들이 있다) 홀로 두 명의 아이를 키울 수 없다고 판단했고,
남자에게 직접적으로 자기 생각을 전했다. "당신이 아이에게 제대로

된 아빠가 되어 주지 않는다면 난 이 아이를 낳지 않을 거야. 이 아이에겐 어쩌다 가끔씩, 기분이 내킬 때만 얼굴을 내미는 그런 반쪽짜리 아빠 말고 언제나 아이와 가정을 지켜 주는 진짜 아빠가 필요하니까." 사랑하는 여자와 아이를 동시에 잃을 위기에 처한 남자는 그 자리에서 아이의 진짜 아빠가 되어 주기로 약속했고, 우선 출산 준비를 돕기 위해 원래 살던 아파트를 처분하고 그녀의 집으로 들어갔다.

그녀는 아이를 낳자마자 꿈에 그리던 청혼을 받고 결혼식을 올릴 수 있을 거라고 생각했다. 실제로 얼마 후 그녀의 남자는 반지를 가져와 청혼을 했다. 하지만 그로부터 7년이 지나도록 그녀는 여전히 결혼을 간절히 희망하는 상태를 벗어나지 못했다. 두 사람이 결혼식장으로 함께 걸어 들어갈 확률은 아이가 태어나던 그날만큼이나 희박해 보인다. 그들은 같은 집에서 살고, 생활비와 양육의 책임을 분담하며, 일정을 공유하고, 일요일이면 함께 교회에 나간다. 같은 침대에서 잠들고 아침이면 함께 눈을 뜬다. 하지만 법적인 관점에서 봤을 때 그들은 여전히 남남이다.

여자는 실제로 부부나 다름없는 생활을 하면서 법적으로 당당한 부부가 되려 하지 않는 남자를 이해할 수 없었다. 반면 남자는 이미 현실적인 부부생활을 하고 있으니 굳이 결혼식이나 혼인신고 같은 절차를 따로 밟을 필요가 없다고 생각했다.

이것이 바로 남녀의 생각 차이다.

어떤 남자들은 결혼이라는 행위가 맛없지만 몸에 좋은 채소를 먹는 것과 비슷하다고 생각한다. 그들에게 결혼이란 하기 싫지만 어쩔 수 없이 해야만 하는 일이다. 할 수만 있다면 평생 육즙이 줄줄 흐르는 햄버거나 기름기 가득한 감자튀김만 먹으며 살고 싶다고 생각하면서. 이 책에서 여러 번 얘기했듯이 남자란 지극히 단순한 생물이다. 여자를 위해서가 아니라면 그들은 단순무식하고 본능에 충실한 삶을 살아갈 것이다. 허세 가득한 스포츠카 따위에 돈을 탕진하고 스포츠 경기나 스트립 클럽에 시간을 쏟을 것이며, 제대로 옷을 갖춰 입거나 집안을 정리하는 일에는 신경도 쓰지 않을 것이다. 남자들은 젊음과 해방감을 느끼며 아주 행복한 마음으로 이런 인생을 받아들일 것이다. 그들에게 결혼이란 자유를 빼앗아 가는 존재이다. 노는데 싫증이 나서 어딘가에 정착하고 싶다는 마음이 들거나 특정한 사건(혹은 사람) 때문에 정신을 차려야겠다고 마음먹기 전까지, 남자들은 젊음과 자유를 포기하고 결혼에 속박되고 싶어 하지 않는다.

하지만 남자들은 여자가 결혼을 원한다는 사실을 알고 있다. 현대 여성들이 아무리 독립적이라도, 미국인 부부의 절반이 이혼을 겪는다는 비극적인 통계가 발표되어도, 완벽하지도 않은 결혼 생활을 유지하기 위해 제아무리 많은 시간과 비용, 노력, 눈물을 쏟아붓더라도, 많은 여자들이 남편과 아이가 있는 단란한 가정에 대한 희망을 포기하지 못한다.

게다가 남자들은 결혼이 머지않았다는 암시를 조금씩 던져 주면 여자를 더 오래 붙잡아 둘 수 있다는 사실을 잘 알고 있다. 내 말을 믿어도 좋다. 남자는 언제나 계획을 갖고 움직인다. 그렇지 않다면 여자와 긴 시간을 함께하고 같은 집에 살며 반지까지 내밀어 놓고 결혼 날짜를 잡는 데만 뭉그적거리는 이유가 대체 뭐겠는가? 그는 단순히 그녀를 붙잡아 놓고 싶은 것뿐이다. 그녀를 자기 곁에 두고, 다른 남자가 채가지 못하도록 선수를 치려는 것이다.

장담하건대, 남자가 이렇게 시간을 끌며 살살 도망 다닐 수 있는 유일한 이유는 여자가 결혼 날짜를 잡자고 요구하지 않기 때문이다. 여자들은 남자와 잠자리를 함께하고 그의 모든 요구를 들어주고 다른 괜찮은 남편 후보들의 구애를 마다하면서, 심지어 어떤 경우에는 그와 함께 살고 그의 아이까지 낳아 길러주면서 바보같이 그의 청혼만 기다린다.

여기서는 도저히 이런 여자들의 편을 들어주기 힘들다.

그녀들의 선택은 순도 100% 바보짓이다.

여기서 남자의 마음속을 한 번 들여다보자. 만약 어떤 남자가 한 여자와 오랜 관계를 유지하며 그녀의 손가락에 반지를 끼워 주었다면, 혹은 함께 살면서 아이들에게 제대로 된 아버지 노릇을 하고 있다면, 그는 이미 선수 생활을 청산한 것이다. 그가 그 여자를 즐기다 떠날 상대가 아닌 정착할 상대로 바라보고 있다는 사실은 분명하다. 그는 더 이상 다른 이성 친구들을 자유롭게 만나고 다닐 수 없다. 그녀들과 밤을 보내는 것은 물론이고 마음대로 통화조차 할 수 없다. 이미 연인에게 모든 수입을 갖다 바치게 된 만큼 애초에 다른 여자에게 쓸 돈도 없다. 그가 이렇게 많은 제약을 감수하면서 그녀와 함께 있는 이유는 무엇일까?

무슨 일이 있어도 그녀를 잃고 싶지 않기 때문이다.

그렇다면 이제 결혼에 골인하기 위해 남은 단계는 결혼 날짜를 정하는 것뿐이다. 그의 아내가 되고 싶은가? 그렇다면 분명한 기준과 조건을 정한 뒤 그를 향해 이렇게 말하라. "나는 당신을 사랑하고, 당신도 나를 사랑하잖아. 우리는 정말 잘 어울리는 한 쌍이라고 생각해. 이제 내가 바라는 건 당신과 결혼하는 것뿐이야. 나는 당신이 2~3주 안에 결혼 날짜를 정해 주었으면 좋겠어. 분명히 말하지만, 그보다 더 오래는 못 기다려. 그때까지도 답이 없으면 당신 손에 내 미래를 맡겨 놓고 마냥 기다리는 대신 스스로 행복을 찾아 떠날 거야."

이것은 지극히 정당한 요구다. 이런 요구조차 분명히 하지 못한 채 도대체 얼마나 더 오랜 세월을 기다릴 생각인가? 1년? 10년? 아니면 평생?

이제 주도권을 가져왔으니 여세를 몰아서 원하는 것을 확실히 손에 넣자. 당신이 결혼에 대한 희망을 포기할 수도 있다는 태도를 조금이라도 내비치는 순간 남자들은 잽싸게 결혼 생각을 구겨서 휴지통에 던져버릴 것이다. 그리고 늘 그래왔듯이 당신의 소원을 들어줄 듯 말 듯 질질 끌면서 희망 고문을 계속할 것이다. 자기 자신의 가치를 낮춰서는 안 된다. 당신을 위해 아무것도 책임지거나 희생하려 하지 않으면서 즐기기만 하려는 남자에게 끌려다니는 것은 너무도 어리석은 짓이다. 법적으로 확실한 관계를 맺어 두지 않으면 언제든 다른 남자에게 뺏길 수 있다는 위기감을 조성함으로써 당신이 얼마나 가치 있는 존재인지 확실히 알려야 한다.

여기서 잠깐. 그렇다고 해서 여자가 먼저 청혼을 해야 한다는 말은 아니다. 나는 다만 남자가 결혼해 달라고 간청할 때까지 얌전히 기다리는 것이 미덕이었던 1940년대 사고방식에서 벗어나라고 조언해 주는 것이다. 세상에는 아직 "여자가 먼저 청혼을 하다니, 말도 안 돼!"라고 여기는 여성들이 있다. 그녀들은 결혼 얘기만 나오면 이성적 사고 능력을 모두 잃어버리고 1940년대로 돌아간다. 하지만 지금은 21세기다! 우리 부모님 세대가 연애하고 결혼하던 시절에는 여자가 남자의 청혼을 가만히 기다리고 있는 것이 당연시되었다. 실제로 그 시대에는 남자에게 주어진 선택권이 극히 제한적이었다. 집과 집 사이의 간격이 최소 3km 이상씩 떨어져 있는 시골 마을에서 청년들이 결혼 상대를 찾기란 결코 쉬운 일이 아니었다. 딸 자체가 없는 집도 허다했고, 어쩌다 결혼 적령기의 여자를 만난다 해도 조건이나 마음이 맞지 않는 경우가 더 많았다. 이런 상황에서 겨우 괜찮은 여자를 잡은 남자들이 그녀를 만나기 위해 먼 길을 한달음에 달려가거나 이 여자가 내 여자라고 동네 바위에 커다랗게 새겨 놓은 것은 어찌 보면 당연한 일이었다. 당시의 연애는 지금보다 훨씬 낭만적이었다. 사랑에 빠진 남자는 나뭇가지에 연애편지를 걸어놓거나 연기를 피워 사랑의 신호를 보냈다. 연애를 계속하기 위해서는 여자 쪽 아버지의 허락이 반드시 필요했고, 남자는 좋든 싫든 언제나 성실하고 예의바른 모습을 보이려고 노력해야 했다. 연인들의 만남은 대개 단 둘이서가 아니라 가족들이 함께 있는 공간에서 이루어졌다. 이렇게 연애를 하다가 적당한 때가 되면 남자가 여자의 아버지에게 딸을 달라고 청했고, 아버지의 대답에 따라 모든 것이 결정되었다.

192

내 남자 사용법

오늘날에도 여자들은 연애를 하다 보면 언젠가 남자가 청혼을 할 거라고 배우며 자란다. 문제는 지금 이 더 이상 1940년대가 아니라는 사실이다. 요즘 남자들은 어디서나 여자를 만날 수 있다. 21세기의 여자들은 남자와 같은 직장에서 일하고 같은 아파트에서 살며 남자와 함께 버스나 전철을 타고 남자를 만나러 클럽에 온다. 더구나 인터넷이 발달하면서 이제는 여자를 직접 만나러 가지 않고도 연락을 취하는 것이 가능해졌다. 이런 마당에 언제까지 구시대의 사고방식에 매달려 있을 생각인가? "그가 진심으로 나를 사랑한다면 언젠가 반드시 청혼할 거야"라는 생각은 고이 접어 두어라. 현대의 남자들은 여자가 결혼하고 싶어 한다는 이유만으로 먼저 청혼하지 않는다. 그들은 명확한 기준과 조건을 요구받을 때까지 시간을 끌며 즐길 시간을 하루라도 연장하려고 할 것이다. 다시 한 번 말하지만, 나는 여자가 먼저 남자 앞에 무릎 꿇고 결혼을 간청해야 한다고 주장하는 것이 아니다. 하지만 남자에게 결혼반지를 들고 찾아올 기한을 확실히 정해주는 것은 분명히 효과적인 방법이다.

여자가 먼저 결혼 얘기를 꺼내는 것은 쉽지 않은 일이다. 하지만 당신과 결혼해 주지도 않는 남자와 기약도 없이 사귀거나 함께 살거나 심지어 그의 아이를 낳아 기르면서 느껴야 할 불안과 괴로움에 비하면 아무것도 아니다. 만약 8년쯤 이런 애매한 관계로 지내다가 그가 떠나 버리기라도 한다면 남겨진 당신은 홀로 생활비와 양육비를 감당하며 다른 남자를 찾아 나서야 할 것이다. 물론 닥치면 얼마든지 할 수 있다. 하지만 무척이나 고된 길이 될 것임은 분명하다. 그때 겪을 고통에 비하면 지금 약간의 창피함과 불편함을 무릅쓰고 용기를 내는 편이 훨씬 낫다. 당신이 바라고 기대하는 것이 무엇인지 지금 당장 남자에게 알려라. 당신처럼 괜찮은 여자를 놓치지 않기 위해서는 그만한 대가를 치러야 한다는 것을 분명히 해야 한다. 100만 달러짜리 보석을 경매에 내놓듯이 당신의 가치를 조목조목 전달하라. "나는 자기를 사랑하고 존중해. 지금까지 당신과의 약속은 언제나 지켜왔고 다른 남자는 쳐다보지도 않았잖아. 내 관심은 온전히 당신을 돌보고 챙기는 데만 집중돼 있고, 언젠가 당신의 아이를 낳아서 사랑으로 기르는 게 내 꿈이야. 하지만 이렇게 헌신적인 사랑의 대가로 나도 받고 싶은 게 있어. 당신도 내게 그만큼의 시간을 쏟고 나와의 약속을 잘 지키고 다른 여자에게 한눈을 팔지 않겠다고 약속해 줘. 나는 당신이 나를 위해 자동차 문을 열어주고 테이블 의자를 빼 줬으면 좋겠어. 내가 원하는 건 당신의 사랑과 존중이야. 당신도 진심으로 나를 사랑하고 존중한다면 내 손에 결혼반지를 끼워주고 함께 결혼식을 올려 줘."

이런 말을 들으면 남자도 결혼에 대해 진지하게 생각할 수밖에 없다. 당신이 자신의 가치를 한껏 드높여 전달한 덕분이다. 이제 그는 당신이 결혼 때문에 포기해야 할 많은 것들과 맞바꿀 가치가 있는 여자인지 가늠하기 시작할 것이다. 당신이 요구한 대가가 너무 비싸다고 생각하는 남자는 당신을 떠날 것이다. 하지만 언제까지나 결혼을 미루며 즐길 생각만 하는 그런 남자는 지금 빨리 떠나보내는 편이 낫다. 셋집에 사는 사람은 자기 집에 사는 사람보다 집을 함부로 여기기 마련이다. 어차피 자기 물건이 아니라고 생각하면 흠집이 나거나 얼룩이 져도 크게 신경이 쓰이지 않는다. 그들은 그 공간에 그럭저럭 정착해서 살다가 더 나은 매물을 발견하면 미련 없이 이사를 결심한다.

당신이 원하는 남자는 큰 대가를 지불해서라도 평생 살 집을 찾는 사람이다. 그는 당신이라는 집에 정성껏 페인트를 칠하고 멋진 가구를 들이고 정원의 잔디를 다듬고 어디 망가진 데는 없는지 살뜰히 점검할 것이다. 그리고 이 집을 온전히 자기 것으로 만들기 위해 주택 대출도 착실히 갚아 나갈 것이다. 혹시 지금 이런 사람을 만나고 있는가? 그야말로 당신을 위해 기꺼이 책임을 지고 문제를 해결해 주며 당신이 쏟은 사랑을 헛되이 하지 않을 성숙한 남자이다.

철없는 남자들은 노느라 바쁘지만, 성숙한 남자들은 가정을 보살 피느라 바쁘다.

당신의 남자에게 성숙한 모습을 보이라고 요구하라. 그가 당신을 진심으로 사랑하지 않는다면 그 요구에 응하지 않을 것이고, 당신은 그런 그의 모습을 보며 진실을 깨달을 것이다. 하지만 그가 당신을 마음속 깊이 사랑한다면, 그는 기꺼이 당신을 자기 여자로 선언하고 제공자와 보호자의 역할에 최선을 다할 것이다. 사랑에 빠진 남자는 주변 사람들에게 당신을 이렇게 소개한다. "이 여자가 제 아내입니다.", "우리 아이들의 엄마가 될 사람을 소개하죠." 아직 결혼식을 올리지 않은 상태라 해도 최소한 "이 사람이 저와 결혼할 사람입니다." 라는 선언이 있어야 한다. 물론 '결혼할 사람'이라는 수식어는 가까운 시일 내에 보다 구체적인 호칭으로 업그레이드가 필요하다. 이때 두 사람의 관계를 분명히 규정하는 것이 바로 여자의 역할이다. 사랑하는 사람과의 관계가 애매한 상황에서 여자가 행복을 찾기란 불가능하다. 당신이 남자로부터 확인해야 할 질문은 다음과 같다. "우리 관계를 앞으로 어떻게 할 생각이야?", "나를 진심으로 사랑해?", "나를 결혼할 여자라고 생각해?", "우리 두 사람의 미래를 어떻게 계획하고 있어?"

이 네 가지 질문에는 당신이 알아야 할 모든 정보가 들어 있다. 남자라면 누구나 언젠가 이런 질문을 받으리라는 사실을 직감하고 있다. 어쩌면 그는 아직 준비할 시간이 필요하다는 식의 대답을 내놓을지 모른다. 하지만 당신이 모든 준비를 마치도록 아직 제대로 된 준비를 하지 못한 남자라면 결국 당신에게 어울리는 짝이 아닐 확률이 높다. 어쨌든 미래에 대한 계획조차 세우지 않은 남자에게 매달려 몇 년이나 시간을 낭비하는 것은 절대 현명한 행동이 아니다. 그럴 시간이 있으면 당신의 바람을 이뤄 줄 다른 남자를 찾는 편이 훨씬 효율적이다. 나는 주변에서 흔히 보이는 30대 싱글 여성들의 상당수가 이런 문제를 겪고 있다고 확신한다. 그녀들은 두 사람의 미래에 대해 확실히 대답하지 못하는 남자에게 매달려 몇 년이나 질질 끌려 다닌다. 하지만 제대로 된 남자와 결혼에 골인하고 싶다면 지금이라도 당장 당신의 기준과 조건을 제시하고, 그가 얼마나 빨리 그 원칙을 받아들이는지 지켜봐야 한다. 내가 아내와 결혼할 수 있었던 것은 그녀가 기준과 조건, 그리고 분명한 기한을 설정해 준 덕분이었다. 그녀는 우리가 만남을 시작할 무렵부터 자신의 기준과 조건을 전달했고, 내

내 남자 사용법

실수로 우리 관계가 엎어질 뻔했던 그날 밤 다시 한 번 들려주었으며, 나를 받아주기로 결정한 날에도 분명히 상기시켰다. 만약 내가 여전히 포드 자동차의 직원이고 그녀가 내 일주일 치 급료 600달러 중에서 400달러를 달라고 말한다면 나는 기꺼이 월급통장을 통째로 갖다 바칠 것이다.

나는 그녀를 보호해주고 싶다.

나는 그녀의 남자라는 사실이 자랑스럽다.

당신 또한 이런 사랑을 할 수 있다. 실연의 아픔에 눈물 흘리는 일은 이제 그만 두어라. 그러기 위해서는 그 누구보다 당신을 먼저 생각해야 한다. 자기 자신이 원하는 것을 정확히 파악하고 남자가 당신의 소원을 들어주기 위해 최선을 다하도록 만드는 것이다. 실패의 가장 큰 원인이 실패에 대한 두려움이다. 실패할까 무서워 행동하지 못하면 결국 모든 것을 잃는다. 진심으로 당신을 사랑하는 남자라면 절대 당신을 떠날 리 없다는 믿음을 갖고, 그에게 버림받을까 봐 무서워하는 마음을 떨쳐버려라.

PART4

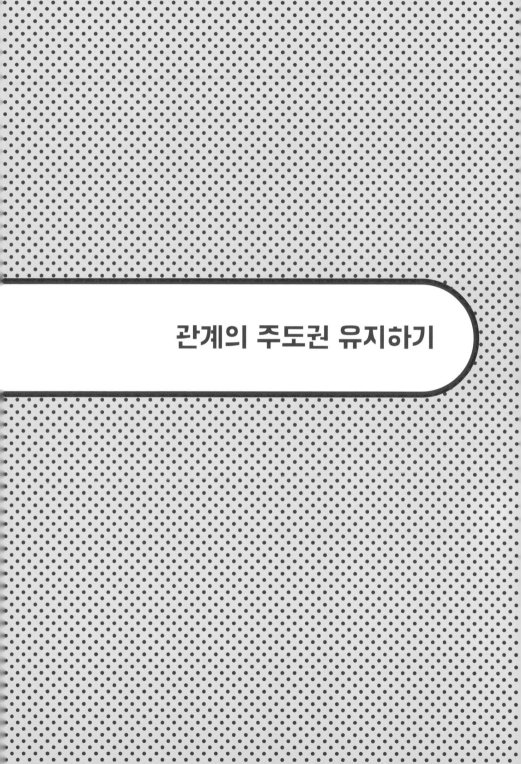

관계의 주도권 유지하기

Act Like a Lady Think Lika a Man

남자의
엑스(ex)파일

• 그의 과거가 불쑥 튀어나와도 평정심을 유지하자 •

서른이 넘은 남자와 데이트를 하다 보면 한 번씩 옛 연인의 흔적이 느껴질 때가 있다. 긴장의 끈을 놓지 않으려 아무리 노력해도, 그녀의 존재는 어딘가에 숨어 있다가 생각지도 못한 순간에 불쑥 튀어나온다. 당신은 그와 가장 가까운 친구의 생일 파티에서, 직장 동료의 출산 축하 파티에서, 토요일 브런치를 즐기던 레스토랑에서 난데없이 그녀와 마주친다. 그녀는 아무렇지도 않게 당신 커플에게 손을 흔든 뒤 유유히 그 장소를 빠져나간다. 하지만 그럴 때마다 일일이 패닉에 빠질 수는 없다. 그런 당신을 위해, 나는 이 장에서 사랑하는 남자의 엑스(ex)파일이 열렸을 때 평정심을 유지하는 방법을 소개하고자 한다.

1 냉정해져라. 그녀가 떠난 후 가장 먼저 해야 할 일은 냉정하게 마음을 가라앉히고 자신감을 되찾는 것이다. 먼저 그에게 설명할 기회를 주어라. 그가 진심으로 당신과의 관계를 소중히 여긴다면, 옛 연인과 지금 어떻게 지내는지에 대해 숨길 이유가 없다. 이 우연한 마주침은 오히려 그가 그녀를 얼마나 아무렇지 않게 생각하며 당신을 얼마나 아끼고 사랑하는지 증명하는 기회가 될 수도 있다. 혹시 그가 조금이라도 분명하지 않은 태도를 보인다면, 그때는 그동안 쌓아 둔 질문을 전부 던지며 모든 의혹을 해명하라고 요구해도 전혀 이상하지 않다.

2 자신감을 가져라. 뇌가 마음대로 과대망상을 하거나 그녀와 자신을 비교하도록 내버려 두어서는 안 된다. 그녀가 아무리 훤칠하고 날씬하고 사회적으로 큰 성공을 거두었다 하더라도, 당신이 가진 빛나는 매력에 비하면 그녀의 장점들은 아무것도 아니다. 당신의 남자가 그녀를 떠나 당신의 곁으로 왔다는 것이 바로 그 증거이다.

3 당신답게 행동하라. 혹시라도 그녀와 인사를 해야 하는 상황에 처했다면, 최대한 당당하고 예의바른 태도를 보여라. 제대로 알지도 못하는 여자 앞에서 허세를 부리거나 자신의 성공을 과장해서 떠벌릴 필요는 없다. 자기 자신을 잃지 않는 것이 무엇보다 중요하다.

4 어떤 상황에서도 품위를 지켜라. 그녀가 과장된 언행이나 부적절한 태도를 보이더라도 당신만큼은 품위를 잃지 말라. 가시 돋

친 대답이나 거친 반응은 자칫 당신의 품격까지 같은 수준으로 떨어뜨릴 수 있다. 당신의 남자에게 당신이 얼마나 멋진 여자인지 보여 주어라. 현대 사회에서는 전 부인과의 결혼생활에서 얻은 아이가 있는 남자와 데이트하는 것도 흔한 일이다. 혹시라도 당신이 아이의 존재를 받아들이고 실제로 그 아이들과 많은 시간을 보내고 있다면, 그들을 낳아준 친어머니와 좋은 관계를 맺는 것은 굉장히 중요한 일이다.

5 믿음직스런 모습을 보여라. 당신의 남자에게 아이들의 친어머니와 이야기를 나누고 신뢰를 얻을 시간이 필요하다고 말하라. 그녀에게 당신이 누구인지, 그녀의 아이들과 어떤 관계를 맺게 될 사람인지 보여주는 것이다. 아이를 둔 어머니라면 누구나 아이가 만날 사람에 대해 신경을 쓸 수밖에 없다. 입장을 바꿔 생각해 보고, 당신이 아이 어머니로서 받고 싶은 존중을 그녀에게 똑같이 보여라.

6 인내심을 가져라. 그의 옛 연인 혹은 전 부인이 단번에 마음을 열 것이라고 기대해서는 안 된다. 당신은 당신의 남자가 그녀와 어떻게 끝났는지 정확히 알지 못한다. 겉으로는 아무렇지 않은 척하더라도, 어쩌면 그녀는 마음속으로 그와 당신이 함께 있는 모습을 불편해하고 있을지 모른다. 그녀에게도 새로운 상황에 적응할 시간이 필요하다.

7 어른답게 처신하라. 그와 헤어진 지 몇 달 이상이 지났는데도 그녀가 여전히 냉랭한 모습을 보인다면, 당신 쪽에서 먼저 대화를

제안하라. 만약 그녀가 흔쾌히 응한다면, 그녀를 불편하거나 두렵게 만드는 점이 무엇인지 물어라. 어쩌면 그녀는 당신에게 아이를 빼앗길까봐 무섭다고 말하는 등 솔직한 심경을 털어놓을 수도 있다. 하지만 절대 만만한 여자로 보여서는 안 된다. 그녀에게 당신의 존재와 당신 연인과의 관계를 존중해야 한다는 사실을 분명히 알려라. 만약 아무리 노력해도 그녀와 이성적인 대화가 불가능하다면, 그녀의 아이들과 계속 만나는 것이 적절한 일인지 다시 한 번 생각해 볼 필요가 있다.

할리우드 영화나 리얼리티 쇼를 보면 남자 친구의 옛 연인을 만난 여자가 상대방 얼굴에 물을 끼얹거나 삿대질을 하며 막말을 던지는 장면이 자주 등장한다. 하지만 굳이 당신의 인생에 이런 막장 에피소드를 끌어들일 필요는 없다. 당신의 남자와 옛 연인 사이에 해결되지 않은 갈등이 남아 있다 해도, 그를 믿고 상황이 해결될 때까지 기다려라. 당신이 그 문제에 끼어드는 것은 결코 적절한 행동이 아니다. 하지만 그의 옛 연인이 당신과의 관계에 어떤 식으로든 악영향을 미친다면, 그가 있는 자리에서 당신이 느낀 모든 불편함을 솔직히 털어놓아라.

여왕의 품위를 던져 버리고 막장 드라마 주인공처럼 구는 것은 어리석은 짓이다. 당신은 존중 받아 마땅한 숙녀이며, 당신이 적절한 본보기를 보인다면 그의 옛 연인 또한 그에 걸맞은 품위를 보여줄 것이다.

나만의 엑스(ex)파일 대처 매뉴얼 만들기

당신은 세상 누구보다 당신을 잘 안다. 2.2초 만에 당신을 우아한 공주님에서 사나운 헐크로 바꿔버릴 상황이 무엇인지는 오직 당신만이 알고 있다. 아래 제시된 빈칸을 채워 나만의 매뉴얼을 만들어 둔다면, 옛 연인의 존재를 포함하여 사랑하는 남자의 과거가 불쑥 튀어나왔을 때에도 평정심을 유지할 수 있을 것이다.

- 내 이성의 끈을 가장 쉽게 끊어놓는 다섯 가지 순간은 무엇인가?
- 나와 그이 사이에 말다툼을 가장 많이 유발하는 다섯 가지 단어는 무엇인가?
- 화가 났을 때 가장 먼저 생각나는 다섯 사람은 누구인가?
- 내게 마음의 평화를 되찾게 해 주는 다섯 가지 요소는 무엇인가?

'90일 원칙'에도
요령이 필요하다

요즘에는 내 '90일 원칙'을 연애의 신조로 삼는다는 여자들을 자주 만나볼 수 있다. 그녀들은 데이트를 시작한 후 3개월이 지날 때까지 남자에게 '혜택'을 주지 않고 아껴 두면 관계의 중심을 확실히 잡을 수 있을 뿐 아니라 그가 자신의 소중한 선물을 받을 만한 남자인지 제대로 판단할 수 있다는 사실을 깨닫게 되었다.

하지만 90일 원칙의 중요성을 알게 된 후에도 여전히 이런 질문을 하는 여성들이 많다. "스티브, 그래서 첫 90일 동안 구체적으로 뭘 어떻게 하라는 거죠? 잠자리를 허락해도 되겠다고 결정하기 전까지 어떻게 하면 그의 관심을 잡아둘 수 있나요?" 이런 여성들을 위해, 지금부터 남자의 가치를 판단하는 첫 3개월 동안 유대감을 유지할 수 있는 여러 가지 전략을 알려주도록 하겠다.

연애 1개월 차

이 시기의 여자는 사랑하는 남자의 이름만 들어도 즉시 표정이 밝아진다. 당신은 그와의 다음 데이트를 손꼽아 기다리고, 하루에도 다섯 번씩 전화하고 싶은 마음을 꾹 눌러 참는다. 하지만 설레는 것은 남자도 마찬가지다. 연애를 시작한 지 1개월도 안 된 남자는 당신의 매력에 홀딱 빠진 상태이므로, 그의 데이트 신청에 일일이 기뻐 날뛰거나 그가 이 연애에 흥미를 잃을까 봐 벌벌 떨 필요는 없다. 연애 초반에는 오히려 약간 콧대 높은 모습을 보이는 것이 효과적이다. 괜찮은 남자들은 새로운 연인의 관심을 얻기 위해 기꺼이 약간의 노력을 기울인다. 그가 자기 인생에 충실한 당신의 모습을 보고 반했다는 사실을 잊어서는 안 된다. 엄마와 네일샵에 가거나 여자 친구들과 쇼핑을 하러 가는 등 좋아하는 일에 열중하는 당신의 모습은 그의 마음을 사로잡을 것이다. 사랑에 빠지는 것은 얼마든지 괜찮지만, 사랑에 눈이 멀어 서로에 대해 알아갈 귀중한 기회를 놓쳐서는 안 된다.

1   **그의 취향을 파악하라.** 그는 정장을 입을 때 보타이를 매는가, 넥타이를 매는가? 블록버스터 영화와 독립 영화 중에서 어느 쪽을 더 선호하는가? 대화를 즐기는가? 아니면 과묵한 편인가? 당신의 새 연인이 좋아하는 것들이 무엇인지 하나하나 확인하라.

2   **타협할 수 없는 것들을 분명히 밝혀라.** 그에게 지각을 자주 한다는 단점이 있다고 치자. 연애 초반에는 늦어서 미안하다며 꽃다

발을 전해주거나 사과를 하며 달콤한 애교를 부리는 그의 앞에서 마음이 사르르 녹아버리기 십상이다. 하지만 이 작은 결점은 시간이 지날수록 당신의 마음을 뒤숭숭하게 만들고, 결국 큰 싸움의 원인으로 번지게 될 것이다. 물론 사귄 지 한 달도 안 된 시점에 사소한 단점을 꼬집어내는 행동은 조금 예민한 것처럼 느껴질 수도 있다. 그러나 장담하건대, 연애를 하면서 첫 한 달처럼 솔직함이 큰 힘을 발휘하는 시기는 다시 찾아오지 않는다. 이때만큼은 정말이지 정직이 최고의 전략이다.

3 **기준을 높게 유지하라.** 이미 여러 번 얘기했듯이, 행복한 연애를 하기 위해서는 나만의 원칙을 세우고 무슨 일이 있어도 지켜야 한다. 그에게 시간과 노력을 쏟을 가치가 있다고 판단했다면, 가장 먼저 당신의 기준과 조건을 알려 주고 그가 당신을 만족시키기 위해 얼마나 노력하는지 관찰하라. 사탕발림에 속아 기준을 낮추는 것은 바보 같은 짓이다.

4 **우정의 초석을 마련해 두어라.** 연애 1개월 차에는 누구나 달과 태양, 소금과 후추처럼 완벽한 사랑을 꿈꾼다. 하지만 처음의 열정이 어느 정도 식고 난 후에도 계속해서 관계를 유지해 주는 것은 사랑이 아니라 강한 우정이다. 내 주위에서 10년 이상 성공적인 관계를 유지하는 커플들은 하나같이 우정이 사랑만큼이나 큰 역할을 했다고 말한다. 당신의 남자가 열정을 쏟는 분야는 무엇인지, 자주 만나는 친구들은 누구인지 시간을 들여 파악해 두어라. 그가 인생에서 중요하게 생각하는 요소들이 무엇인지 알아

두면 연애 초반에는 즐거운 대화를, 연애 후반에는 훌륭한 우정을 나눌 수 있을 것이다.

5 **분명하고 진심 어린 대화의 기준을 세워라.** 요즘처럼 문자메시지나 소셜네트워크가 발달한 시대에는 연인 사이의 대화도 상당 부분 휴대폰 혹은 컴퓨터를 통해 이루어질 수밖에 없다. 따라서 연애 초반에 당신이 진솔한 대화를 중요시한다는 사실을 분명히 알리는 것은 매우 중요한 일이다. 한 가지 더 조언하자면, 새벽에 잠들고 오후에 일어나는 저녁형 인간인 남자친구에게 아침 댓바람부터 "보고 싶어."라는 문자를 보내는 것은 별로 귀여운 행동이 아니다. 센스 있는 연인이 되고 싶다면 첫 1개월 동안 서로에게 가장 편한 연락 시간대를 확인해 두자.

연애 2개월 차

여전히 그에게서 전화가 걸려올 때면 당신의 눈은 반짝반짝 빛나고, 당신의 몸은 전화기를 잡기 위해 방을 가로질러 날아간다. 하지만 당신은 아직 그에 대해 알아가는 중이고, 그가 당신의 기준과 조건을 충족시켜줄 만한 남자인지 아닌지 모른다. 아래 제시된 연애 팁들은 당신이 만남 2개월 차에 잠자리 없이도 그의 사랑을 유지할 수 있도록 도와줄 것이다.

1 **작은 이벤트에도 칭찬을 아끼지 말라.** 그가 당신을 불쑥 찾아와 맛있는 점심을 사 주었는가? 혹은 그가 특별한 이유도 없이 당신의 차에 기름을 채워 주었는가? 이 세상에 감사와 칭찬보다 남자의 마음을 크게 움직이는 것은 없다. 사소한 일도 놓치지 말고 반드시 감사를 전하라.

2 **서로의 종교 활동에 번갈아 참여하라.** 종교 활동은 한 인간의 정체성을 구성하는 핵심 토대 중 하나이다. 그에게 당신의 신앙생활을 당당히 공개하고, 당신 또한 그가 종교 활동을 하는 곳에 찾아가 그의 믿음과 됨됨이의 깊이를 확인하라. 만약 그가 당신을 자신의 교회로(혹은 이슬람 성전이나 유대교 회당으로) 초대한다면 그의 마음을 기쁘게 받아들이고 그가 믿는 신에게 예의를 갖추는 모습을 보여라. 그에게 따로 종교가 없다면 당신 쪽에서 먼저 초대를 하는 것도 좋다.

3 **둘이 함께 새로운 분야에 도전하라.** 이 시기쯤 되면 저녁을 먹고 영화를 보는 평범한 데이트코스는 슬슬 물릴 때가 됐다. 그에게 틀에 박힌 데이트 방식에서 벗어나 함께 요리 교실에 다녀보자고 제안하는 건 어떨까? 집 근처에 있는 노숙인 쉼터에 봉사 활동을 나가는 것도 좋은 아이디어다. 새로운 즐거움을 발견하다 보면 관계의 신선도 또한 자연스럽게 유지될 것이다.

4 **그의 행동을 매의 눈으로 관찰하라.** 당신 앞에서 보이는 자상하고 따뜻한 모습은 그의 전부가 아닐 수도 있다. 큰 스트레스에 시달리는 상황에서 그는 어떻게 행동하는가? 어머니와 함께 있을

때는 어떤 태도를 보이는가? 레스토랑 점원이나 택시 운전사를 어떻게 대하는가? 이렇게 무심코 툭툭 튀어나오는 사소한 행동들은 그의 진짜 성격을 비춰 주는 거울과 같다(다음 페이지에 소개된 〈무시해서는 안 될 위험 신호〉 목록을 참고하라).

5 **그에게 도움을 제공할 기회를 주어라.** 도로 한가운데서 타이어에 펑크가 났거나 회사에서 하루 종일 시달려 우울한 상황이라면 그에게 연락해서 당장 달려와 달라고 부탁하라. 그의 남자다움을 시험하라는 뜻은 아니다. 하지만 당신은 그의 태도를 통해 이 남자가 당신의 인생에 버팀목이 되어줄 만한 사람인지 아닌지를 판단할 수 있을 것이다.

무시해서는 안 될 위험 신호

그와 함께한 2개월은 마법처럼 황홀하게 지나갔겠지만, 어쩌면 당신은 그가 이따금씩 보이는 이상한 행동들 때문에 고개를 갸우뚱거렸을지 모른다. 2개월은 한 사람의 결점을 꿰뚫어보기에 충분한 시간이다. 혹시 그의 번호를 휴대폰에서 삭제하거나 그의 계정을 페이스북 친구 목록에서 삭제하고 싶다는 생각이 든 적이 여러 번 있지 않았는가? (나는 이것이 여자들이 나쁜 남자를 차단하는 방법이라는 사실을 알고 있다) 지금부터 소개할 다섯 가지 행동은 연애 2개월째에서 3개월째로 넘어가기 전에 반드시 짚고 넘어가야 할 위험 신호들이다.

- **신호 5:** 그는 자기가 편한 시간에만 당신을 만난다.
- **신호 4:** 그는 통화 중에 갑자기 전화를 끊거나, 당신과 함께 있을 때 특정 번호에서 걸려온 전화를 절대 받지 않거나, 때때로 24시간 이상 연락이 되지 않거나, 언제나 전화 대신 문자로만 연락하는 등의 이상한 전화 습관을 가지고 있다.

- **신호 3:** 그는 가족이나 친한 친구들에게 당신을 소개하려 하지 않는다.
- **신호 2:** 그는 언제나 과거에 대해 얼버무린다. 당신이 그의 초등학교 생활기록부 까지 일일이 확인할 이유는 없지만, 만난 지 2개월이 지났다면 이혼 경력이나 예전 결혼생활에서 얻은 아이들처럼 중요한 정보는 모두 알고 있는 것이 정상이다.
- **신호 1:** 가장 중요한 위험 신호는 그가 바깥에서 당신을 만났을 때 모른 척 지나 가거나 연인이라는 티를 전혀 내지 않으려고 하는 것이다.

연애 3개월 차

이 시기까지 잠자리 없이 사랑을 이어갔다는 것은 그가 당신의 기준과 조건을 진지하게 받아들이는 괜찮은 남자라는 뜻이다. 상사의 잔소리를 듣고 우울해져 있는 당신에게 컵케이크를 들고 깜짝 방문하는 남자라면, 동생과 다툰 이야기를 시시콜콜 늘어놓는 당신을 위해 내내 수화기를 들고 있는 남자라면, 그는 당신이 지금까지 찾아 헤매던 운명의 짝임이 분명하다. 직장으로 따지면 그는 기본급 외에 복지 혜택을 받을 자격이 충분한 직원이다. 하지만 그에게 줄 '선물'을 포장지로 예쁘게 싸기 전에, 마지막으로 아래 네 가지 단계를 더 거치자.

1   **당신과 가장 가까운 지인 한두 명에게 그를 소개하라.** 만난 지 갓 60일이 지난 이 시점에 그를 온 가족이 둘러 모인 저녁 식사에 초

대하는 것은 그에게도 당신에게도 부담스러운 일이다. 하지만 단 둘이 하는 데이트를 마칠 시간쯤에 친한 친구 몇 명을 불러서 가볍게 디저트나 차를 드는 것은 객관적인 안목으로 그를 평가할 수 있는 좋은 기회이다. 친구들의 평가가 절대적인 기준이 되는 것은 아니지만, 적어도 당신이 사랑에 눈이 멀어 중요한 사실을 놓치고 있었던 것은 아닌지 되돌아보게 해주는 귀중한 조언이 되어줄 것이다.

2 **과거의 연애사를 솔직히 털어놓아라.** 숙녀 여러분, 서로의 과거에 대해 진솔한 이야기를 나누기 전까지는 선물 포장지에 손을 댈 생각도 하지 말라. 만약 그가 과거를 숨기려고 한다면, 그는 당신을 존중하지 않거나 최소한 당신의 조건과 기준을 존중하지 않는 것이다.

3 **당신의 세계에 그를 초대하라.** 당신이 가장 좋아하는 봉사활동 모임에 그를 부르거나, 주말마다 방문하는 시장에 함께 가자고 청하라. 당신의 영혼에 활력을 불어넣는 활동이나 장소에 그의 존재를 받아들이는 것이다.

4 **그와의 관계가 어디까지 발전했는지 되돌아보라.** 매일같이 달력에 X표를 칠해 나간지도 어느덧 89일째, 내일이면 드디어 '90일 원칙'에서 해방된다. 이 시점에는 그와의 관계가 어디까지 발전했는지 정확히 알고 있어야 한다. 당신은 그가 당신과 같은 방향을 바라보고 있다고 확신할 수 있는가? 불안감 없이 그와의 미래를 그릴 수 있는가? 첫 90일이라는 중요한 시기를 가벼운 데이트

몇 번으로 날려버리는 것은 정말 어리석은 짓이다. 그에게 '선물'을 주는 것이 다른 누구도 아닌 당신의 선택이라는 사실을 잊어서는 안 된다. 숙녀 여러분, 다시 한 번 말하지만 칼자루를 쥐고 있는 것은 언제나 당신이다. 당신의 허락 없이는 누구도 당신과 같은 침대에 들어가지 못한다.

연애 91일째

당신은 뜨거웠고, 그는 더 뜨거웠다. 당신은 모든 제동장치를 해제하고 그를 맞았다. 식탁에는 직접 만든 근사한 저녁이 차려졌고, 분위기 있는 음악을 배경으로 촛불이 은은하게 흔들렸다. 당신은 견딜 수 있는 가장 높은 하이힐을 신고 디저트를 식탁으로 날랐다. 드디어 모든 코스가 끝나고…… 그 순간이 왔다.

하지만 다음날 아침 당신은 기대한 만큼의 만족을 느끼지 못하고 있는 자기 자신을 발견한다. 그와 하나가 되기만 하면 엄청난 황홀경을 맞이할 줄 알았는데, 현실은 그렇지가 않았다. 아니, 솔직히 말하면 그와의 섹스는 기대의 절반에도 미치지 못했다. 고작 이런 첫날밤을 경험하려고 3개월이라는 시간과 그 많은 노력을 쏟아부었단 말인가? 물론이다. 당신과 그가 3개월 동안 관계의 방향을 제대로 잡고 같은 미래를 바라보게 되었다면, 이 정도의 문제는 충분히 해결 가능한 시련에 불과하다.

대부분의 연애 지침서는 남성에게 잠자리에 만족하지 못한다는 얘기를 하지 말라고 조언하지만, 내 의견은 조금 다르다. 제대로 된 남자라면 누구나 자신의 여자를 조금이라도 더 즐겁게 해 주길 원한다. 그와 툭 터놓고 대화를 나누면서 당신이 원하는 것이 무엇인지 솔직히 알려라. 사랑하는 사람과의 관계에서 황홀경을 맞이하고 싶다면 때로는 당신이 직접 행동에 나서야 한다. 그에게 섹시한 문자 메시지나 사진을 보내는 것도 좋다. 두 사람의 관계는 당신의 보살핌을 받을수록 더욱 원만하고 행복해질 것이다.

연애 1개월 차 체크리스트

이 결정적인 시기를 아무 생각 없이 보내는 실수를 저지르지 말라! 첫 1개월 동안 겪거나 느낀 중요한 일들을(엄청나게 대단한 일일 필요는 없다) 하나하나 기록해 보자.

· 그가 가장 좋아하는 다섯 가지는 무엇인가?
· 당신이 절대 타협할 수 없는 조건은 무엇인가?
· 당신이 남성과 우정을 나눌 때 가장 중요하게 여기는 요소는 무엇인가?
· 그와 진솔한 대화를 나누기 위해 필요한 조건은 무엇인가?

연애 2개월 차 체크리스트

이제 1개월이 지났으니, 남은 2개월만 잘 보내면 당신이 진정으로 원하던 남자를 손에 넣을 수 있다. 연애 2개월 차는 그에 대해 조금 더 자세히 관찰해야 할 시기이다.

- 그가 당신에게 해 준 '사소한' 이벤트 여섯 가지를 적어 보자.
- 두 사람이 함께 배울 수 있는 분야 다섯 가지를 생각해 보자.
- 그의 행동에서 위험 신호가 느껴진 적이 있는가? 단점이라고 생각되는 그의 습관들을 기록해 두자.

연애 3개월 차 체크리스트

이제 고지가 눈앞이다. 하지만 결승선을 통과하기 전에 마지막으로 체크해야 할 요소들을 놓쳐서는 안 된다.

- 예전 연인들에게는 보여주지 않았던 당신의 모습 다섯 가지를 적은 뒤 그에게만 살짝 공개하자.
- 그와 미래에 대한 대화를 나누기 전에, 당신은 지금 두 사람의 관계가 어디쯤 와 있다고 생각하는지 적어 보자.

내 남자 사용법

여자의 꿈과 남자의 야망은
양립 가능하다
· 일과 사랑 중에 하나만 선택할 필요는 없다 ·

남자든 여자든 생계유지를 중요하게 생각하지 않는 사람은 없다. 특히 요즘처럼 경기가 어려운 시기에는 좋은 직업을 찾기도, 유지하기도 만만치가 않다. 이런 시대에 일과 사랑이라는 두 마리 토끼를 잡는 것은 불가능한 일일까? 아직 목표에 다다르지 못하는 남자에게 인생을 거는 것은 무모한 모험일까? 이 장에서는 현대 사회의 커플들에게 가장 큰 화두가 되고 있는 이 두 가지 주제를 다루려고 한다.

연애를 위해 내 꿈을 희생해야 할까?

숙녀 여러분, 여러분은 뛰어난 인재이고, 실제로도 중요한 일을 하고 있다. 현대의 여성들은 모든 분야의 모든 직업에 진출해 있으며 두 개 이상의 학위를 가진 경우도 드물지 않다. 여성이 가지 못할 곳이나 처리하지 못할 일은 없고, 많은 여성들이 사회에서 존경받는 위치를 차지하고 있다. 게다가 도저히 짬을 낼 수 없는 빡빡한 스케줄을 쪼개고 쪼개 연애까지 해내는 것이 바로 여성의 능력이다. 당신은 이토록 능력 있는 여성들 중 한 명이고, 당신의 연인은 그런 당신의 멋진 모습에 홀딱 빠져 존경과 찬사를 보낸다. 당신은 점차 일에만 빠져 살던 외로운 싱글 시절을 잊은 채 황홀하고 만족스러운 커플 생활에 익숙해진다.

그 즈음 당신은 회사에서 승진 제안을 받게 된다. 새 직급에 따른 연봉이나 복지 혜택은 기대 이상이고, 당신이 받을 스톡옵션은 남아 있는 학자금 대출을 모두 갚을 수 있을 만큼 후하다. 하지만 승진을 받아들이는 순간 당신은 다른 도시에 있는 지점의 관리자로 발령받아 지금보다 더 열심히 일해야 한다. 지금까지의 당신이었다면 고작 그 정도의 조건 때문에 꿈에 그리던 승진 기회를 포기하는 일은 없었을 것이다. 하지만 지금은 전용 사무실이 딸린 관리직 자리보다 더 중요한 요소가 당신의 인생에 자리잡고 있다. 당신은 지금 만나는 남자를 절대 놓치고 싶지 않다. 그는 지금까지 당신이 꿈꿔왔던 이상형, 아니 그 이상이다. 하지만 남자를 위해 자신의 꿈을 희생하는 것이 과연 현명한 선택일까? 만약 당신이 이런 딜레마에 빠졌다면, 결정을 내리기 전에 아래 제시된 다섯 가지 질문을 스스로에게 던져 보아라.

내 남자 사용법

1   **기회를 잡지 않은 것을 후회하지 않을 자신이 있는가?** 자기 자신에게 솔직해져라. 이 기회를 차버렸을 때 닥칠 결과를 후회 없이 받아들일 수 있겠는가? 다음 기회가 올 때까지 몇 개월 혹은 몇 년을 기꺼이 기다릴 수 있겠는가?

2   **꿈을 희생한 책임을 그에게 떠넘기지 않을 자신이 있는가?** 만약 미래의 어느 시점에라도 꿈을 포기한 것을 후회할 것 같다면 절대 그런 선택을 해서는 안 된다. 자기 자신의 선택에 상대방을 핑계거리로 삼거나, 나중에 사정이 어려워지고 나서야 "당신 때문에 승진까지 포기했는데!" 카드를 내미는 것은 결코 현명한 선택이 아니다. 어떤 커플에게도 어려운 시기 한 번은 반드시 찾아온다. 하지만 당신이 내린 모든 결정은 결국 당신의 책임이다.

3   **원거리 연애를 감수할 수 있는가?** 지금까지 연애에 충분히 많은 시간을 투자해 왔다면, 일시적으로 원거리 연애를 해보는 것도 좋은 경험이 될 수 있다. 원거리 연애는 당신 커플에게 지금까지와 전혀 다른 방식의 대화와 섹스, 여행 경험을 선사할 것이다. 당신과 당신의 연인은 주말마다, 혹은 한 달에 한 번씩 당신의 새로운 근무지가 있는 장소나 두 사람이 사는 도시의 중간 지점에서 만나 데이트를 즐길 수 있다. 때로는 업무 일정을 한 시간씩 빼서 그와 '화상 회의'를 할 수도 있을 것이다. 서로를 진심으로 사랑하는 연인 앞에서 거리의 제약 따위는 아무것도 아니다.

4   **자주 만나지 못하는 상황을 극복할 수 있을 정도로 두 사람 사이의 신뢰가 깊은가?** 당신이 바빠 일하는 동안 그가 전 애인을 만

나거나 새로운 여자와 사랑에 빠질까봐 두렵지는 않은가? 아니면 그와 당신 사이의 사랑이 도시 한두 개 정도는 가뿐히 건너뛸만큼 깊다고 믿어 의심치 않는가? 마찬가지로, 그는 당신이 멀리 떨어진 도시에서도 의리를 지킬 것이라고 확신하는가? 만약이 질문에 대한 대답이 '아니요'라고 해서 당신이나 그가 나쁜 여자 혹은 나쁜 남자라는 뜻은 아니다. 서로를 확실히 믿을 수 없는 상태에서 원거리 연애를 시작한 커플들이 모두 바람을 피우거나 슬픈 결말을 맞는 것도 아니다. 하지만 두 사람이 서로의 영원한 짝이 될 확률은 그렇게 높지 않을 것 같다. 만약 이 질문에 자신 있게 '네'라고 대답할 수 있는 커플이라면 원거리 연애 가능성에 대해 진지하게 이야기를 나누어도 좋다. 전화나 문자 메시지만으로 충분한 대화를 나눌 수 있을까? 한 달에 한 번씩 데이트를 하는 것만으로 원만한 사이를 유지할 수 있을까? 대화를 통해 당신의 꿈과 사랑을 모두 유지할 수 있는 최선의 방법을 찾아내라.

5 **그가 당신을 위해 집을 옮길 수 있을까?** 다시 말해, 그가 당신과 함께 있기 위해 당신이 발령받은 도시로 이사를 오거나 회사에 전근 신청을 할 수 있을까? 어쩌면 그는 당신을 놓치지 않겠다는 일념 하나로 깜짝 놀랄 만한 결정을 내릴지도 모른다. 그에게 따라와 달라고 부탁한다는 선택지를 처음부터 포기할 필요는 없다.

너무 상투적인 표현인지도 모르겠지만, 떨어져 있으면 그리움은

내 남자 사용법

더 커지기 마련이다. 나를 믿어도 좋다. 자신이 가진 것을 잃고 싶지 않다고 생각하는 남자는 그것을 지키기 위해 할 수 있는 모든 방법을 동원한다. 그 '모든 방법'에는 당신과 매일 저녁 영상 통화를 하거나 하루도 빼놓지 않고 이메일을 보내거나 매 주말마다 당신이 사는 도시로 달려가는 일들이 포함되어 있다. 나와 마저리는 무려 15년 간 원거리 연애를 한 끝에 결혼에 골인했다. 우리 앞에서 시간과 장소의 제약은 아무런 장애가 되지 않았다.

누가 알겠는가? 당신의 전근은 일시적인 발령에 불과할 지도 모르고, 어쩌면 그 새로운 장소가 당신과 그의 평생 보금자리가 될 지도 모른다. 평생의 꿈을 잡는 것은 중요한 선택이지만, 그 선택의 과정에서 평생의 사랑을 너무 쉽게 포기하지는 말라.

그의 가능성에 내 인생을 걸어도 될까?

이 책의 앞부분을 읽었다면 당신은 남자가 타이틀과 직업, 수입에 따라 움직이는 생물이라는 사실을 이미 알고 있을 것이다. 대부분의 남자들은 인생의 목표를 이루기 전까지 진지한 연애 관계를 피하려고 하는 경향이 있다. 하지만 그가 당신을 만난 시점이 꼭 자리를 잡은 다음이라는 법은 없다. 당신의 남자는 학위를 따기 위해 공부중일 수도 있고, 승진 사다리를 올라가기 위해 고군분투 중일 수도 있다. 목표를 향해 달리는 남자는 크게 두 가지 부류로 나뉜다. 말로

만 꿈에 대해 떠들어대는 남자와 꿈을 이루기 위한 구체적인 실천 계획을 가지고 있는 남자. 만약 당신이 만나는 남자가 후자로 분류된다면, 그의 잠재력에 인생을 거는 것은 충분히 해볼 만한 선택이다. 아래 제시된 기준을 참고한다면 진짜 가능성을 지닌 남자와 그렇지 못한 남자를 구분할 수 있을 것이다.

1 그의 시선 끝에 있는 것이 제대로 된 꿈인가, 허황된 도박인가?

그가 가진 꿈과 그 꿈을 이루기 위해 세워 놓은 계획들을 두고 진지한 대화를 나눠보아라. 만약 그가 3년에서 5년 사이에 실현 가능한 구체적인 목표를 세우고 성실히 노력하는 중이라면, 그는 당신의 미래를 걸 가치가 충분한 남자이다. 하지만 그가 만 33세의 나이에 160cm도 안 되는 신장, 육중한 몸무게를 가지고 NBA 데뷔를 노리고 있다면 가능한 한 빨리 떠나보내는 편이 현명할 것이다. 당신에게는 이성적인 판단력이 있고, 상대방이 허황된 얘기를 떠들 때 위험 신호를 감지할 만한 직관도 있다. 혹시 당신이 뛰어난 판단력이나 직관을 갖추지 못했다 하더라도, 지금부터 내가 하는 조언을 잘 들으면 돌아서야 할 남자를 구분할 수 있을 것이다. 지금 가지고 있는 목표가 20년 전에 세운 것이라고 말하는 남자는 당장 떠나보내라. 도저히 실현 불가능한 복잡한 계획이나 복권, 기도 따위에 기대고 있는 남자 또한 인생을 투자할 가치가 없기는 마찬가지다. 그의 말에 자세히 귀를 기울이면 그가 단순히 꿈을 꾸는 어린아이인지 꿈을 현실로 만드는 진짜 남자인지 확인할 수 있을 것이다.

2   **그가 얼마나 성실한 모습을 보이는가?** 혹시 제대로 된 직장도 없이 멍하니 앉아 매일같이 꿈이 저절로 이뤄지길 기다리는 남자를 만나고 있지는 않은가? 당연한 얘기지만, 한 사람의 행동은 백 마디 말보다 더 정확히 그를 보여준다. 말과 행동이 일치하지 않는 남자에게 미래를 거는 것만큼 바보 같은 행동은 없을 것이다.

3   **그가 다듬어지지 않은 원석일 가능성은 없을까?** 이쯤 되면 곳곳에서 이런 마음의 소리가 들려온다. '비록 지금은 그가 힘든 시기를 보내고 있지만, 내 사랑과 격려가 있다면 곧 목표를 이룰 수 있을 거야.' 그러나 자기 자신의 미래를 향해 스스로 움직이지도 못하는 사람에게 연인의 존재는 또 하나의 걸림돌일 뿐이다. 나는 마저리와 연애를 하던 당시 코미디언으로서, 사업가로서 일정 수준 이상의 수입을 올리지 못하면 그녀의 곁에 있을 자격이 없다고 느껴 마음이 불안해지곤 했다. 숙녀 여러분, 제대로 된 남자라면 자기 미래쯤은 스스로 설계할 줄 알아야 한다. 그가 아무리 당신을 사랑한다고 해도, 진정한 남자가 되는 길을 성실히 걸으며 스스로에 대한 자부심과 믿음을 보이지 않는 한 그에게는 당신의 곁에 있을 자격이 없다.

4   **당신은 그가 목표를 이루는 데 도움이 되는 존재인가?** 우리 솔직해지자. 그가 학위를 따기 위해 노력 중이거나 집중이 필요한 트레이닝 프로그램을 받는 중이라면, 연애에 투자할 시간이 충분

치 못할 것이다. 사랑하는 남자가 꿈을 이루는 데 방해 요소가 되고 싶은 여자가 세상에 어디 있겠는가. 그가 꿈을 좇는 동시에 당신과의 연애에도 시간을 쏟고 있다면, 당신 또한 할 수 있는 선에서 그를 도와주어라. 데이트 시간에 함께 공부를 하거나 사소한 집안일을 거들어 주는 것도 좋고, 그의 수업 장소로 도시락을 싸 들고 방문하는 것도 큰 도움이 될 것이다.

5 **그가 꿈을 이룰 때까지 기다릴 자신이 있는가?** 당신의 남자가 관리자 교육 수료를 6개월 앞두고 있다 치자. 당신은 그 기간 동안 전화는 물론이고 문자메시지까지 참으며 그의 목표 달성을 응원할 수 있겠는가? 그를 영원히 내버려 두어야 한다고 말하는 것이 아니다. 하지만 중요한 일을 목전에 앞둔 남자에게는 잠시 혼자 있을 시간이 필요하다. 그가 구체적인 목표를 향해 달리는 것이 확실하다면, 그 정도의 기다림은 충분히 감수할 가치가 있다.

6 **누구보다 적극적으로 그의 꿈을 응원할 수 있는가?** 아직 완성되지 못한 남자와 연애 중인 여자는 관계 유지의 부담을 더 많이 짊어질 수밖에 없다. 그가 꿈을 향해 달리는 동안 당신에게 감정적인 버팀목 역할을 해 주지 못해도 이해할 수 있는가? 그의 목표 달성에 걸리는 시간이 처음 예상보다 많이 길어져도 기꺼이 감수할 수 있는가? 숙녀 여러분, 남자에게 사랑하는 여자의 사랑과 존중보다 더 큰 보물은 없다. 당신이 이해와 배려를 제공한다면, 그는 인생에서 가장 길고 힘든 시기를 조금이라도 수월하게 보낼 수 있을 것이다.

내가 하룻밤에 50달러에서 기껏해야 75달러를 받는 무명 코미디언에서 큰 인기와 수입을 누리는 주연 자리를 꿰차기까지는 몇 년이라는 시간이 걸렸고, 이 분야에서 성공을 거둔 뒤에도 최고의 자리를 유지하기 위해서는 지속적인 노력이 필요했다. 꿈을 향해 달리는 남자와 연애를 하려면 때로 달콤하지만은 않은 현실을 견뎌야 한다. 사실 집중에 도움이 되는 위로와 집중을 무너뜨리는 방해 사이에는 아주 가느다란 구분선밖에 없다. 그가 목표를 이루기 위해 노력해야 할 시간을 쪼개 당신과 연애를 하고 있다면, 지금은 당신이 인내와 배려를 보여주어야 할 시점이다. 그가 요청한 도움을 기꺼이 들어주는 것은 좋지만, 부탁하지도 않은 도움을 지레 짐작해서 제공하려 하는 것은 오히려 방해가 될 수도 있다. 세상 누구보다 적극적으로 그의 꿈을 응원하고, 힘들 때 기대어 쉴 수 있는 그늘을 제공하고, 그토록 원하는 목표에 다가갈 수 있도록 도와주는 사람이 되어라. 좋은 남자는 결승선을 통과할 때 자신을 지지하고 격려해 준 여자를 함께 데려가는 것을 결코 잊지 않는다. 하지만 그의 야망을 응원하기 위해 당신의 꿈을 포기할 필요는 없다. 센스 있게 두 마리 토끼를 잡아라!

남자가 섹스에
열정을 잃을 때

• 그의 관심이 예전 같이 않을 때는 약간의 양념을 뿌리자 •

당신 커플은 침대에서도 언제나 만족스러운 관계를 맺어 왔다. 그는 이따금씩 한쪽 눈을 찡긋하거나 야릇한 미소를 지으며 당신에게 '그' 신호를 보냈다. 하지만 최근 몇 주간 그는 당신에게 별 관심이 없는 것처럼 행동하고 있다. 물론 그가 직장 생활 때문에 스트레스를 받고 아픈 가족 때문에 정신이 없는 것은 사실이다. 당신은 그런 그를 이해하려고 노력하지만, 되짚어 보니 마지막으로 침대에서 뜨거운 시간을 보낸 것도 벌써 3주 전이다. 평상시 섹스는 연애의 한 가지 요소에 불과하지만, 만약 여기에 문제가 생긴다면 두 사람의 관계 자체가 흔들릴 수도 있다. 어떻게 하면 침대 위에서 벌어지던 마법 같은 시간을 다시 되찾을 수 있을까?

1   **진짜 원인이 무엇인지 파악하라.** 스트레스는 성욕을 떨어뜨리는 중요한 요인이다. 무리한 요구를 해대는 상사, 큰 병을 앓고 있는 친척, 아이를 놓고 신경전을 벌이는 전처의 존재는 그의 열정에 찬물을 끼얹는다. 그가 진솔한 대화를 피하지만 않는다면 그의 의논 상대가 되어 주고 그를 소극적으로 만드는 진짜 원인이 무엇인지 찾아내라. 남자들은 때로 혼자가 아니라는 사실을 깨닫는 것만으로도 큰 힘을 얻는다.

2   **지금이 정말 대화가 필요한 시점인지 현명하게 판단하라.** 앞에서 얘기한 것처럼, "우리 얘기 좀 해."라는 말은 남자들을 움츠러들게 한다. 대화가 도움이 되는 순간도 분명히 있겠지만, 때로는 조용히 자신을 되돌아보는 시간도 필요하다. '침묵은 금이다'라는 말도 있지 않은가.

3   **그의 편이 되어 주어라.** 남자를 지지하고 응원해주는 연인은 그 어떤 야한 속옷을 입은 여자보다도 섹시하다. 당신의 남자가 지치고 괴로워하는 것을 느낀다면 전화를 걸어 당신만은 그의 편이라는 사실을 알리자. 과로에 시달리는 그를 위해 그가 가장 좋아하는 레스토랑에서 식사를 포장해 깜짝 방문하는 것도 좋다. 당신의 작은 행동 하나가 그를 예전의 열정 넘치는 남자로 되돌려놓을 수도 있다.

4   **그의 건강에 이상이 생긴 것은 아닌지 확인하라.** 숙녀 여러분, 남자들은 자신이 침대에서 최고가 아니라는 사실을 쉽게 받아들이지 못한다. 사랑하는 남자의 변화를 서운하게 받아들이기 전에

우선 그의 건강에 이상이 생긴 것은 아닌지 정확히 확인하고 넘어가자. 건강검진을 받아보자고 그를 설득하고, 가능하면 함께 병원에 방문하라. 직접 말하는 것이 껄끄럽다면 그와 가장 친구에게 넌지시 얘기해 달라고 부탁할 수도 있다. 이것은 당신이 사랑하는 남자의 건강과도 직결된 문제이다. 그의 건강과 행복을 걱정하는 당신의 마음을 꾸밈없이 전달하라. 그의 이해를 구하는데 성공했다면, 그가 다시 최고의 자리를 되찾도록 최선을 다해 도와주어라.

5 **함께 운동을 하라.** 당신의 조언을 받아들여 병원을 찾은 그가 체중을 몇 kg쯤 감량해야 한다는 진단을 받아 왔다면, 이 기회를 놓치지 말고 함께 운동을 시작하라. 땀을 흘리며 몸을 만드는 연인의 모습보다 섹시한 것은 세상에 없다. 게다가 운동을 통해 분비된 엔돌핀은 그의 열정에 불을 붙여 침대 위에서의 뜨거운 관계를 다시 되돌려놓을 것이다.

6 **침대 밖에서의 로맨스를 되찾아라.** 혹시 금요일마다 소파에서 영화를 보다가 그대로 잠에 빠져드는 생활을 몇 주째 반복하진 않았는가? 어느새 지루해진 관계에 로맨스를 되돌리고 싶다면, 일단 집 밖으로 나가 분위기 좋은 레스토랑이나 커플들이 많이 찾는 번화가로 향하라. 아이들을 데리고 암벽 등반 같은 야외 활동에 참여하는 것도 좋다. 장담하건데, 침대 밖에서의 열정은 침대 안에서의 열정과 절대 무관하지 않다.

7 **섹시한 속옷을 구입하라.** 그렇다. 몸에 꼭 맞는 뷔스티에나 허벅

지까지 오는 스타킹은 남자들의 머릿속에 조니 길Johnny Gill의 〈마이 마이 마이My My My〉가 울려퍼지도록 만든다. 물론 시각적인 자극의 힘은 그리 오래 가지 못한다. 하지만 그는 자신을 즐겁게 해주기 위한 당신의 노력에 진심으로 감사할 것이다. 이렇게 섹시한 속옷을 입은 당신의 사진을 문자메시지로 받거나 서류가방에서 '뜻하지 않게' 팬티 한 장을 발견한다면, 그는 진행 중인 회의를 서둘러 마무리하고 집으로 달려올 지도 모른다.

8 **밝을 때 하는 섹스의 즐거움을 잊지 말자.** 평소와 다른 시간에 하는 섹스는 색다른 즐거움을 준다. 그에게 '점심시간에 만나 주면 샌드위치 이상의 것을 약속한다'는 문자메시지를 보내본다면, 잠시 후 날아온 그의 열정적인 답장에 깜짝 놀라게 될 것이다. 물론 내 조언을 듣는답시고 직장을 포기할 필요는 없다. 하지만 팀 동료들에게 원래 점심시간보다 약간 늦게 복귀해도 된다는 양해를 구할 수 있다면 당장 이 방법을 시도해 보길 추천한다.

9 **휴가를 계획하라.** 남자들은 때로 모든 압박으로부터 벗어나 어딘가로 떠나고 싶은 기분을 느낀다. 이런 그를 위해 편안한 침대와 맛있는 아침식사가 제공되는 호텔이나 경치 좋은 산장으로 떠나는 휴가를 계획해보자. 만약 먼 곳으로 휴가를 떠날 경제적, 시간적 여유가 없다면 약간의 창의성을 발휘해 집에서 제대로 된 휴식을 취하는 것도 괜찮다. 휴대폰과 태블릿PC, 인터넷, 소셜 미디어를 모두 끄고 오직 서로에게만 집중하는 시간을 가져보자. 이렇게 로맨틱한 시간은 두 사람의 관계를 더욱 건강하고

끈끈하게 만들어 줄 것이다.

10 **조리도구와 식기를 꺼내 들어라.** 그가 가장 좋아하는 음식을 마지막으로 만들어준 것이 언제였는가? 물론 당신은 그와 비슷한 정도로 바쁜 일상을 보내고 있다. 하지만 퇴근길에 장을 보고 요리를 하는데 조금만 시간을 더 투자한다면 생각보다 훨씬 큰 효과가 찾아올 것이다. 그의 할머니가 만들어 주었다는 폭찹 맛을 그대로 재현해 낼 필요는 없다. 식탁에 좋아하는 반찬 몇 가지가 올라오는 것만으로도 그는 큰 감동을 느낄 것이다. 저녁 7시에 제대로 된 식사를 한 남자는 밤 12시까지 침대 위에서 달콤한 디저트를 제공할 확률이 더 높다.

11 **육아에서 해방된 시간을 선물하라.** 하루쯤은 믿을 만한 베이비시터에게 아이들을 맡기고 학교 숙제도, 어린이 야구단도, 학예회 준비도 걱정할 필요 없는 둘만의 시간을 가져라. 나 또한 아빠로서 아이들이 주는 기쁨이 얼마나 큰지 잘 알고 있지만, 때로는 육아에서 해방되는 시간도 간절히 필요하다.

12 **오랜 세월 함께한 커플과 만나는 시간을 가져라.** 30년, 40년, 심지어 50년 이상을 함께한 커플보다 더 좋은 조언을 해줄 수 있는 연애 선배는 없을 것이다. 그들은 당신과 당신의 남자에게 어려운 시기를 함께 헤쳐 나간 이야기를 들려줄 것이며, 어쩌면 침대 위에서의 열정이 식었을 때 극복할 수 있는 유용한 팁을 한두 개쯤 귀띔해줄 지도 모른다. 오래된 커플에게서 얻은 조언을 활용하여 사그라진 불꽃을 되살려보자.

13 **집을 편안한 휴식 공간으로 만들어라.** 나는 맞벌이 커플들의 사이가 소원해지는 중요한 이유 중 하나가 회사에서 받은 업무 스트레스를 집까지 들고 오는 데 있다고 생각한다. 당신과 당신의 남자는 이번 분기에 특히 힘든 시간을 보내고 있으며, 두 사람 다 하루에 기본 14시간씩 업무에 시달리고 있다. 식탁에 앉아 제대로 저녁을 먹기조차 힘든 커플이 어떻게 제대로 된 섹스를 할 시간을 낼 수 있겠는가? 집에 돌아오기 전에 15~20분간 하루를 정리하는 시간을 가져보자. 회사에서 끝낸 일은 회사에 두고 와야 한다. 온갖 복잡한 일들을 집까지 들고 오는 대신 퇴근한 순간 거실에서 온전히 휴식을 누려라. 스마트폰 전원은 끄고, 트위터 계정에서도 로그아웃하라. 집은 당신 커플이 서로의 사랑을 확인하고 로맨스를 되살리는 성스러운 공간이 되어야 한다.

14 **마음을 편히 먹어라.** 그는 당신을 사랑하고 당신에게 헌신하는 좋은 남자이다. 그를 괴롭히는 못된 상사도 프로젝트가 끝날 즈음에는 성질을 누그러뜨릴 것이고, 그를 걱정시키는 아픈 친척 또한 때가 되면 자리를 털고 일어날 것이다. 그가 힘든 시기를 극복할 때까지 인내심을 갖고 기다리자. 남자도 때로는 섹스에 열정을 잃을 때가 있다. 하지만 그가 당신을 진심으로 사랑한다면, 얼마 지나지 않아 중심을 되찾고 다시 뜨거운 사랑을 선물할 것이다.

정열의 불꽃을 되살리는 10가지 방법

1 대화를 나누어라!

2 그의 변화에 낯선 반응을 보이지 말라.

3 변화의 진짜 원인을 파악하라.

4 인내심을 가져라.

5 커플 휴가를 계획하라.

6 반복되는 일상에 변화를 주어라.

7 아무 이유 없이 편지나 이메일로 사랑 고백을 하라.

8 사소한 일에도 감사하는 모습을 보여라.

9 '이른 오후의 즐거움'이나 '늦은 새벽의 은밀한 만남'을 깜짝 선물하라.

10 섹시한 속옷에 도전하라.

결혼생활은
로망이 아닌 현실이다
• 결혼을 결심하기 전에 10가지 질문에 대답하라 •

당신과 그가 주유소에서 우연히 마주친 날 이후로 어느새 2년이 흘렀다. 그는 셀프 주유를 하던 당신 옆에 차를 댄 뒤 전화번호를 물었고, 당신은 예의바르면서도 자신감 넘치는 그의 모습에 호감을 느꼈다. 이틀 뒤 그에게서 첫 전화가 걸려온 날부터 두 사람 앞에는 마법 같은 날들이 펼쳐졌다. 당신과 그는 때로 시내에서 데이트를 하고 때로 집에서 휴식을 취하며 행복한 시간을 보냈다. 당신은 그의 장점뿐만 아니라 단점까지도 사랑하게 되었다. 그가 힘들어할 때면 옆에서 응원해 주고, 최악의 순간에도 곁을 떠나지 않을 자신이 있다. 그는 당신의 기준과 조건을 존중하고 가족과 친구들 앞에서 당신이 자신의 여자라고 당당히 선언했다. 제대로 된 타이틀과 직업과 수입을 갖춘 것은 물론이고 당신을 자신의 미래 계획에 기꺼이 포함시켰다.

당신은 그에게서 금과 다이아몬드로 반짝이는 프러포즈 반지를 받을 날이 머지않았다고 느낀다. 하지만 친한 친구들에게 웨딩드레스를 함께 골라 달라고 부탁하기 전에 먼저 확인해야 할 것이 있다. 당신은 결혼할 준비가 되었는가? 내 말은, 결혼할 준비를 진짜로 갖추었는가? 1~2년 동안 원만한 연애를 했다고 해서 반드시 결혼을 해야 한다는 법은 없다. 아마도 당신은 어린 소녀일 때부터 아름다운 신부가 되는 장면을 꿈꿔 왔을 것이다. 하지만 결혼생활은 로망이 아닌 현실이다. 이 장에서는 여자가 남자의 프러포즈를 받아들이기로 결심하기 전에 반드시 거쳐야 할 10단계 테스트를 소개하도록 하겠다.

1 **당신은 그가 그리는 미래에 확실히 포함되어 있는가?** 숙녀 여러분, 결혼할 지도 모르는 남자와 미래에 대해 직접적인 대화를 나누는 것은 당연한 일이다. 이것은 당신의 인생과 행복에 직결된 질문인 만큼 절대 피해서는 안 된다. 그가 생각하는 미래의 비전에 당신의 존재가 얼마나 구체적으로 포함되어 있는지 툭 터놓고 물어보자. 그가 당신을 진지하게 생각한다면 솔직한 대답을 망설일 이유가 없다. 만약 그가 대답을 제대로 하지 못한다면 그와의 관계를 여기서 끝내는 것이 시간 낭비를 막는 유일한 길이다. 만약 당신이 그의 비전에 제대로 포함되어 있다면, 시간을 내서 두 사람의 목표를 함께 이루는 방법을 상의해 보자. 이때 나눠야 할 얘기는 결혼식에 관한 것이 아니라 미래의 결혼 생활에 대한 것이라야 한다. 당신과 함께 미래를 설계하지도 않으려는 남

자와 결혼식을 올리는 것은 바보 같은 짓이다.

2 당신은 이 남자와 1년 365일을 함께 보낼 자신이 있는가? 이상한 질문처럼 들릴지도 모르지만, 자기만의 시간을 갖는 데 너무 익숙해진 사람들은 때로 타인과 모든 일상을 함께한다는 것이 어떤 느낌일지 제대로 상상하지 못한다. 당신은 아마도 개인적으로, 직업적으로 이루고자 하는 인생의 목표를 분명히 설정해 두었을 것이다. 하지만 결혼생활을 하면서 당신의 목표와 그의 목표를 동시에 이루는 것이 과연 가능할까? 인생을 케이크 만드는 과정에 비유하자면 연애는 당신이 만든 케이크에 달콤함을 더해주는 설탕 시럽이다. 하지만 결혼은 반죽의 맛을 좌우하는 핵심 재료를 통째로 바꾸는 것과 같다. 결혼을 결정하기 전에 시간을 충분히 갖고 이 사람과 앞으로 함께 보낼 3년, 5년, 10년이 어떤 모습일지 신중하게 그려보자.

3 당신은 그의 커리어를 100% 응원할 수 있는가? 어쩌면 그는 직업 때문에 한 달의 절반 정도를 출장으로 보내야 할 수도 있고, 같이 저녁식사를 들 수 있는 날이 거의 없을 수도 있다. 당장은 그의 능력과 그가 벌어다주는 연봉이 자랑스럽겠지만, 일에 미쳐 사는 남자와 평생 결혼생활을 하는 것은 또 다른 문제이다. 결혼하기 전에는 남자의 성공이 가져다주는 혜택을 한껏 누리다가 결혼한 후에 갑자기 불평을 하는 건 말이 되지 않는다. 두 사람과 장차 태어날 아이의 행복을 위해 그의 직업을 놓고 대화를 나눠야 할 시점은 결혼 후가 아니라 지금 이 순간이다.

4 두 사람의 커뮤니케이션 방식이 일치하는가? 당신은 내성적이고 그는 외향적이다. 당신은 힘들 때 마음의 문을 닫는 스타일이고 그는 폭발하는 스타일이다. 이런 두 사람이 큰 시련을 함께 헤쳐나간 경험이 없다면 결혼을 생각하기에는 아직 이르다. 당신은 그가 새벽 두 시에 걸려온 전화를 얼마나 거칠게 받는지 모르며, 그는 당신이 중요한 마감을 앞두고 있을 때 얼마나 예민해지는지 모른다. 결혼을 결심하려면 이 사람과 기쁠 때든 슬플 때든 함께할 수 있다는 확신이 필요하다. 만약 당신이 힘들 때 일단 마음의 문을 닫는 스타일이라면, 미리 그에게 당신의 성격을 알리고 당신이 대화를 피할 때 몇 시간에서 며칠 정도 시간을 달라고 얘기하라. 만약 그가 힘든 일을 친구들과 먼저 상의하는 스타일이라면, 서운한 감정을 드러내기에 앞서 그의 성격을 이해하려고 노력하라. 대화야말로 오랫동안 원만한 결혼생활을 유지하는 모든 부부의 공통점이라는 사실을 잊어서는 안 된다.

5 두 사람의 소비 습관과 재정 관리 원칙이 일치하는가? 당신과 남편은 최근 몇 년 동안 각자의 직업에서 좋은 성과를 올려 상당한 성과급을 받았다. 당신의 계획은 예상치 못한 추가 수입 중 절반을 저축하고 나머지 절반으로 꿈에 그리던 화려한 휴가를 떠나는 것이다. 하지만 남편은 두 사람 분의 성과급을 주식시장에 쏟아 붓고 공격적인 투자를 하길 원한다. 만약 두 사람이 결혼 전에 돈 관리를 놓고 진솔한 대화를 나누지 않았다면, 이 문제는 언제 터져도 이상하지 않을 폭탄이 되어 결혼생활을 위협할 것이다.

각자의 소비 습관과 재정 관리 원칙을 공유하고 가계 수입을 어떻게 관리하길 원하는지 터놓고 이야기하라. 명품 구두만 보면 자기도 모르게 지갑을 여는 소비 습관이나 아직 갚을 날이 한참 남은 학자금 대출의 존재를 쉬쉬해서는 안 된다. 부인에게 갚을 빚이 10만 달러나 있다는 사실을 갑자기 들었을 때 좋은 반응을 보일 남편은 어디에도 없다.

경제적으로 어려운 가족이나 지인들에게 빌려준 돈이 있다는 사실도 숨김없이 털어놓아라. 만약 당신이 남편 아닌 누군가의 경제적 버팀목 역할을 하고 있었다면, 결혼을 하고 재정 상황을 공개한 순간 불만 섞인 반응을 보게 될 가능성이 아주 높다. 미래의 남편과 당신의 도움을 받고 있는 가족 혹은 지인에게 현재 상황을 솔직히 얘기하고, 무엇보다 당신 스스로 결혼 후의 재정 관리 원칙을 확실히 세워야 한다. 결혼과 동시에 지원을 끊는 것이 어려운 상황이라면, 적어도 상대방에게 상환 계획을 요구하고 받기로 약속한 돈은 확실히 받아야 할 것이다. 주변 사람들의 경제적 문제 때문에 당신의 결혼생활을 위태롭게 만드는 것은 말이 되지 않는다.

가능하다면 예비 신랑과 함께 자산관리사를 찾아가 상담을 받아라. 가계 수입을 누가 관리할지 여부도 신중하게 고민하고 상의해서 결정해야 한다. 두 사람의 월급을 관리할 사람은 누구인가? 당신? 남편? 아니면 두 사람이 공동으로? 만약 당신이라면, 한 달 지출을 어떻게 분배할 계획인가? 두 사람의 용돈은 총 수입에 기여하는 비율대로 할당할 것인가? 아니면 절대 금액으로 정해놓을 것인가? 어떻게 하면 각자에게 가장 공평한 방법으로 생활비를 분배할 수 있을까? 도저히 지나칠 수 없는 예쁜 구두를 발견했을 때에도 일일이 남편과 상의할 수 있겠는가? 그가 평생의 소원이라며 70인치 TV를 사려고 할 때 두말없이 허락해줄 것인가? 두 사람의 소비 습관을 공개하고 재정 관리 원칙을 일치시켜나가는 과정은 제대로 된 결혼 준비의 첫걸음이다.

6 **그와 아이를 낳고 가정을 꾸릴 준비가 되었는가?** 당신은 어린 조카들을 잘 돌봐주는 그에게서 좋은 아빠의 모습을 발견했을 것이다. 하지만 어쩌다 한 번씩 남의 아이들을 돌보는 것과 하루 종일 내 아이의 육아에 전념하는 것은 차원이 다르다. 결혼을 결심하기 전에, 그와 자녀 계획 및 육아 계획에 대해 터놓고 이야기를 나누어라. 당신은 결혼하자마자 아이를 갖고 싶은가? 아니면 얼마 동안은 신혼생활을 즐기고 싶은가? 두 사람의 나이나 가족들의 압박에 휘둘려 원치 않는 선택을 해서는 안 된다. 새 생명을 낳고 기르며 가정을 꾸리는 것은 매우 중요한 동시에 현실적인 문제이므로, 다른 누구도 아닌 결혼 당사자들의 의견 일치가 반드시 필요하다.

7 **상대방이 데려온 아이를 잘 키울 자신이 있는가?** 두 가정을 합치는 것은 쉬운 일이 아니다. 나와 내 아내 마저리에게는 전 결혼생활에서 얻은 일곱 명의 자녀가 있다. 새로운 배우자와 꾸린 가정에 아이들을 데려오기 위해서는 우선 그 아이들이 스스로 사랑

받는다는 기분을 느끼도록 해 주어야 한다. 결혼을 생각하는 상대에게 자녀가 있다면 충분한 시간을 들여 아이들의 시간 관리 계획이나 가족 규칙, 훈육에 대한 생각을 서로 공유하고 대화를 나눠야 한다. 어쩌면 당신의 남자에게는 이미 성인이 된 자녀가 있을지도 모른다. 하지만 법적으로 성인이 되었다고 해서, 혹은 이미 결혼해서 자기 아이를 키우고 있다고 해서 아버지의 새 인생에 무관심한 자식은 없다. 어른이 된 자녀들 또한 당신이 새로 꾸릴 가정의 구성원이라는 사실을 잊어서는 안 된다.

8 **서로의 가족과 잘 지낼 수 있는가?** 당신은 고압적인 성격의 예비 시어머니가 마음에 들지 않는다. 지금까지는 큰 가족 행사를 제외하면 만날 일이 별로 없었기에 웃으며 대할 수 있었지만, 과연 그녀를 시어머니로 모시면서도 평생 행복한 결혼생활을 알 수 있을까? 지금 그는 당신에게 여섯 남매와 열여덟 명의 조카, 서른한 명의 사촌들이 있다는 사실을 대수롭지 않게 여긴다. 하지만 과연 모든 명절마다 그들을 감당하면서도 평생 불평 한마디 하지 않을 수 있을까? 결혼 후 몇 년이 지난 시점에 당신이 홀로 남은 부모님을 모셔야 하게 된다면, 과연 그가 순순히 그 상황을 받아들일까?

결혼생활은 기본적으로 두 사람의 결합이지만, 양가의 가족과 그들이 미치는 영향을 무시하고 살 수는 없다. 각자의 가족 구성원들과 그들이 과거에 일으켰던 사건, 미래에 일으킬지도 모르는 문제들을 터놓고 이야기하라. 미래의 배우자가 가족이나 친

척에게서 무례한 대접을 받았을 때 어떻게 대처할지 미리 정해
놓는다면, 혹시라도 언짢은 일이 생겼을 때 현명하게 대응할 수
있을 것이다.

9 **당신은 그의 친구관계를 이해할 수 있는가?** 그는 대학 시절부터
몰려다니던 단짝 친구들과 여전히 어울려 다니며 *끈끈한* 관계를
자랑한다. 당신은 그들이 좋은 시기와 힘든 시기를 함께 겪으며
서로에게 힘이 되어준 좋은 친구들이라는 사실을 알고 있다. 하
지만 그들이 미식축구 경기가 열리는 주말마다 당신의 신혼집에
쳐들어오고, 한 달에 최소 한두 번씩 남편을 불러내 밤새 술을 마
시며, 일 년에 한 번씩 다함께 여행을 떠난다 해도 끝까지 견뎌낼
자신이 있는가? 만약 그 무리 사이에 이성 친구가 한 명 껴 있다
면 또 어떨까? 예비 신랑의 *끈끈한* 친구관계를 진심으로 이해할
수 있을지 결정하는 것은 그와 손을 잡고 하객들 앞에서 행진을
하기 전이라야 한다.

10 **그와 기쁠 때나 슬플 때나 함께할 자신이 있는가?** 지난 2007년에
벌어진 경제위기 때 목격했듯이, 백만장자에서 기초생활수급자
로 한 순간에 전락할 수 있는 것이 인간의 운명이다. 때로는 사랑
하는 지인이 예기치 못하게 세상을 떠나기도 하고, 형편이 어려
워 갈 곳이 없는 형제자매를 당분간 데리고 지내야 하는 경우도
생긴다. 살다 보면 언제든 시련이 닥치기 마련이다. 당신은 정말
로 기쁠 때나 슬플 때나 그와 원만한 결혼생활을 유지할 마음의
준비를 갖추었는가? 지금까지 연애 기간을 돌아볼 때, 그는 당신

이 힘들 때마다 열일을 제치고 달려와 주었는가? 당신은 그가 경제적 위기를 겪는 동안에도 변함없이 곁을 지킬 자신이 있는가? 당신과 그가 힘든 순간에 서로 믿고 의지할 수 있을 것이라고 막연히 추측하는 것만으로는 부족하다. 결혼을 결정할 때에는 이 남자가 당신의 인생이 송두리째 흔들릴 때 곁에서 중심을 잡아 줄 사람이라는 확신이 필요하다.

이 열 가지 질문이 결혼생활의 모든 것을 담고 있다고 말할 수는 없지만, 적어도 결혼이라는 중요한 결정을 앞두고 있는 여성들에게 유용한 가이드라인을 제공할 것이다. 결혼반지와 드레스, 예식장을 고르는 데 정신이 팔려 이 남자와 함께할 평생의 결혼생활을 소홀히 여겨서는 안 된다. 말만 번지르르한 약속은 누구나 할 수 있다. 당신의 역할은 그런 말을 하는 사람들 중에서 당신에게 어울리는 진짜 남편감을 찾아내는 것이다.

여자의 꿈

- 당신의 단기 목표는 무엇인가?
- 당신의 장기 목표는 무엇인가?

남자의 야망

- 그의 개인적, 직업적 단기 목표는 무엇인가?
- 그의 개인적, 직업적 장기 목표는 무엇인가?

두 사람의 목표

- 두 사람이 함께할 결혼생활의 목표는 무엇인가?

- 두 사람이 이룰 가정의 목표는 무엇인가?

- 두 사람의 경제적 목표는 무엇인가?

- 두 사람이 꿈꾸는 결혼식은 어떤 모습인가?

정말 중요한 것은
그의 가족이다
• 그의 가족을 파악하는 데 충분한 시간을 투자하라 •

당신과 그는 행복한 연애를 해 왔다. 그는 당신의 '90일 원칙'을 기꺼이 존중했고, 당신과 (심지어 휴대폰 없이도) 진솔하고 재미있는 대화를 나누었으며, 평일 저녁이면 새롭고 짜릿한 데이트를 즐기다가 일요일이면 교회에서 함께 예배를 드렸다.

어느 일요일, 예배를 마치고 분위기 좋은 레스토랑에서 브런치를 들던 중에 그가 이런 얘기를 꺼낸다. "자기야, 이번 주 일요일에 내 여동생의 생일 파티가 있어. 괜찮다면 그 자리에서 당신을 우리 가족들에게 소개해 주고 싶은데, 당신 생각은 어때?" 당신은 들고 있던 음료를 한 모금 홀짝인 뒤 그를 향해 미소 지으며 대답한다. "좋지. 초대해 줘서 고마워." 하지만 당신의 마음속은 이미 패닉에 빠진 상태다. '세상에! 그이의 가족들을 만난다니! 아직 마음의 준비가 안 됐는데!'

남자가 가족 모임 얘기를 꺼냈다는 것은 그가 당신을 정착할 여자로 생각하고 진지하게 미래를 계획 중이라는 사실을 의미한다. 하지만 그의 가족과 첫 만남을 갖기 전에 미리 짚고 넘어가야 할 부분이 몇 가지 있다.

1 **두 사람의 관계를 어떻게 소개할 것인지 분명히 결정하라.** 서로가 서로를 결혼상대로 생각한다는 사실을 100% 확신하기 전까지는 절대로 가족 모임에 얼굴을 내밀지 말라(정말로 '절대' 안 된다). "그냥 친구예요." 혹은 "요즘 만나는 여자예요." 정도의 소개를 듣기 위해 새벽부터 공들여 화장하는 것은 어리석은 짓이다. 사랑하는 사람의 가족을 만나러 갔다가 바로 그 앞에서 관계에 대한 확신이 무너지는 것보다 비참한 순간은 세상에 없다.

2 **그의 가족관계와 중요한 구성원들의 정보를 미리 확인하라.** 당신이 가장 먼저 만나게 될 가족 구성원은 누구인가? 부모님? 조부모님? 형제들? 그가 가장 아끼는 조카? 세상에서 제일 존경하는 삼촌? 모임에 참석하기 전에 그의 가족들 이야기를 듣고, 그가 가장 중요하게 생각하는 구성원이 누구인지 확인해 두어라. 당신이 처음 만난 가족들의 이름을 전부 외워 오리라고 기대하는 사람은 없다(심지어 대가족이라면 아무도 그런 기대를 하지 않는다). 그의 여동생 이름이 캐런이고 조카 이름이 카일리라는 정도만 기억하고 있어도 좋은 첫인상을 남기는 데 큰 도움이 될 것이다.

3 **적절한 옷차림을 지켜라.** 그가 평소에 당신의 몸매를 드러내는

섹시한 옷을 좋아했다고 하더라도, 할머니 댁에서 열리는 가족 모임에 토요일 저녁 클럽에 갈 때나 입을 법한 요란한 의상을 입고 가는 것은 적절치 못하다. 수녀처럼 온 몸을 꽁꽁 싸매고 나타날 필요는 없지만, 적어도 고상한 옷을 차려입고 가는 것이 좋다. 사람들의 기억에 가장 오래 남는 것은 바로 첫인상이다.

4 **가식은 버리고 꾸밈없이 행동하라.** 당신을 데려 온 남자의 체면이 망가지지 않도록 좋은 모습을 보이려 노력하는 것은 좋다. 하지만 가식적인 말투나 평소와 다른 모습을 보이려고 애쓰지는 말라. 자기 자신에게 자부심을 느끼고 당당하게 행동하는 여성은 그 자체로 빛이 나기 마련이다.

자, 당신은 그가 가장 아끼는 다섯 살짜리 조카의 생일파티나 그의 정신적 지주인 삼촌의 은퇴 기념식을 잘 치러냈다. 그의 어머니와 여자 형제, 사촌들과 친밀한 대화를 나누는 데 성공했으며 심지어 지난 주말에 있었던 축구 경기를 언급하며 그의 아버지 마음까지 사로잡았다. 하지만 그의 친척 중 몇 명은 당신에게 조금 과한 농담을 건넸으며 심지어 무례하게도 그의 전 여자 친구 얘기를 꺼낸 사람도 있었다. 이처럼 그의 가족이나 친척이 예의 없게 굴 때는 어떻게 대처하는 것이 현명할까? 가족들을 처음 소개받는 자리에서 상대방의 행동을 평가하거나 지적해도 괜찮은 것일까?

1 **가장 먼저 당신의 기분이 불편하다는 사실을 남자에게 알려라.**

그의 삼촌 중 한명이 당신에게 부적절한 농담을 던지며 시시덕 거렸다고 치자. 당신은 적어도 열 번쯤 예의바른 미소를 지으며 그의 관심을 딴 데로 돌리려고 노력했지만 모두 허사였다. 이렇게 그의 가족에게서 받은 상처를 혼자만 떠안고 있다가 곪아터지게 내버려 둬서는 안 된다. 가족 모임에서 불쾌한 일을 당하면 즉시 그에게 솔직히 얘기하자. 문제를 일으킨 사람이 그의 가족이라면 문제를 해결하는 사람은 당신이 아니라 그가 되어야 한다. 게다가 그는 당신보다 가족들의 성격이나 과거를 잘 알고 있으므로 대처법을 찾기도 훨씬 쉬울 것이다. 그렇다면 당신의 몸매를 놓고 몇 번이나 불쾌한 농담을 던진 마이크 삼촌을 어떻게 처리해야 할까? 그의 예의 없는 행동을 모른 척 넘어간다면 다음번에 만났을 때 또 비슷한 일을 당할 게 뻔하다. 이럴 때는 즉시 불편한 기분을 표현하는 편이 현명하다.

2 **무례한 말이나 행동을 멈춰 달라고 그 자리에서 얘기하라.** 만약 당신이 불쾌감을 표현했고 당신의 남자가 정중하게 부탁했는데도 그가 무례한 언행을 멈추지 않는다면, 예의를 잃지 않는 선에서 그런 행동을 용납할 수 없다는 뜻을 밝혀라. 실수를 저지른 당사자는 기분이 상할 지도 모르겠지만, 나머지 가족들은 당신의 용기 있는 행동을 칭찬할 것이다.

3 **모임에 소비할 시간을 미리 정해 두어라.** 당신이 그를 아무리 사랑한다고 해도 남의 가족 모임에 참여하는 것은 진이 빠지는 일이다. 끝까지 평정심을 잃지 않고 좋은 인상을 남기기 위해서는

모임에서 나올 시간이 언제인지 미리 정해 두어야 한다. 예를 들어 형제의 생일 파티에는 딱 세 시간만 머무르다 나오기로 약속하거나 성탄절 연휴에 그의 고향집을 방문할 때는 2박 3일 후에 돌아올 예정이라는 계획을 미리 세워두는 것이다. 끝날 시간을 정확히 알고 있으면 좋은 모습을 보이기 위해 내내 긴장해야 하는 가족 모임의 부담이 한결 가벼워질 것이다.

4 개인적인 만남을 유도하라. 어떤 사람들은 여럿이서 만날 때보다 단 둘이 만날 때 보다 덜 까칠하고 더 친근한 태도를 보이기도 한다. 당신만 불편하지 않다면, 그의 어머니에게 이번 주 토요일에 같이 네일샵에 방문하자고 청하거나 그가 가장 좋아하는 조카에게 야구 경기를 보러 가자고 제안해보라. 이것은 그의 가족들에게 센스 있게 점수를 따는 가장 효과적인 방법이다. 자기가 좋아하는 장소에 있을 때 더 쉽게 마음의 문을 여는 것은 남녀노소 누구나 마찬가지일 것이다.

그와 평생 동안 함께할 마음이 있다면 그의 가족들을 파악하는 데 충분히 많은 시간을 투자해야 한다. 당신이 걸핏하면 화를 내는 시어머니나 사사건건 간섭하는 시누이와 가족이 되지 말라는 법은 어디에도 없다. 물론 가족 모임에서 만난 그의 어머니가 아들의 여자 친구를 아끼고 존중하는 최고의 예비 시어머니일 가능성도 얼마든지 있다. 그의 가족들이 어떤 성격을 지니고 있든, 당신은 솔직하고 친근하며 무엇보다 자기 자신을 잃지 않는 모습을 보여야 한다.

스티브 하비가 알려주는   남자의 47가지 진실

앞에서 (백만 번쯤) 말했듯이, 남자는 지극히 단순한 생물이다. 남자에게 남녀관계에 대한 질문을 던지면 친절하고 자세한 설명 대신 김빠질 정도로 간단명료한 대답이 돌아오는 것도 그들의 이런 단순한 성향 때문이다. 자연히 여자들은 남자에 대한 궁금증을 동성 친구들과 상의하고, 이 과정에서 잘못된 정보를 얻게 된다. 나는 이런 여자들을 위해 주변의 여성 동료 수십 명에게 남자에 대한 여성들의 궁금증을 알려 달라고 부탁했다. 그녀들은 물었고, 나는 대답했다. 이 장에는 그 동안 내가 여성 동료들과 나눈 질문과 답변이 실려 있다.

질문 1.   남자들은 어떤 여자를 섹시하다고 느끼나요?
스티브 하비 모든 남자에게는 저마다의 취향이 있기 때문에, 한 남자가 섹시하다고 느낀 여자가 다른 남자들에게도 똑같이 보이리라는 보장은 없습니다. 한 가지 확실히 말할 수 있는 것은, 당신이 거울 속에 비치는 자기 자신의 외모를 아무리 싫어한다고 해도 누군가는 그 모습을 있는 그대로 사랑하리라는 거예요. 어떤 외모를 갖고 있든 자신감 있는 여자는 빛이 나기 마련이니까요. 더불어, 남자는 매우 시각적인 생물이므로 이성의 옷차림, 걸음걸이, 화장법, 손과 발, 사소한 태도까지 하나도 놓치지 않는다는 사실을 기억하길 바랍니다.

질문 2.   남자들은 여자의 성형수술에 대해 어떻게 생각하나요?

스티브 하비 일반적인 남자들은 여자가 아름다워지기 위해서 기울이는 노력에 큰 불만을 갖지 않습니다. 가슴 확대 수술이나 지방 흡입, 코 성형 등이 당신의 자신감을 올려 준다면 남자의 시선을 의식해서 망설일 필요는 없어요. 하지만 만약 그가 당신의 원래 코 모양을 좋아하고, 굳이 성형할 필요가 없을 것 같다고 조언한다면 수술에 대해 다시 한 번 생각해 보는 게 좋습니다. 있는 그대로의 모습으로 사랑받고 있는데 괜히 손을 대서 잘못될 위험을 감수할 필요가 있을까요? 마찬가지로, 그가 통통한 당신의 모습을 좋아한다면 굳이 무리하게 살을 빼지 마세요. 물론 성형 수술이나 다이어트의 목적이 자기만족이라면 도전해도 상관없겠죠. 하지만 이미 당신을 사랑하는 남자라면 당신의 외모가 조금 바뀐다고 해서 큰 태도 변화를 보이지는 않을 겁니다.

질문 3. **남자들은 정말 어린 여자를 좋아하나요?**

스티브 하비 40대에서 50대에 들어선 남자들 중 일부는 어린 여자를 만남으로써 자신의 능력과 가치를 확인받으려고 합니다. 화려한 색깔에 요란한 엔진음을 내는 스포츠카를 몰고 다니는 것과 정확히 같은 이유라고 보면 되죠. 그들은 더 이상 제대로 작동하지 않는 자신의 '엔진' 대신 요란한 소리를 내줄 대체품을 찾습니다. 인생의 우선순위를 제대로 세우지 못한 남자들일수록 이런 경향이 강하죠. 이런 남자들은 여자를 자신의 결점을 감추는 도구로 여깁니다. 하지만 당신보다 한참 어린 남자가 당신을 보며 '이 여자야말로 내 능력과 가치를 증명해 줄 여자야.'라고 생각하지 말라는 법은 어디에도 없어요. 실제로 우리 주변에서도 이런 일이 매일같이 일어나고 있잖아요? 앞에서도 말했듯이, 있는 그대로의 당신을 사랑해 줄 짝은 반드시 있습니다.

질문 4. **남자들은 마른 여자를 좋아하나요,**
통통한 여자를 좋아하나요?

스티브 하비 남자는 모든 여자를 좋아합니다. 남자들의 취향은 세상의 모든 여자들을 포용할 수 있을 정도로 넓고 깊죠. 체격이 좋은 여자를 좋아하는 남자도 있고, 아담한 여자를 좋아하는 남자도 있고, 작고 마른 여자를 좋아하는 남자도 있습니다. 그 중간에 어디쯤에 해당하는 키와 몸매가 좋다는 남자들도 얼마든지 있어요. 당신의 체형은 중요하지 않습니다. 세상에는 당신의 몸매를 보고 홀딱 반할 남자가 분명히 존재하니까요.

질문 5. **스티브, 당신은 담배 피우는 여자와 사귀거나 결혼할 수 있나요?**

스티브 하비 저는 담배 피우는 여자를 절대 만나지 않습니다. 대부분의 비흡연자 남성들 또한 저와 같은 생각일 거예요. 담배는 입술을 거무튀튀하게 물들이고 피부를 축 처지게 만들죠. 건강을 해치는 건 더 말할 필요도 없고요. 저는 흡연이라는 습관이 불안정한 내면과 건강에 대한 무지를 드러낸다고 생각합니다. 담배를 피우지 않는 남성이 흡연 여성에게서 좋은 아내와 엄마의 모습을 발견할 가능성은 극히 드물어요. 대부분의 비흡연 남성들은 흡연 여성을 진지한 연인으로 절대 받아들이지 못합니다. 잠자리 상대로 생각할 수는 있겠죠. 하지만 결혼상대로는 아니에요.

질문 6. **남자들은 여자가 처음 만났을 때보다 체중이 늘거나 외모가 변하면 싫어하나요?**

스티브 하비 당신을 진정으로 사랑하는 남자라면 체형 변화 정도로 마음이 식지는 않습니다. 남자도 나이가 들면 허리가 굵어지고 배가 나오는데, 여자의 변화도 당연히 받아들여야죠. 시간이 지나면서 모습이 변하는 것은 지극히 자연스러운 현상이에요. 중요한 것은 당신이 섹시함을 유지하기 위해 스스로 노력하는 모습을 보이는 겁니다. 예를 들어 5kg까지 찌는 것은 괜찮지만 10kg 이상은 찌지 않겠다는 식으로 스스로 상한선을 정해놓고 신경을 쓴다면 남자도 불만을 갖지 않을 거예요. 물론 세상에는 여자의 외모를 과거와 비교하며 불평하는 속 좁은 남자도 있습니다. 하지만 제대로 된 남자라면 결과와 상관없이 당신의 노력을 알아채고 감사하는 마음을 가질 거예요.

질문 7. **남자들은 하이힐을 좋아하나요, 플랫 슈즈를 좋아하나요?**

스티브 하비 하이힐이죠. 당연히 하이힐을 좋아합니다. 운동선수들이 하이힐을 신고 경기에 출전하는 것이 가능해진다면 남자들은 쌍수를 들고 환영할 겁니다. 하이힐은 그 자체로 섹시한 느낌을 주잖아요. 저는 살면서 하이힐보다 플랫 슈즈가 좋다는 남자를 한 명도 만나보지 못했어요. 단 한 명도요. 남자라면 누구나 하이힐이 여성의 다리를 더 아름답게 만들어 주고, 걸음걸이를 더 여성스럽게 만들어준다고 생각합니다. 당신도 예외가 아니에요. 이것이 바로 남자들이 하이힐을 좋아하는 이유입니다.

질문 8. 남자들은 정말 백치미에 끌리나요?

스티브 하비 똑똑한 남자는 멍청한 여자와 사귀지 않습니다. 물론 이용
은 할 수 있겠죠. 똑똑한 남자들이 멍청한 여자를 좋아하지
않는 이유는 그녀가 상대방의 일은 물론이고 자신의 일조
차 제대로 챙기지 못할 거라고 생각하기 때문입니다. 만약
결혼할 상대를 찾고 있다면 여성의 지적 능력은 더욱 중요
한 평가 요소가 되죠. 직장 동료들이 모두 모인 파티에서 망
신을 줄 여자를 만나고 싶어 하는 남자는 없습니다. 물론 외
모가 아름다운 여자라면 과시용으로 잠깐 데리고 다닐 수
는 있겠지만, 평생을 함께할 배우자로는 생각하지 않아요.

**질문 9. 남자들은 자신에게 술을 사주는 여자를
어떻게 생각하나요?**

스티브 하비 물론 고맙게 받아들이죠. 남자들은 술을 사주는 여자가 자
신에게 관심이 있다고 생각합니다. 여자가 관심을 보이는
순간 남자들은 즉시 게임에 들어가요. 게임의 목적은……
사냥감을 확실히 잡는 거겠죠.

질문 10. 남자들은 술을 마시는 여자를 싫어하나요?

스티브 하비 좋아하는 남자도 분명히 있습니다. 하지만 술을 마시지 않

는 남자는 대부분 술 좋아하는 여자를 꺼리죠. 술 취한 여자 후배를 기숙사 방으로 데려가고 싶어 안달하는 대학생 시절이라면 얘기가 좀 다르겠지만, 남자들은 기본적으로 여성스럽게 행동하는 여자를 선호합니다. 물론 사람들과 어울리는 자리에서 한두 잔씩 마시는 건 얼마든지 괜찮아요. 하지만 도가 넘게 취해서 기억을 잃거나, 다른 남자의 품에 안기거나, 술을 더 가져오라고 고함을 치는 여자를 받아줄 남자는 거의 없습니다.

질문 11. 데이트 중인 남자에게 선물을 줘야 할까요?

스티브 하비 선물은 결혼까지 생각하는 진지한 연인에게만 주는 것이 좋아요. 가볍게 만나는 여자에게 선물을 받았을 때 남자들이 떠올릴 가능성은 두 가지 뿐입니다. 첫째, 이 여자는 뭔가 꿍꿍이를 품고 있다. 둘째, 이 여자는 내게 작은 선물을 주고 더 큰 보답을 원하는 것이다. 남자에게 뭔가를 갖다 바치기 전에 그가 어떻게 나오는지 먼저 지켜 보세요. 진짜 남자라면 사랑하는 여자에게 선물을 받기 전에 먼저 선물을 안기고, 그녀를 행복하게 해 주기 위해 이벤트를 준비하기 마련입니다. 여기서 주의할 점은, 남자가 주는 선물을 기쁜 마음으로 받되 그의 행동을 너무 진지하게 받아들여선 안 된다는 겁니다. 그의 진심을 확인하고 싶다면 선물보다는 당신을 자기 여자라고 선언하는지, 당신을 보호하려

하는지, 당신이 필요로 하는 것들을 제공하려 하는지 여부를 살펴보는 편이 훨씬 정확합니다.

질문 12. 남자들은 경제적 도움을 요청하는 여자를 어떻게 생각하나요?

스티브 하비 연애를 시작한 초반에 그런 부탁을 했다간 뭔가 목적을 갖고 접근한 여자로 오해받기 십상입니다. 하지만 만남을 가진지 꽤 됐고, 당신이 정말로 재정적 위기에 처한 상황이라면, 사정을 솔직히 털어놓고 그의 반응을 지켜보세요. "자기야, 요즘 내가 경제적으로 많이 힘든 상황이야. 이런 부탁을 하는 게 정말 미안하고 부끄럽지만, 당신의 도움이 절실히 필요해. 혹시 가능하다면 내게 100달러만 빌려줄 수 있을까? 급한 불을 끄고 나면 반드시 갚을게." 라고 정중하게 부탁하는 겁니다. 그가 당신을 진심으로 사랑한다면 수중에 100달러가 없지 않은 한 반드시 당신의 손을 잡아줄 거예요.

질문 13. 남자는 사랑하는 여자의 성공을 도와주려 하나요?

스티브 하비 물론입니다. 만약 당신의 남자가 아직 타이틀과 직업, 수입을 손에 넣지 못한 상황이라면 일단은 자신의 목표에 매달리느라 당장 도움을 주기 어려울 수 있어요. 하지만 그런 남자라도 어느 정도 자리를 잡고 안정을 찾은 뒤에는 반드시 자기 여자의 성공을 지지하고 응원합니다.

질문 14. 남자들은 직업이 없는 여자와 결혼하길 꺼리나요?

스티브 하비 전혀 그렇지 않습니다. 요즘에는 생계를 유지하기 위해 맞
벌이를 하는 것이 당연한 일로 여겨지고 있죠. 하지만 스스
로 가족을 먹여 살릴 능력을 갖춘 남자라면 부인이 주부로
지내는 것을 전혀 신경 쓰지 않아요.

질문 15. 남자들은 운전하는 여자를 어떻게 생각하나요?

스티브 하비 지금은 21세기예요. 일반적인 남자라면 누구나 여성이 스
스로 차를 모는 것을 당연하게 생각합니다. 물론 일부 꽉
막힌 보수주의자 중에는 운전이 남성의 전유물이라고 생
각하는 사람도 있죠. 하지만 그들은 제가 보기에도 제정신
이 아니에요. 살면서 한 번도 만나본 적은 없지만요.

질문 16. 남자들은 스포츠에 관심 많은 여자를 좋아하나요?

스티브 하비 전혀요. 좋아하는 남자들도 있겠지만, 대부분은 그냥 방해
받지 않고 경기를 하거나 볼 수 있으면 충분히 만족합니다.
만약 당신이 스포츠에 별 관심이 없다면 그냥 좋아하는 다
른 일을 하세요.

질문 17. 남자들도 쇼핑을 좋아하나요?

스티브 하비 남자들이 쇼핑을 나가는 것은 사랑하는 여자가 부탁할 때, 그리고 그것이 그녀와 함께할 수 있는 유일한 시간일 때뿐입니다. 절대 원해서 나가는 것이 아니죠. 생각해 보세요. 백화점의 남성복 매장은 대부분 1층의 정문 근처에 조그맣게 위치해 있는 게 전부예요. 남성 전용 아동복 매장도, 남성 전용 명품 매장도 없죠. 남자들은 꼭 필요한 물건만 사서 즉시 돌아가길 원합니다. 남자들이 세일 코너를 열심히 돌아다니며 거울 앞에서 셔츠를 대 보거나, 친구들에게 파란색과 녹색 중 어떤 것이 더 잘 어울리는지 물어보는 모습을 본 적 있나요? 우리 남자들은 집을 나서는 순간부터 필요한 물건이 무엇인지 알고, 그 물건을 손에 넣은 순간 매장을 벗어납니다. 매장에 들어갔다 나오는 것. 이게 남자의 쇼핑이에요.

질문 18. 남자들은 다른 인종 여성과의 연애를 어떻게 생각하나요?

스티브 하비 개인의 성향에 따라 다르겠지요. 하지만 요즘도 이런 문제를 신경 쓰는 사람이 있나요? 인종 간 연애는 예전처럼 대단한 일이 아니에요. 저는 개인적으로 전혀 신경 쓰지 않습니다. 사랑 앞에는 인종도 국경도 없어요. 인종이 다른 두 남녀가 사랑에 빠지는 것은 얼마든지 가능한 일이고, 가장 중요한 것은 두 사람이 서로 사랑한다는 겁니다. 하지만 상대방의 진심을 확인할 필요는 있겠죠. 만약 누군가 신분 상승을 위해 다른 인종의 이성을 배우자로 선택한다면 그보다 끔찍한 일은 없을 거예요. 하지만 사랑 때문이라면 오히려 용기 있는 선택에 박수를 보내야겠죠.

질문 19. 남자는 어째서 섹스 후에 포옹을 하지 않으려 하나요?

스티브 하비 섹스를 끝낸 남자는 너무 덥고 피곤한 상태입니다. 온몸은 땀에 젖고 아무것도 생각할 여유가 없죠. 그는 당신을 거부하는 게 아니라, 포옹과 대화를 하기 전에 딱 1분의 여유시간을 필요로 하는 거예요.

질문 20. 남자에게 성적으로 만족하지 못한다는 신호를 어떻게 보내야 하죠?

스티브 하비 이런 얘기를 저녁 식사 중인 식탁이나 장거리 여행 중인 자동차에서 하는 것은 적절치 않습니다. 그런 상황에서는 절대 좋은 반응이 나올 수 없어요. 사랑하는 여자가 자신에게 성적으로 만족하지 못한다는 사실을 알게 된 순간, 남자는 엄청난 불안과 초조함에 휩싸이거든요. 저는 차라리 관계 중에 속마음을 털어놓길 추천합니다. 그 때는 남자도 평상시보다 마음이 열려 있거든요. "자기야, 이렇게 하니까 너무 좋아.", "방금 그거 너무 좋았어. 이번엔 이렇게 해 볼까?" 라고 말하며 그의 행동을 조종하세요. 그는 당신에게 불평을 들었다고 생각하는 대신 당신을 만족시킬 방법을 찾아냈다는 생각에 기뻐할 겁니다. 기억하세요. 남자들은 상대방을 만족시킬 수만 있다면 관계 중에 어떤 요구를 받아도 기꺼이 받아들입니다.

질문 21. 잠자리 횟수가 너무 적다는 표현을 어떻게 해야 할까요?

스티브 하비 어떤 식으로 얘기를 꺼내든, "우리 얘기 좀 해."라는 무시무시한 네 단어로 대화를 시작하지는 마세요. 이 문장을 듣는 순간 남자의 귓가에는 비상경보가 울려 퍼지며 머릿속에는 오늘 데이트를 위해 준비한 모든 계획이 물거품으로 돌아갔다는 확신이 차오릅니다. 차라리 거두절미하고 "당신이랑 더 많이 하고 싶어."라고 얘기해 보세요. 그는 이 말을 듣자마자 당신이 원하는 것이 뭔지 정확히 파악하고 즉시 행동에 들어갈 겁니다. 뭔가 문제가 생긴 게 아니라 사랑하는 여자가 자신을 더 많이 원한다는 사실을 알게 되었으니까요.

질문 22. 연인과 다퉜을 때 얼마나 오랫동안 잠자리를 거부해도 될까요?

스티브 하비 가벼운 말다툼 정도라면 하루 동안 섹스를 거부하는 것만으로도 충분히 큰 벌이 됩니다. 남편이 아이에게 보인 태도 때문에 화가 나서 오늘 밤에는 잠자리를 할 기분이 아닌가요? 충분히 이해합니다. 하지만 같은 문제 때문에 다음 날까지 남편의 신호를 무시한다면 문제가 생길 수도 있습니다. 남자는 기본적으로 섹스를 그렇게 오래 참을 수 있는 존재가 아니에요. 하지만 만약 그가 당신의 신뢰를 저버리는 큰 잘못을 저질렀다면, 당신의 믿음과 존중을 되찾기 위해 더 시간이라도 견딜 겁니다. 그렇게 해야 한다는 걸 알고 있으니까요.

질문 23. 사귀는 남자가 바이섹슈얼이라면 어떻게 해야 할까요?

스티브 하비 이 질문에는 대답을 드리기가 어렵네요. 바이섹슈얼인 남성과 데이트를 해본 여성 혹은 동성연애자 남성이라면 답을 알고 있을 것 같지만…… 저는 둘 중 어느 항목에도 해당되지 않거든요.

질문 24. 남자들은 '오픈된 관계'를 어떻게 생각하나요?

스티브 하비 만약 어떤 남자가 다른 이성들을 자유롭게 만나고 다니는 '오픈된 관계'를 제안했다면, 그는 당신을 정착할 상대로 생각하지 않는 겁니다. 그에게는 당신과 미래를 함께할 생각이 없어요. "오픈된 관계로 만나면 연애에 짜릿함을 더할 수 있지 않을까?" 따위의 의미 없는 대화는 이제 그만두세요. 사랑에 빠진 남자는 자신의 여자를 그 누구와도 공유하려 하지 않습니다. 혹시 당신 주변에 '오픈된 관계'를 유지하면서도 서로 사랑하는 커플이 있나요? 확신하건데, 적어도 남자 쪽은 절대 여자를 진심으로 사랑하지 않을 겁니다. 남자들은 그런 식으로 사랑을 하지 않아요.

질문 25. 남자들은 과거에 대한 질문을 싫어하나요?

스티브 하비 그렇습니다. 과거에 대한 질문은 남자를 불편하게 하죠. 사랑하는 여자가 지나간 일을 들춰내려 하거나 심지어 판단하려고 하면 남자들은 영혼의 깊은 곳이 파헤쳐지는 느낌을 받습니다. 물론 당신에게는 연인의 과거에 대해 알 권리가 있습니다. 하지만 적어도 첫 데이트에서 물어보지는 마세요. 절대 솔직한 대답을 들을 수 없을 테니까요. 그는 아직 당신과 얼마나 진지한 관계를 맺을지 결정하지 못한 상태입니다. 이런 상황에서 과거를 헤집어봤자 득 될 일은 없어요. 더불어, 그의 옛 연인에 대해 묻느라 소중한 시간을 낭비하지 마세요. 그는 자신이 상처받았던 이야기만 줄줄이 늘어놓고, 자기 쪽에서 그녀에게 준 상처에 대해서는 결코 입을 열지 않을 겁니다. 시간을 두고 데이트를 하다 보면 결국 당신이 원하는 정보를 모두 알게 될 거예요.

질문 26. 남자들은 결혼 후에 성을 바꾸고 싶지 않다는 여자를 어떻게 생각하나요?

스티브 하비 대부분의 남자들은 이런 생각을 싫어합니다. 저는 앞에서 남자가 사랑을 표현하는 세 가지 방법에 대해 얘기했죠. 남자들은 사랑하는 여자를 자기 것으로 선언하고, 그녀가 필요로 하는 것을 제공해 주며, 그녀를 위험으로부터 보호하려 한다고요. 만약 그가 "이 여자가 하비 부인이야."라고 말할 수 없다면, 사랑을 표현하는 방법 중 하나를 잃게 되는 겁니다. 더불어 남자들은 사랑하는 여자가 자기에 대한 의리를 지켜주길 바라요. 그리고 결혼 후에 성을 바꾸는 것은 영원히 변치 않겠다는 의리의 상징이죠. 결혼을 앞둔 남자는 연인의 아버지가 물려주신 성이 그녀에게 얼마나 중요한 의미를 갖는지 신경 쓸 겨를이 없어요. 지금부터 자신만의 가정을 꾸려가야 하니까요. 그는 당신의 마음이 예전의 가족에게 속해있는지, 지금부터 시작할 가족에게 속해 있는지 알아야 해요. 원래의 성을 정 지키고 싶다면 미들네임으로 남겨둘 수는 있겠지만, 성만큼은 반드시 남편을 따르기를 추천합니다. 이 모든 설명을 듣고도 아빠의 성을 지키고 싶다면, 차라리 아빠와 결혼하는 편이 낫지 않을까요?

질문 27. 남자에게 내가 언제든 떠날 수 있다는 사실을 알려서 질투심을 유발하는 것이 현명한 행동일까요?

스티브 하비 굳이 그렇게까지 할 필요는 없습니다. 남자들은 여자가 언제든 떠나버릴 수 있다는 사실을 잘 알고 있거든요. 이런 남자에게 일부러 질투심을 불러 일으키려다간 자칫 위험한 게임에 휘말릴 수도 있어요. 남자의 질투는 많은 경우

반작용을 불러옵니다. 그가 '어디 한 번 해 보자. 나라고 그런 짓을 못할 줄 알고?' 라고 생각하기 시작하는 거죠. 만약 그의 질투심을 유발하려는 목적이 관심을 얻기 위해서라면, 차라리 '남자는 기준에 맞춰 움직이는 생물이다'라는 제목이 붙은 9장을 참고하는 편이 효과적일 겁니다. 9장에 실린 조언들을 활용해 당신이 관심과 사랑을 받을 가치가 있는 여자라는 사실을 그에게 각인시키세요.

질문 28. 남자는 연인의 이성 친구를 받아들일 수 있나요?

스티브 하비 그와 결혼까지 생각하는 진지한 연애를 하고 있다면 이성 친구와 함께한 모든 일들이 다툼의 원인이 될 수 있습니다. 이성 친구와 대학 시절에 찍은 사진을 모두 치우고, 더 이상 전화를 걸거나 생일선물을 챙기는 등의 행동을 하지 말아 달라고 부탁하세요. 당신이 매일같이 그와 연락이나 선물을 주고받는다면 분명히 문제가 생길 겁니다. 입장을 바꿔놓고 생각해 보세요. 만약 당신의 남자가 이성 친구의 사진을 소지품속에 넣고 다닌다면 당신은 즉시 이성을 잃지 않을까요? 만약 그의 이성 친구가 집으로 전화해 그를 바꿔 달라고 부탁한다면 당신은 어떤 기분일까요? 그가 다른 여자에게 꽃 선물을 받았다는 사실을 알게 된다면? 그 또한 당신의 이성 친구를 정확히 같은 시선으로 바라보고 있습니다. 저는 괜한 오해를 살 만한 행동은 굳이 할 필요가 없다고 생각해요. 두 사람 사이에 다른 사람을 끼워 넣지 마세요. 특히 이성 친구는 절대 금물입니다. 이 조언을 받아들인다면, 언젠가 반드시 내게 감사할 날이 올 거예요.

질문 29. 여자를 때리는 남자들은 대체 무슨 심리인 거죠?

스티브 하비 여자를 때리는 행동은 나약함의 증거이자 자기보다 약한 여자 외에는 아무것도 통제할 수 없다는 열등감의 표출입니다. 저는 살면서 여자를 때리는 남자가 다른 남자를 때렸다는 얘기를 들어본 적이 없어요. 그 인간들은 그 정도로 나약한 겁니다.

질문 30. 남자들은 여자의 동성 친구를 어떻게 생각하나요?

스티브 하비 전혀 신경 쓰지 않습니다. 내 말은, 여자에게 여자 친구를 만나지 말라는 건 남자에게 남자 친구들과 다시는 어울리지 말라고 얘기하는 것과 같잖아요. 동성 친구는 얼마든지 만나도 괜찮습니다.

질문 31. 남자들은 가십에 대해 어떻게 생각하나요?

스티브 하비 남자들은 가십을 굉장히 싫어합니다. 하지만 절대 막을 수 없다는 걸 알죠. 가십은 일종의 사생활 침해입니다. 만약 누군가 당신에게 남의 이야기를 신나게 물어 나른다면, 그 사람은 당신이 없을 때 당신의 얘기를 떠들어댈 겁니다. 친구들을 만나는 자리에서 가십이 화제에 오른다면 항상 이 원칙을 기억하세요.

질문 32.   남자도 친구들에게 여자 친구 얘기를 하나요?

스티브 하비 그녀가 진지하게 만나는 상대라면 절대 하지 않습니다. 아내 혹은 결혼할 여자는 남자들의 대화 상대에서 제외되죠. 남자는 다른 남자들이 자기 여자에 대해 성적인 상상을 포함하여 그 어떤 쓸데없는 생각도 하지 않길 바라거든요. 어떤 남자라도 마찬가지예요. 하지만 당신이 정착할 상대가 아니라 가볍게 만나는 여자라면, 그는 친구들과 만나는 자리에서 당신 얘기를 얼마든지 할 수 있습니다.

질문 33.   남자의 어머니와 잘 지내는 것이 그렇게 중요한가요?

스티브 하비 사귀는 남자의 어머니와 좋은 관계를 형성하지 못한다면 스트레스 받을 일이 생길 수밖에 없습니다. 당신이 그와 3개월 이상 연애를 했다면 이미 그의 어머니를 만났을 가능성이 크죠. 만약 아직도 그의 가족을 소개받지 못했다면 당장 이유를 물어봐야 합니다. 아니면 그가 당신에게 정착할 마음이 없다는 사실을 마음 편히 받아들이세요. 잠자리를 함께할 정도로 사랑하는 여자라면 어머니를 소개하는 것은 당연한 일입니다.

질문 34. **여동생이 마음에 들어 하지 않는다는 이유로 여자 친구와 헤어지는 남자도 있나요?**

스티브 하비 세상에, 절대 없습니다. 자기 가족 중 누군가와 잘 지내지 못한다는 이유로 연인과 헤어지는 남자는 없어요(물론 어머니는 예외입니다). 제대로 된 남자라면 오히려 자신의 연인과 잘 지내지 못한다는 이유로 여동생을 야단치거나 가족 행사에 참여하지 못하게 할 겁니다. 사촌이나 삼촌, 이모, 고모에게도 같은 원칙이 적용되죠.

질문 35. **남자는 여자의 가족을 싫어하면서도 그녀를 계속 만날 수 있나요?**

스티브 하비 만약 그녀가 연인보다 가족의 존재를 우선시한다면, 그는 그 관계를 떠날 겁니다.

질문 36. **남자는 여자가 데려온 아이들의 친아버지를 어떻게 생각하나요?**

스티브 하비 그렇게 나쁘게는 생각하지 않습니다. 아이가 있는 한 친아버지는 반드시 존재하기 마련이고, 만약 그가 아이들과 지속적으로 연락을 하고 있다면 살면서 그를 마주치지 않기란 어려운 일이겠죠. 하지만 적어도 집에서만큼은 당신의 새로운 남자에게 진짜 아버지 역할을 맡겨야 합니다. 그가 아이들의 존재를 포함해서 당신과 가정을 꾸리겠다고 마

내 남자 사용법

음먹었다면 아이들이 잘못된 행동을 할 때 그냥 모른척할 수는 없습니다. 그건 제대로 된 제공자나 보호자의 역할이 아니니까요. 그가 아이들에게 교복을 사주고, 집세를 내고, 식료품을 사고, 자동차에 기름을 넣는 것은 허락하면서 아이들에게 훈육을 못하게 하는 건 말이 되지 않습니다. 당신이 그에게서 아버지 역할을 빼앗는다면 그는 가정 안에서 존재의 의미를 잃어버릴 거예요. 중요한 것은 균형입니다. 아이들의 친아버지와 새아버지 사이에서 균형을 잡아주는 것이 바로 당신의 역할이에요. 당신이 육아에서 그를 배제한다면 그는 아이들의 친아버지가 애초에 왜 당신을 떠났는지 알 것 같다고 생각하게 될 겁니다.

질문 37. 남자들은 새 여자 친구가 아이들의 친어머니와 잘 지내길 바랄까요?

스티브 하비 세상에 셰리 잠피노Sheree Zampino와 제이다 핀켓 스미스Jada Pinkett Smith 같은 사례는 몇 되지 않습니다(셰리 잠피노와 제이다 핀켓 스미는 각각 배우 윌 스미스의 전 부인과 현 부인이다. - 옮긴이) 만약 당신이 남편의 전 부인과 그렇게 원만한 관계를 맺고 있다면 진심으로 축하받아 마땅하겠죠. 하지만 아직 시도해보지 못한 상태라면, 당신의 남자는 그런 희박한 확률에 도박을 걸고 싶지 않을 겁니다.

질문 38. 그가 일하고 있을 때 전화를 걸어도 괜찮을까요?

스티브 하비 만약 당신이 전화를 걸어서 "오늘 집에 오면 깜짝 선물을 줄게!"와 같은 얘기를 한다면 그는 일을 다소 방해받았더라도 기분 좋게 넘어갈 거예요. 하지만 당장 급하지 않은 문제 때문에 연락을 한 거라면 언짢은 마음이 들 수도 있겠죠. 단지 누군가와 대화를 나누고 싶은 기분이라는 이유만으로 전화를 걸지는 마세요.

질문 39. 남자가 더 이상 여자의 말을 듣고 있지 않을 때 공통적으로 보이는 신호가 있나요?

스티브 하비 남자들은 한 번 대답한(혹은 당신이 묻지 않았어도 자신이 이미 들었다고 생각한) 질문을 다시 듣지 않으려고 합니다. 포인트는 그가 어떤 대답을 내놓는지 여부예요. 당신의 말을 듣고 있는 한, 그가 제시하는 해결책은 실제로 문제 해결에 도움이 될 거예요. 하지만 자신이 이미 대답한 질문을 당신이 반복한다고 생각하면 그는 더 이상 당신의 말을 듣지 않을 겁니다.

질문 40. 남자들은 요리하는 여자를 요리하지 않는 여자보다 선호하나요?

스티브 하비 요즘은 요리를 하지 않는 여자들도 많지요. 만약 당신이 아주 섹시한 몸매를 유지하면서 요리를 하지 않는다면 남자

내 남자 사용법

들은 당신의 요리 실력을 전혀 신경 쓰지 않을 겁니다. 하지만 당신이 어떤 남성과 결혼에 골인했고, 예전처럼 날씬한 몸매를 갖고 있지 못한 상태에서 여전히 요리를 하지 않는다면 당신의 남편은 어떻게 생각할까요? 제가 볼 땐 남자에게 너무 많은 것을 요구하는 것 같은데요. 남자는 제대로 된 식사를 차려주는 여자에게 고마움을 느낍니다. 하지만 요리를 못하는 여자들에게도 희망적인 소식이 있어요. 만약 당신이 침대에서 그를 제대로 '요리'할 줄 안다면, 음식 솜씨가 없는 것쯤은 별로 대단한 문제가 아닙니다.

질문 41.   남자들은 여자와 데이트를 할 때 그녀가 좋은 아내나 엄마가 될지 속으로 평가하고 있나요?

스티브 하비 물론이죠. 어떤 여자와 진지하게 만날지 여부를 결정하기 전에, 남자들은 그녀가 좋은 아내나 엄마가 될 수 있을지, 집안의 재정을 제대로 관리하고 중대한 결정을 현명하게 내릴 수 있을지 꼼꼼하게 따집니다. 당연한 얘기지만, 여자들 또한 같은 기준으로 데이트 상대를 평가해야 해요.

질문 42.   남자는 여자들의 집안일 능력을 얼마나 중요하게 여기나요?

스티브 하비 남자는 지저분한 여자를 견디지 못합니다. 만약 우리 사이에 아이가 태어났는데 집안 꼴이 엉망이라면 과연 그 아이가 제대로 자랄 수 있을까요? 잡동사니가 굴러다니는 거실에 어머니를 초대할 수 있을까요? 집안의 상태는 주인의 성격을 반영합니다. 사람들은 지저분한 집에 들어섰을 때 "이 집 남편이 지저분한 성격인 모양이네."라고 말하지 않아요. "이 집 아내가 청소를 싫어하는 모양이네."라고 말하죠. 아무리 세상이 바뀌고 사회가 집안일의 공평한 분배를 당연시한다 해도, 사람들은 여전히 '집'을 '가정'으로 바꾸는 것이 여성의 몫이라고 생각합니다. 그리고 가정은 언제나 청결해야 하죠. 남자들도 청결한 집을 좋아합니다. 당신이 우아한 촛대를 꺼내고 꽃꽂이로 집안 곳곳을 화사하게 꾸미고 식탁에 도자기 접시와 은 식기를 올려놓는다면, 당신의 남편은 행복한 기분으로 깨끗한 집에 들어올 겁니다. 하지만 요즘은 생계를 유지하기 위해 맞벌이를 하는 부부가 흔하고, 두 사람 모두 집안을 돌볼 시간이 없는 경우도 많죠. 이럴 때는 돈을 조금 써서 가사 도우미를 쓰는 편이 낫습니다. 어쨌든, 집은 절대 지저분해서는 안 돼요.

질문 43. **남자들은 진지한 만남을 생각하는 상대의 재정 상황이나 신용 상태를 신경 쓰나요?**

스티브 하비 그렇습니다. 여자의 재정 상태를 확인하지 않으면 그녀를 책임지기 위해 얼마나 되는 수입을 올려야 할지 알 수 없으니까요. 사랑하는 여자가 재정적으로 어려운 상황이라고

해서 돌아서는 남자는 많지 않습니다. 하지만 굉장히 중요
한 문제인 것만은 사실이에요.

**질문 44. 직장 때문에 먼 곳으로 떠나는 여자를 따라갈 남자가 있을
까요?**

스티브 하비 남자가 자기만의 방법으로 가장의 역할을 다할 수 있다면,
다시 말해 가정을 경제적으로 부양할 수 있다면, 그는 기꺼
이 여자를 따라갈 겁니다. 하지만 여자를 따라가기 위해 지
금껏 쌓은 경력을 모두 포기해야 하고 다시 자리를 잡을 수
있다는 보장조차 없는 상황이라면 그런 선택을 내리기가
쉽지 않겠지요.

질문 45. 남자들은 부부 문제 상담을 어떻게 생각하나요?

스티브 하비 남자가 상담사를 찾아가는 것은 진짜 필요하다고 생각할
때뿐입니다. 만약 부부 사이에 심각한 갈등이 생겼고 상담
만이 문제를 해결해줄 유일한 길이라면 그는 기꺼이 상담
센터 소파에 앉을 겁니다. 하지만 그런 확신이 없다면 펜과
메모지를 들고 빤히 쳐다보는 상담사 앞에서 개인적인 이
야기를 시시콜콜 털어놓고 일일이 평가를 받는 것이 즐거
울 리 없겠죠.

질문 46. 남자들도 깜짝 이벤트를 좋아하나요?

스티브 하비 그럼요. 하지만 이벤트를 준비하면서 그가 여자들처럼 큰
반응을 보여주길 기대하진 마세요. 남자들은 연인에게 예
기치 못한 선물을 받거나 여행을 제안 받거나 직접 차린 로
맨틱한 저녁 식사를 대접받았다고 해서 주저앉거나 눈물
을 터뜨리지 않습니다. 그건, 뭐랄까, 별로 남자답지 못하
잖아요.

질문 47. 남자들도 자기 여자가 바람을 피울까 봐 걱정하나요?

스티브 하비 대부분의 경우, 남자들은 여자만큼 연인의 외도에 대해 걱
정하지 않습니다. 남자와 여자가 다르다는 사실을 알고 있
으니까요. 여자는 남자에 비해 상대를 고를 때 훨씬 신중하
고, 아무나와 잠자리를 하려 하지 않습니다. 이런 차이 때
문에 여자가 바람을 피울 확률은 높지 않다는 게 남자들의
생각입니다.

감사의 말

우선 남녀관계에 대한 수많은 질문으로 내게 영감을 준 〈스티브 하비 모닝 쇼〉의 멋진 청취자들에게 감사의 말을 전하고 싶다.

내 특이한 말투를 정리해서 평범한 독자들도 쉽게 읽을 수 있도록 좋은 문장으로 옮겨 준 디네네 밀너에게도 큰 감사를 전한다. 그녀는 날것 그대로인 내 생각을 재치와 통찰력을 갖춘 글로 번역하는 역할을 훌륭히 해냈다.

〈스티브 하비 모닝 쇼〉의 공동 진행자인 셜리 스트로베리와 이 책의 홍보 담당자인 엘비라 구즈먼은 원고를 쓰고 편집하는 내내 곁에 붙어 앉아 온갖 질문과 아이디어를 쏟아내며 남자 입장에서는 도저히 떠올릴 수 없는 여성의 관점을 제공해 주었다. 아이도 결혼 경력도 없는 여성의 의견과 육아와 이혼을 경험한 여성의 의견을 동시에 듣는 경험 덕분에 내 생각의 폭은 그전까지와 비교할 수 없을 정도로 넓어졌다. 두 사람의 도움이 없었다면 이렇게 현실적인 책이 나오지 못했을 것이다.

아미스타드 출판사의 돈 데이비스는 내 생각에서 출판의 가능성을 발견했고, 브라이언 크리스천은 내가 쓴 원고를 시장에 내놓을 상품으로 만들었으며, 캐서린 바이트너는 광고를 담당해 주었다. 트레이시 세로드, 리 라킨스, 캐틀린 보머의 도움에도 감사를 표한다.

내 인생을 충실하고 평화롭고 행복하게 만들어 주는 아내 마저리는 내가 차분히 앉아 생각을 정리할 수 있도록 배려를 아끼지 않았다. 그녀의 발랄한 영혼이 내 영혼에 생기를 불어넣어 준 덕분에 나는 전에 없이 솔직하게 내 경험담을 털어놓을 수 있었다.

마지막으로, 내 인생에 모든 축복을 선사하신 하느님 아버지께 이 모든 영광과 명예와 찬사를 바치고 싶다.